차시	날짜	빠르기	정확도	확인란
1	월 일	타	%	
2	월 일	타	%	
3	월 일	타	%	
4	월 일	타	%	
5	월 일	타	%	
6	월 일	타	%	
7	월 일	타	%	
8	월 일	타	%	
9	월 일	타	%	
10	월 일	타	%	
11	월 일	타	%	
12	월 일	타	%	

차시	날짜	빠르기	정확도	확인란
13	월 일	타	%	
14	월 일	타	%	
15	월 일	타	%	
16	월 일	타	%	
17	월 일	타	%	
18	월 일	타	%	
19	월 일	타	%	
20	월 일	타	%	
21	월 일	타	%	
22	월 일	타	%	
23	월 일	타	%	
24	월 일	타	%	

이 책의 목차

처음부터 차근차근 따라하다 보면
어느새 나도 엑셀 2021 전문가!!

#화면구성 #자동 줄 바꿈 #열 너비 및 행 높이

엑셀 2021 시작하기

학습목표

- 엑셀 2021을 실행하고, 화면 구성을 이해할 수 있어요.
- 저장된 파일을 불러와 편집할 수 있어요.
- 행 높이와 열 너비를 조절할 수 있어요.

엑셀 2021 복잡한 계산을 해야 할 때 계산기를 사용하거나 손으로 계산하면 시간도 많이 걸릴 뿐만 아니라 계산 결과가 틀릴 수도 있어요. 하지만 엑셀 프로그램을 이용하면 복잡한 계산이 필요한 문서도 쉽게 작성할 수 있어요.

미리보기

실습파일 : 좋아하는 동물(예제).xlsx 완성파일 : 좋아하는 동물(완성).xlsx

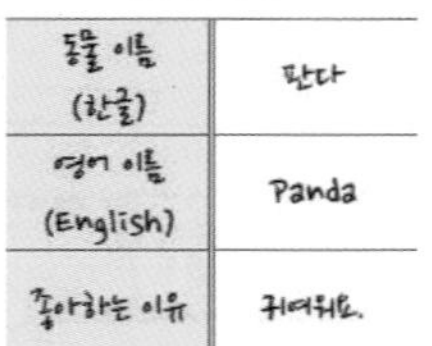

동물 이름 (한글)	판다
영어 이름 (English)	Panda
좋아하는 이유	귀여워요.

동물 이름 (한글)	코알라
영어 이름 (English)	Koala
좋아하는 이유	움직이는 게 예뻐요.

동물 이름 (한글)	사자
영어 이름 (English)	Lion
좋아하는 이유	용맹해요.

동물 이름 (한글)	아기돼지
영어 이름 (English)	Piglet
좋아하는 이유	우는 소리가 좋아요.

엑셀이 뭐예요?

엑셀(Excel)은 복잡한 계산이 필요한 문서를 쉽고 빠르게 작성할 수 있는 프로그램으로 많은 사람들이 사용하고 있어요. 엑셀을 이용하면 복잡한 데이터를 한 눈에 파악할 수 있게 요약할 수 있으며, 해당 데이터를 바탕으로 차트를 만들어서 통계 자료로 사용할 수 있어요.

STEP 01 엑셀 2021 화면 구성

1 엑셀 2021을 시작하기 위해 [시작( )]-[모든 앱]-(Excel)을 선택해요.

2 Excel 2021 프로그램이 실행되면 **[새 통합 문서]**를 클릭해 엑셀의 화면 구성을 살펴봐요.

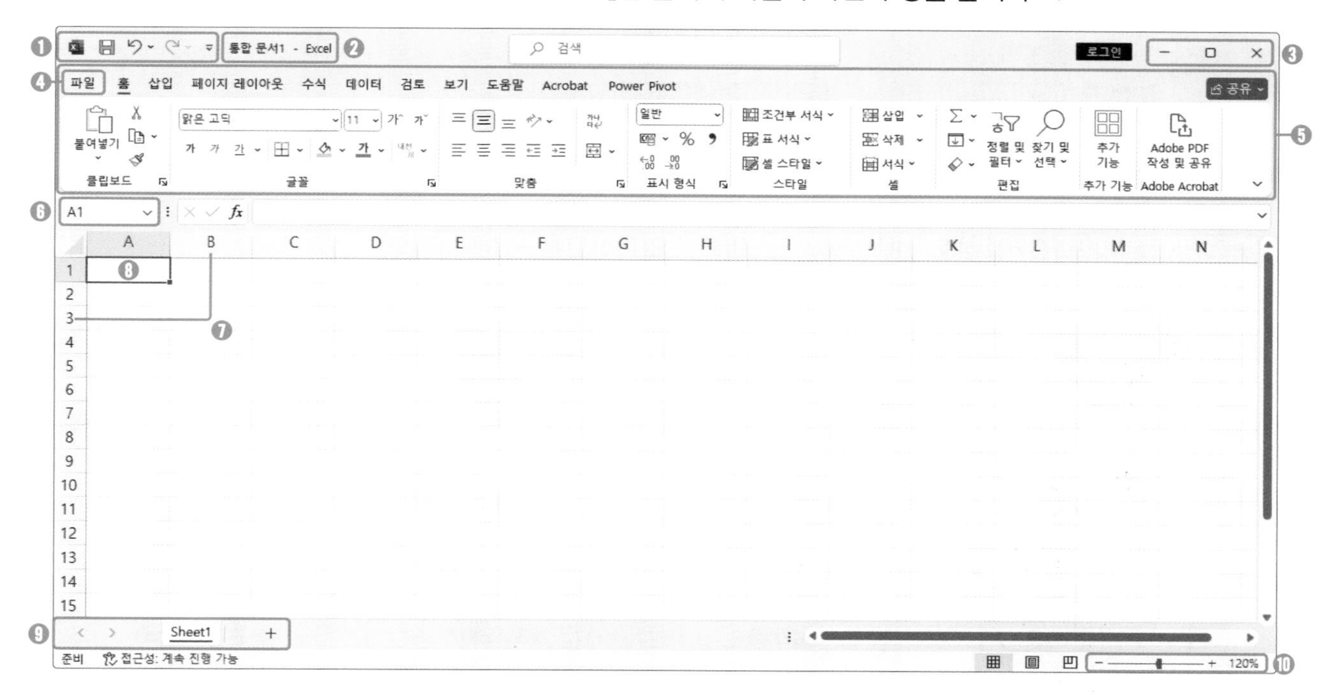

❶ **빠른 실행 도구 모음** : 자주 사용하는 도구들을 빠르게 실행할 수 있도록 모아 놓은 것으로, 필요한 기능을 추가하거나 삭제할 수 있어요.

❷ **제목 표시줄** : 현재 작업 중인 문서의 파일명이 표시돼요.

❸ **창 조절 버튼** : 창 크기를 최소화/최대화하거나 창을 닫을 수 있어요.

❹ **[파일] 탭** : 새로 만들기, 열기, 저장, 인쇄 등 파일 관리를 할 수 있어요.

❺ **리본 메뉴** : 탭을 누르면 해당 탭의 리본이 열리고 도구와 기능이 표시돼요.

❻ **이름 상자** : 셀 또는 범위에 작성한 이름이 표시돼요.

❼ **행 머리글/열 머리글** : 행 머리글은 각 행마다 숫자로 표시되고, 열 머리글은 각 열마다 알파벳으로 표시돼요.

❽ **셀** : 행과 열이 만나는 칸으로 데이터 입력의 기본 단위에요.

❾ **시트 탭** : 새로운 시트를 추가하거나 삭제할 수 있고, 시트 이름을 변경할 수 있어요.

❿ **확대/축소** : 작업 화면의 크기를 확대 또는 축소할 수 있어요.

STEP 02 파일을 불러와 텍스트 입력하기

1 ▸ [파일]-[열기] 선택한 후 **[찾아보기]**를 클릭해요. [열기] 대화상자가 나타나면 [01차시] 폴더에서 **좋아하는 동물(예제).xlsx** 파일을 선택하고 <열기>를 클릭해요.

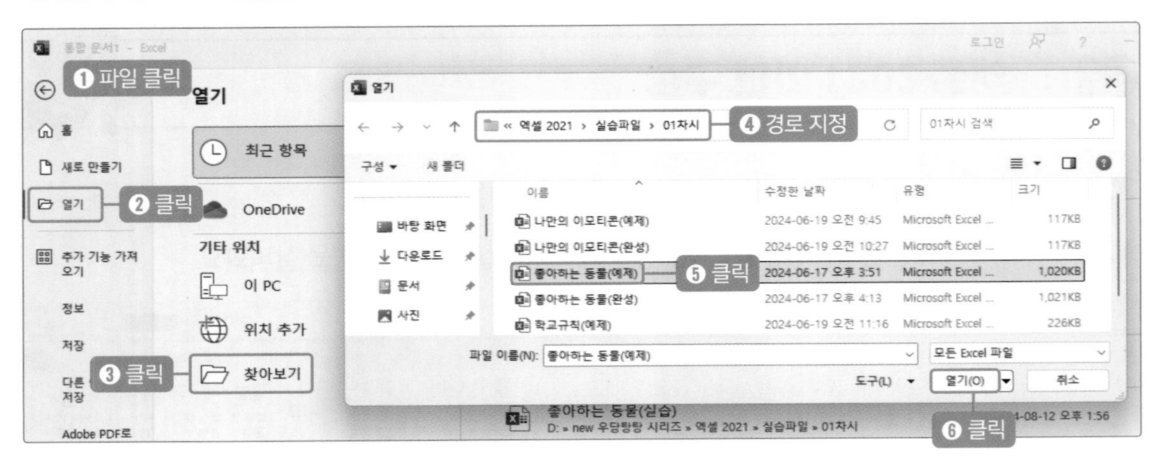

2 ▸ 파일이 열리면 **[C20]** 셀을 선택한 후 동물 이름을 입력하고 Enter를 눌러요.

3 ▸ 같은 방법으로 [C21:C22] 셀에도 **영어 이름**과 **좋아하는 이유**를 입력해요.

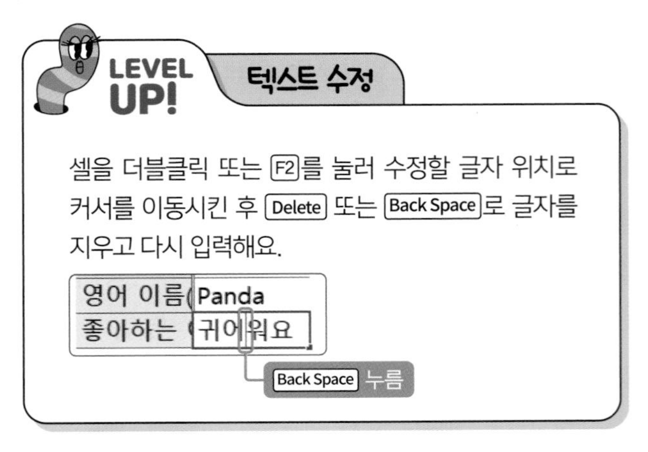

4 ▸ 나머지 동물들도 정확한 셀 위치를 클릭하여 이름과 좋아하는 이유를 입력해요.

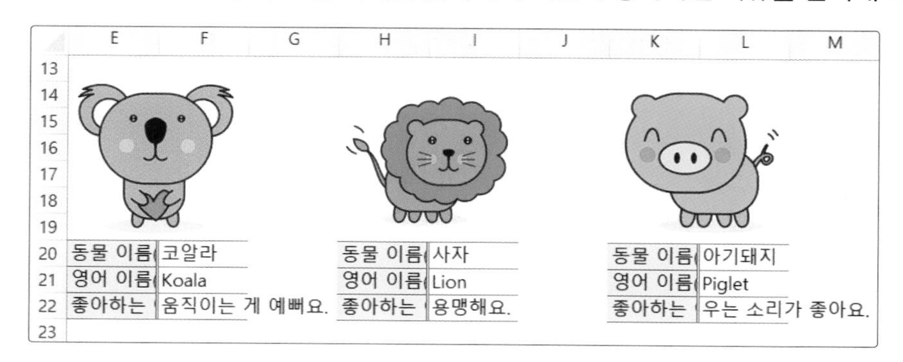

5 ▸ [B20:C22] 셀을 드래그하여 블록으로 지정한 후 Ctrl을 누른 채 [E20:F22], [H20:I22], [K20:L22] 셀을 각각 드래그해요.

6 ▸ [홈] 탭에서 **글꼴(나눔손글씨 펜)**과 **글꼴 크기(12)**를 변경해요.

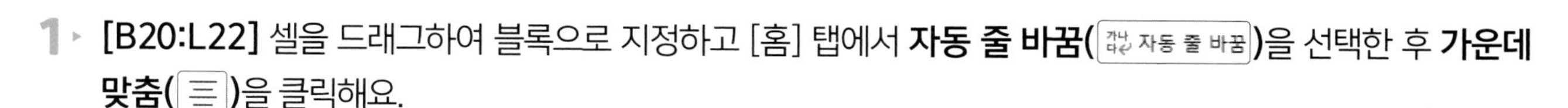

STEP 03 열 너비와 행 높이 변경하기

1 ▸ [B20:L22] 셀을 드래그하여 블록으로 지정하고 [홈] 탭에서 **자동 줄 바꿈**(자동 줄 바꿈)을 선택한 후 **가운데 맞춤**(≡)을 클릭해요.

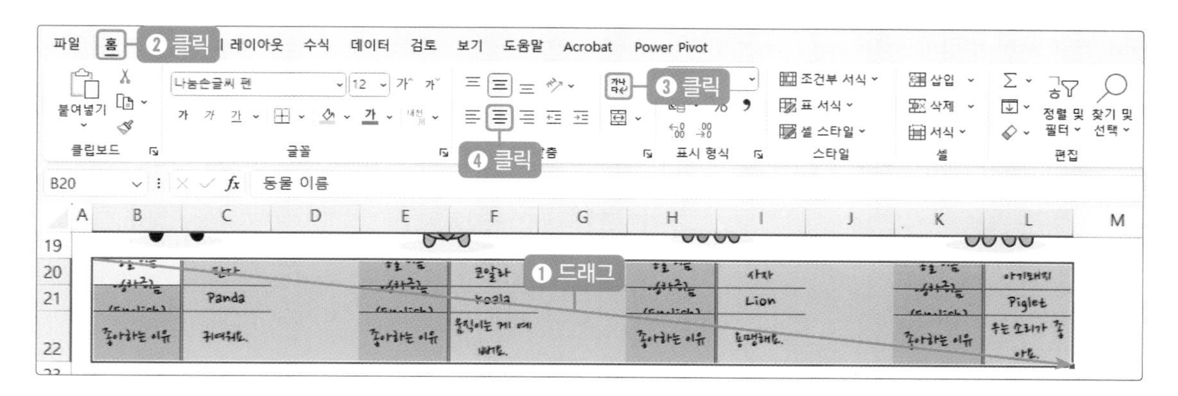

2 ▸ [20:22] 행 머리글을 드래그하여 블록으로 지정하고 [20], [21] **행 머리글** 사이에 마우스 포인터를 위치시킨 후 **더블클릭**하여 행 높이를 글자에 맞춰요.

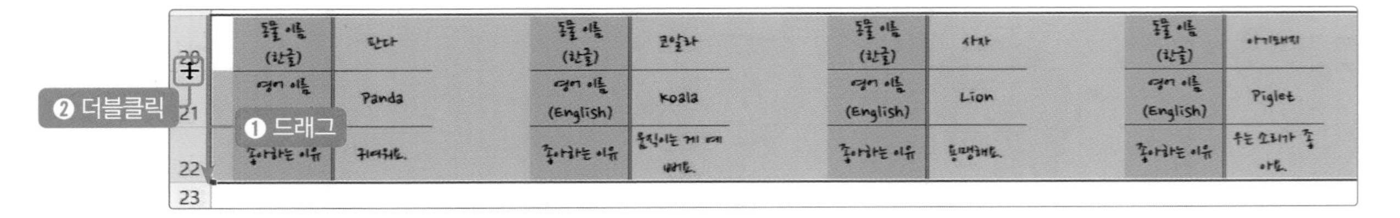

3 ▸ [F] 열을 선택하고 Ctrl을 누른 채 [L] 열을 추가로 선택해요. 이어서, [L] 열의 경계선을 마우스로 드래그하여 열 너비를 넓혀주세요.

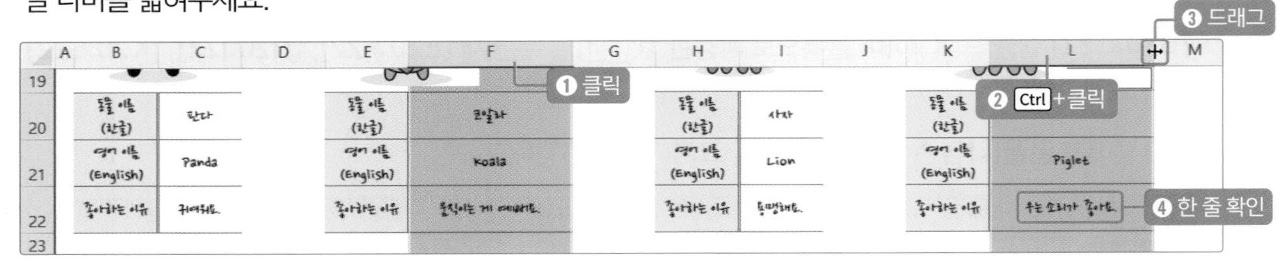

4 ▸ [L]과 [M] 열 머리글 사이를 **더블클릭**하여 글자 길이에 맞추어 열 너비를 맞춰요.

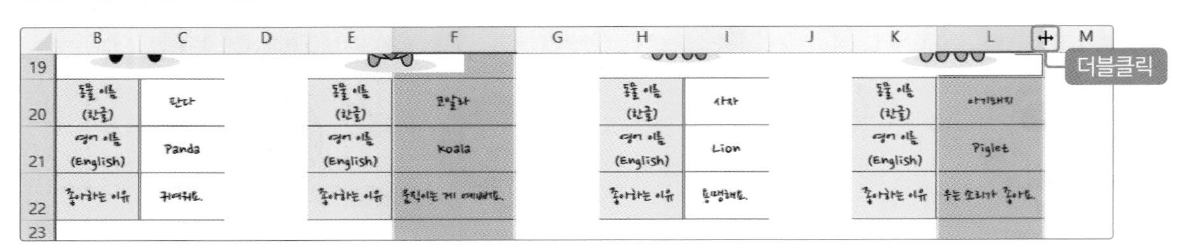

5 ▸ Ctrl을 이용하여 [D], [G], [J] 열을 선택한 후 [J] 열의 경계선을 마우스로 드래그하여 열 너비를 줄여요.

6 ▸ 모든 작업이 끝나면 [파일] 탭-**[저장]**을 클릭하거나, 빠른 실행 도구 모음에서 **저장( )**을 클릭해요.

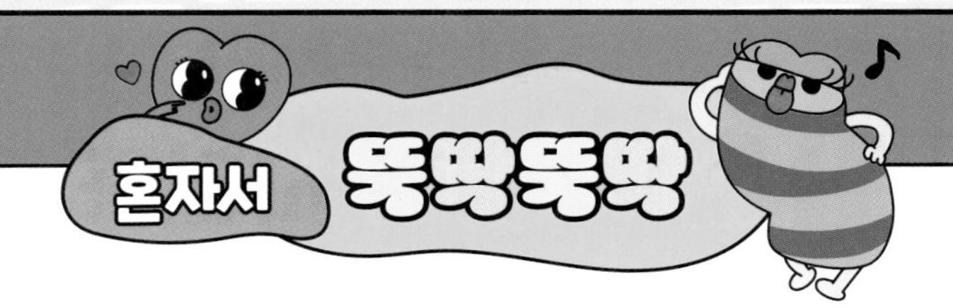

1 나만의 이모티콘(예제).xlsx 파일을 불러와 작성 조건에 맞게 시트를 완성해 보세요.

• 실습파일 : 나만의 이모티콘(예제).xlsx • 완성파일 : 나만의 이모티콘(완성).xlsx

나만의 이모티콘

어떤 기분일까?	어떤 기분일까?	어떤 기분일까?	어떤 기분일까?
기분 좋아요:)	우울해요T_T	화나요ㅡ..ㅡ	황당해요.- -)
이럴 때 보내요.	이럴 때 보내요.	이럴 때 보내요.	이럴 때 보내요.
맛있는 음식을 먹을 때	숙제하기 싫을 때	화가 나 있을 때	친구랑 약속하고 기분 좋을 때

작성 조건

- [B13:E13], [B15:E15] : 데이터 입력
- [B15:E15] : 자동 줄 바꿈
- [13], [15] : 행 높이 변경
- [B12:E15] : 글꼴 변경 및 가운데 맞춤

2 학교규칙(예제).xlsx 파일을 불러와 작성 조건에 맞게 시트를 완성해 보세요.

• 실습파일 : 학교규칙(예제).xlsx • 완성파일 : 학교규칙(완성).xlsx

학교에서는 이렇게 해요.

교실	급식실	화장실
수업시간에 떠들지 않아요.	줄을 서서 차례로 이용해요.	바닥이 미끄러우니 뛰지 않아요.
친구에게 장난치지 않아요.	사용한 컵은 제자리에 놓아요.	사용하지 않는 수도꼭지는 감가요.

작성 조건

- [B4:D4] : 데이터 입력, 글꼴 및 글꼴 크기 변경
- [B6:D7] : 데이터 입력, 글꼴 크기 변경, 자동 줄 바꿈
- [6:7] : 행 높이 변경

#자동 채우기 #복사하기 #다른 이름으로 저장

자동 채우기로 시간표 만들기

학습목표

- 자동 채우기 기능을 활용하여 데이터를 쉽게 입력할 수 있어요.
- 복사기능을 이용하여 데이터를 쉽게 입력할 수 있어요.
- 완성된 파일을 다른 이름으로 저장할 수 있어요.

자동 채우기 셀에 요일이나 날짜 등 일정한 규칙이 있는 데이터가 입력되어 있다면 채우기 핸들을 이용하여 정해진 규칙에 맞추어 쉽게 데이터 입력할 수 있어요.

미리보기

실습파일 : 시간표(예제).xlsx 완성파일 : 시간표(완성).xlsx

시간표

교시/요일	월	화	수	목	금
1교시	수학	영어	미술	국어	수학
2교시	과학	음악	사회	수학	영어
3교시	영어	과학	수학	과학	사회
4교시	미술	국어	영어	음악	창체
5교시	국어	한자	창체	체육	과학
6교시	체육			통합	

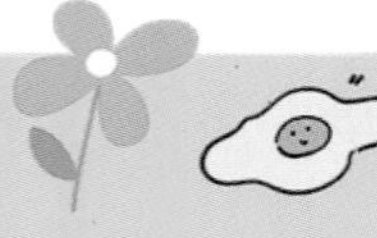

STEP 01 자동 채우기로 텍스트 입력하기

1 ▸ **시간표(예제).xlsx** 파일을 불러와 **[B10]** 셀을 선택하고 **교시/요일**을 입력해요.

2 ▸ **[C10]** 셀을 선택하고 **월**을 입력해요.

3 ▸ **[C10]** 셀을 선택하고 채우기 핸들( )을 **[G10]** 셀까지 드래그해요.

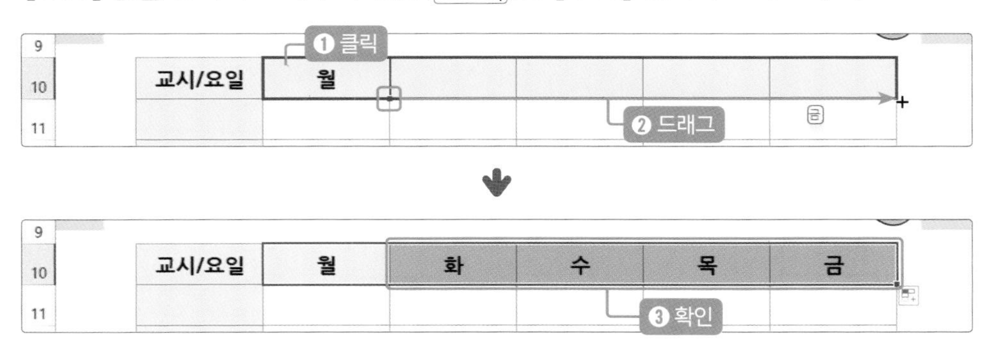

- 숫자(1) 또는 텍스트(마린)가 입력된 셀을 채우기 핸들로 드래그하면 같은 내용이 자동으로 채워져요.
- Ctrl을 누른 채 숫자(1)가 입력된 셀을 채우기 핸들로 드래그하면 1씩 증가하면서 자동으로 채워져요.
- 날짜(1월 1일, 1월)가 입력된 셀을 채우기 핸들로 드래그하면 1씩 증가하면서 자동으로 채워져요.

	A	B	C	D	E
1	1	마린	1	1월 1일	1월
2	1	마린	2	1월 2일	2월
3	1	마린	3	1월 3일	3월
4	1	마린	4	1월 4일	4월
5	1	마린	5	1월 5일	5월

4 ▸ [B11] 셀에 **1교시**를 입력하고 채우기 핸들( )을 [B16] 셀까지 드래그해요.

교시/요일	월	화	수	목	금
1교시					
2교시					
3교시					
4교시					
5교시					
6교시					

❶ 입력 ❷ 드래그

STEP 02 복사 기능으로 텍스트 입력하기

1 ▸ [C11] 셀에 **수학**을 입력하고 Ctrl+C를 눌러 복사한 후 [E13] 셀을 선택하고 Ctrl+V를 눌러 붙여넣어요.

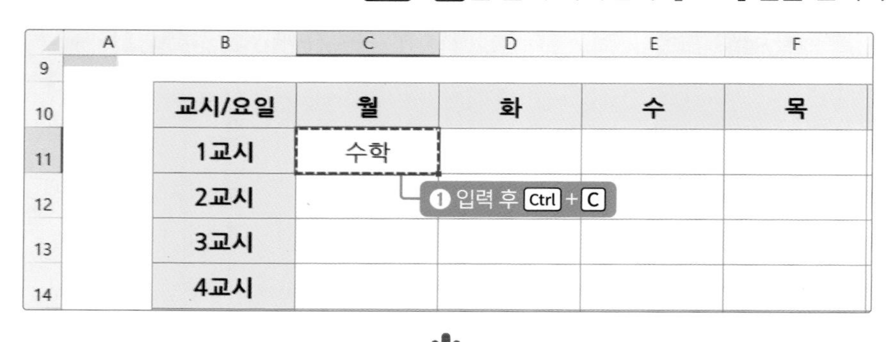

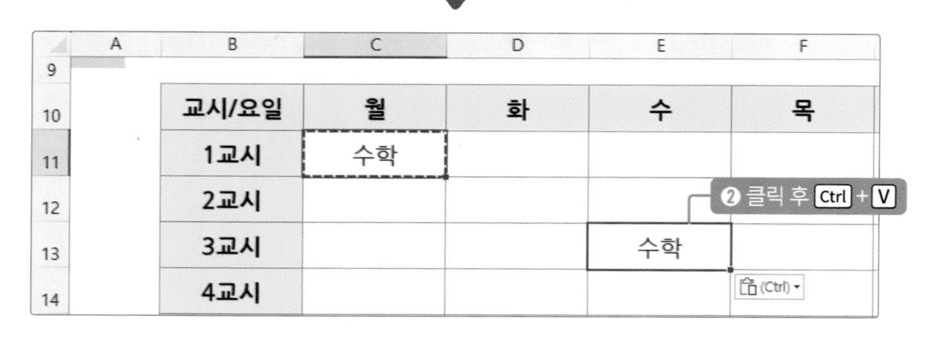

셀 복사

셀 복사 후 초록색 점선이 없어지기 전까지 원하는 셀에 계속 붙여넣을 수 있어요.

2 ▸ 초록색 점선이 있는 상태에서 [F12] 셀을 선택하고 Ctrl을 누른 채 [G11] 셀을 추가로 선택해요. 이어서, Enter를 눌러 복사한 내용을 붙여넣어요.

	A	B	C	D	E	F	G	H
9								
10		교시/요일	월	화	수	목	금	
11		1교시	수학				수학	
12		2교시				수학	② Ctrl+클릭	
13		3교시			수학	① 클릭	③ Enter	

STEP 03 여러 셀에 동일한 텍스트를 한 번에 입력하기

1 ▸ [C12] 셀을 선택하고 Ctrl을 누른 채 [D13]과 [F13] 셀을 추가로 선택해요.

	A	B	C	D	E	F	G	H
9								
10		교시/요일	월	화	수	목	금	
11		1교시	수학				수학	
12		2교시				수학		
13		3교시			수학			

① 클릭 ② Ctrl+클릭

2 ▸ **과학**을 입력한 후 Ctrl+Enter를 눌러 선택된 모든 셀에 동일한 데이터를 입력해요.

	A	B	C	D	E	F	G	H
9								
10		교시/요일	월	화	수	목	금	
11		1교시	수학				수학	
12		2교시	과학			수학		
13		3교시		과학	수학	과학		

입력 후 Ctrl+Enter

여러 개의 셀이 선택된 상태에서 특정 내용을 입력하고 Ctrl+Enter를 누르면 선택된 모든 셀에 동일한 내용을 입력할 수 있어요.

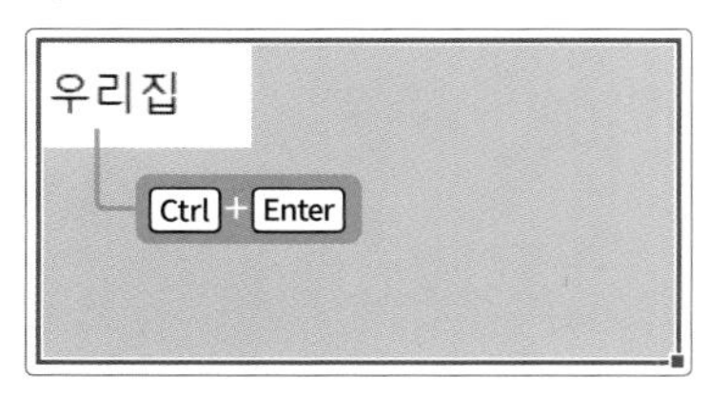

우리집	우리집	우리집
우리집	우리집	우리집
우리집	우리집	우리집

3 ▸ 같은 방법으로 나머지 셀에도 시간표 과목을 입력해요.

교시/요일	월	화	수	목	금
1교시	수학	영어	미술	국어	수학
2교시	과학	음악	사회	수학	영어
3교시	영어	과학	수학	과학	사회
4교시	미술	국어	영어	음악	창체
5교시	국어	한자	창체	체육	과학
6교시	체육			통합	

4 ▸ 모든 작업이 끝나면 [파일] 탭-[다른 이름으로 저장]-**[찾아보기]**를 클릭해요.

5 ▸ [다른 이름으로 저장] 대화상자가 나타나면 **저장 경로(바탕화면)**를 지정하고 **파일 이름(시간표_홍길동)**을 입력한 후 <저장>을 클릭해요.

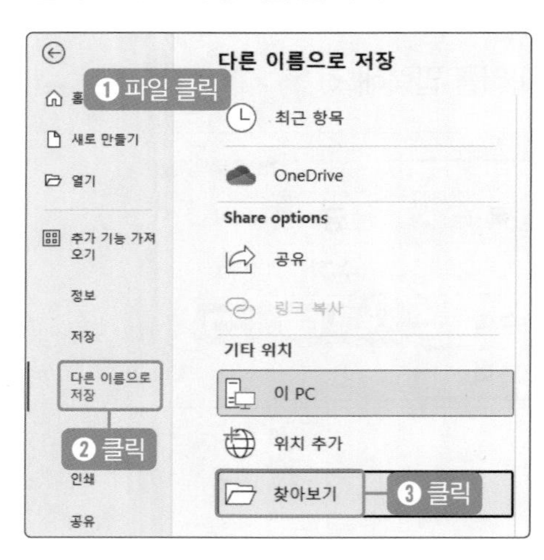

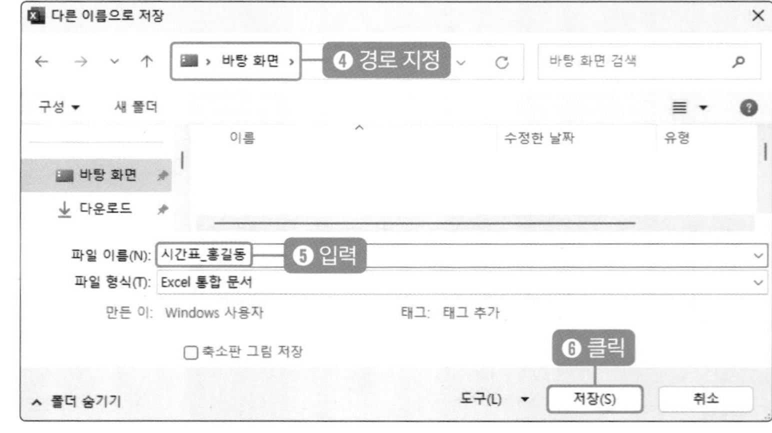

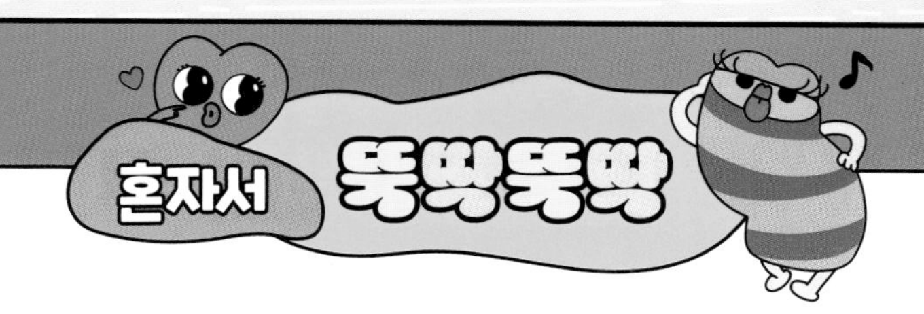

1 달력(예제).xlsx 파일을 불러와 자동 채우기와 복사 기능을 이용하여 달력을 만들어 보세요.

· 실습파일 : 달력(예제).xlsx · 완성파일 : 달력(완성).xlsx

5월 MAY

Sun	Mon	Tue	Wed	Thu	Fri	Sat
					1	2
3	4	5	6	7	8	9
10	11	12	13	14	15	16
17	18	19	20	21	22	23
24	25	26	27	28	29	30
31						

작성 조건

- 요일과 날짜는 자동 채우기를 오른쪽으로 드래그하여 입력
  -Sun 입력 후 자동 채우기, 날짜 입력 후 Ctrl을 누른 채 자동 채우기
- 주말을 포함해 공휴일 글꼴 색을 변경
  -셀을 블록으로 지정한 후 [홈] 탭에서 글꼴 색(가)을 변경

2 날씨(예제).xlsx 파일을 불러와 자동 채우기와 복사 기능을 이용하여 주간 날씨 현황을 만들어 보세요.

· 실습파일 : 날씨(예제).xlsx · 완성파일 : 날씨(완성).xlsx

우리 지역 주간 날씨

03월 03일	03월 04일	03월 05일	03월 06일	03월 07일	03월 08일	03월 09일
월요일	화요일	수요일	목요일	금요일	토요일	일요일
맑음	구름 조금	흐림	비	흐리고 비	흐림	맑음
10~22도	9~19도	10~18도	6~16도	7~17도	10~18도	10~22도

작성 조건

- 날짜와 요일은 자동 채우기를 오른쪽으로 드래그하여 입력
  -[B7] 셀의 날짜 입력은 '03-03'으로 입력
- [B10:H11] : 복사 기능을 이용하여 데이터 입력

#글꼴 서식 #셀 배경색 #테두리

03 셀 서식으로 캐릭터 쿠폰 만들기

학습목표

- 글꼴, 글꼴 크기, 글꼴 색 등을 변경할 수 있어요.
- 셀 안에 채우기 색을 지정할 수 있어요.
- 셀에 테두리를 지정할 수 있어요.

셀 서식 셀에 입력된 텍스트의 글꼴, 글꼴 크기, 글꼴 색, 정렬 등을 변경하거나 테두리 및 채우기 색 등을 설정할 수 있어요.

미리보기

실습파일 : 쿠폰(예제).xlsx 완성파일 : 쿠폰(완성).xlsx

COUPON

커피 타주기

원하는 커피를 타 드려요.
♡주의사항♡
바리스타 자격증이 없는 관계로
맛을 보장하지 못함.

COUPON

소원 한 가지 들어주기

소원을 들어드려요.
♡주의사항♡
가능한 들어드리지만
할 수 있는게 별로 없어요.

COUPON

사진 찍어주기

원하는 곳에서 촬영을 해 드려요.
♡주의사항♡
심령 사진이나 얼굴이 잘려
촬영될 수도 있어요.

COUPON

5분간 웃겨주기

우울할 때 웃겨 드려요.
♡주의사항♡
간지럼 태워서
기절할 수도 있어요.

STEP 01 텍스트 입력하고 글꼴 서식 지정하기

1 ▸ **쿠폰(예제).xlsx** 파일을 불러와 [B2], [C2], [C3] 셀에 다음과 같이 내용을 입력해요.

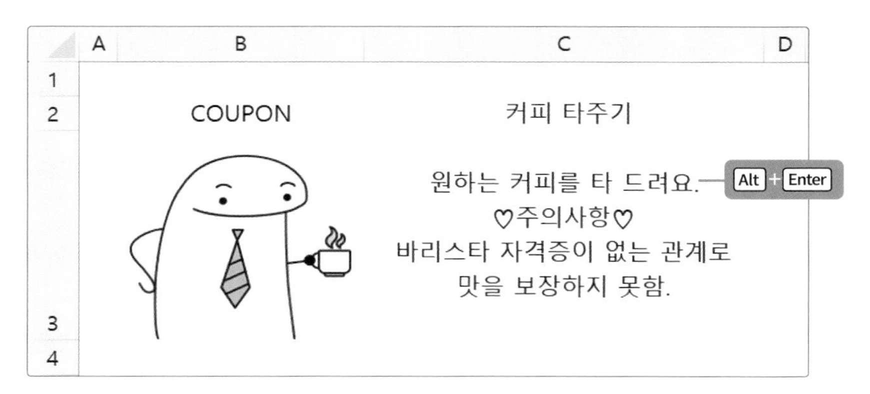

LEVEL UP! 데이터 입력

- [C3] 셀에 내용을 입력할 때 Alt+Enter를 눌러 줄을 바꿀 수 있어요.
- '♡'는 자음 'ㅁ'을 입력한 후 한자를 눌러 입력할 수 있어요.

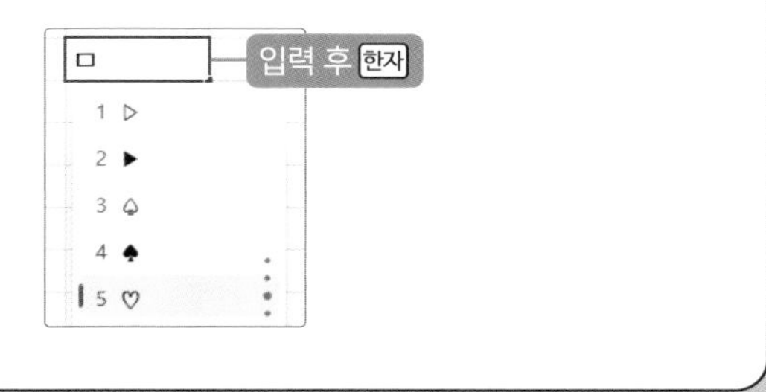

2 ▸ [B2] 셀을 선택하고 Ctrl+C를 눌러 복사해요. 이어서, [E2] 셀을 선택하고 Ctrl을 누른 채 [B5]와 [E5] 셀을 추가로 선택한 후 Enter를 눌러요.

3 ▸ [F2:F3], [C5:C6], [F5:F6] 셀은 그림을 참고하여 내용을 입력해요.

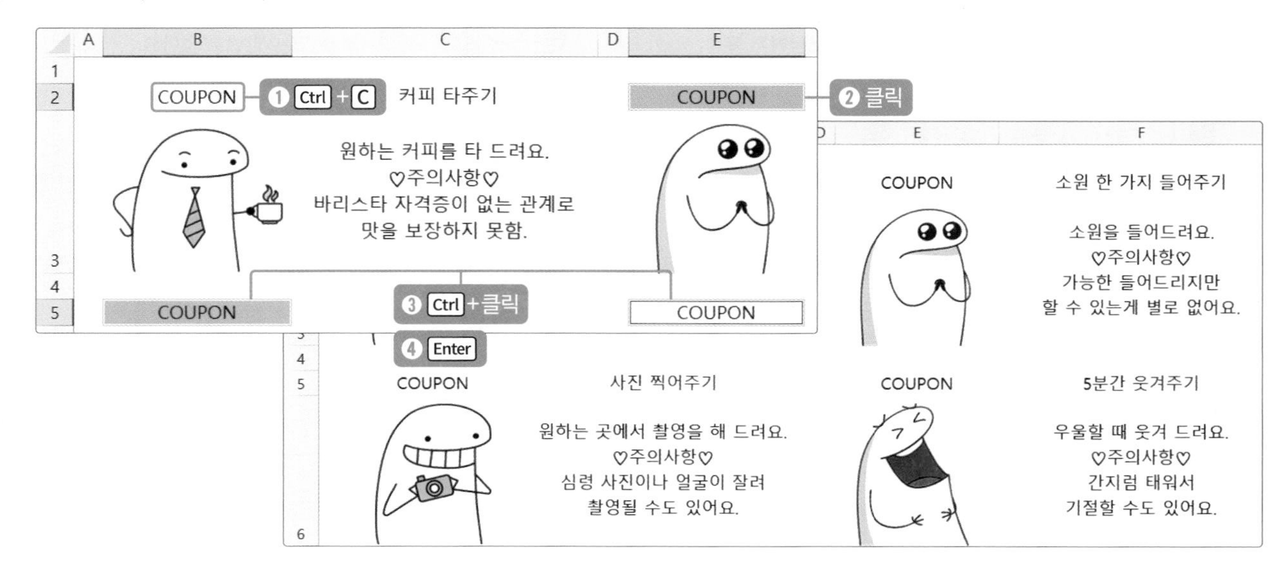

4 ▸ [B2] 셀을 선택하고 Ctrl을 누른 채 [E2], [B5], [E5] 셀을 추가로 선택해요. 이어서, [홈] 탭에서 **글꼴(HY엽서M), 글꼴 색(흰색, 배경1), 굵게**를 지정해요.

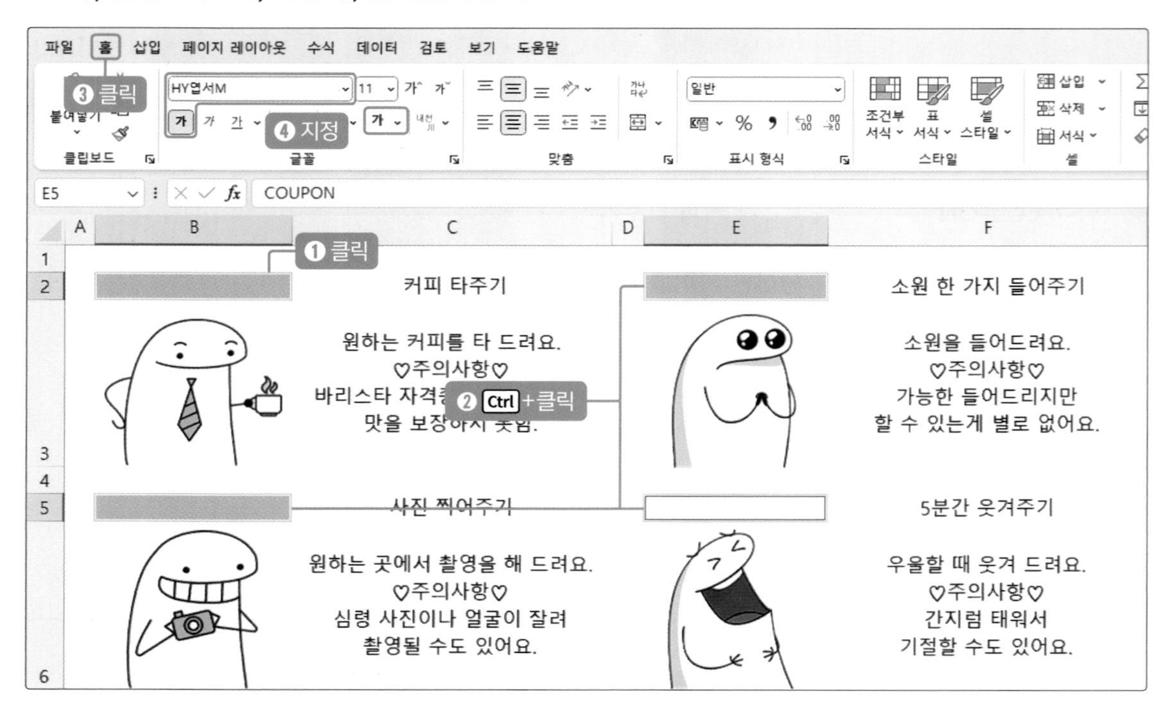

5 ▸ 같은 방법으로 [C2], [F2], [C5], [F5] 셀을 선택하고 [홈] 탭에서 **글꼴 색(흰색, 배경1)**과 **굵게**를 지정해요.

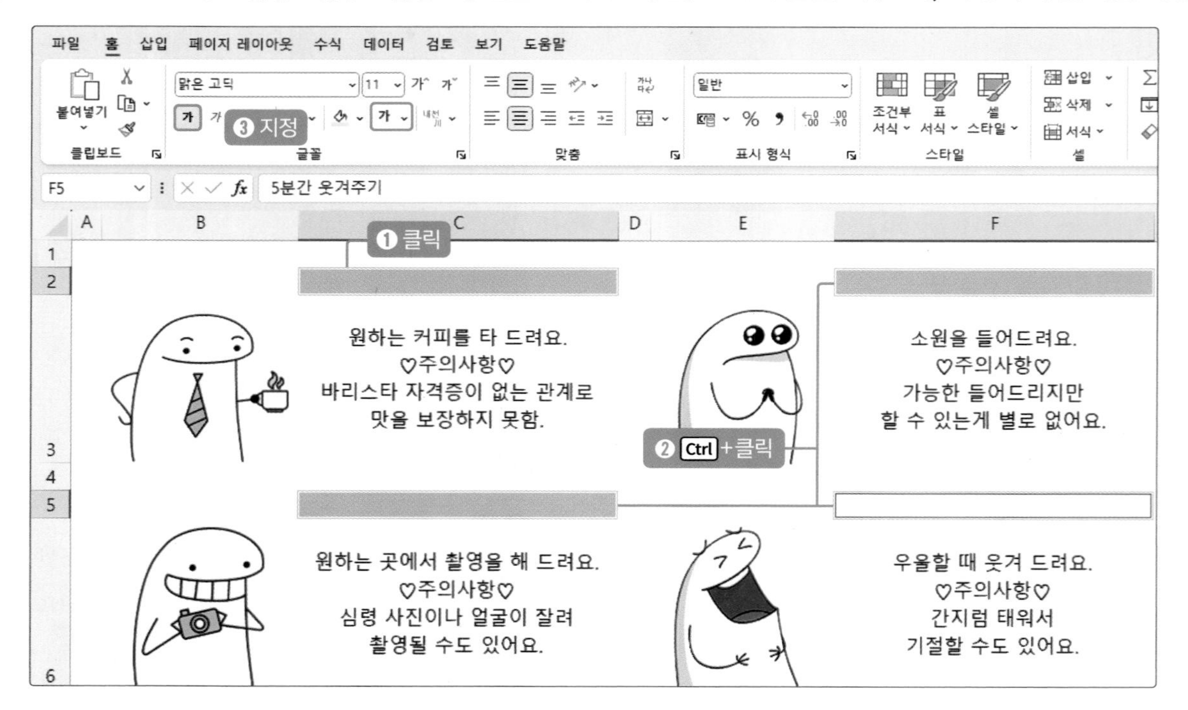

글꼴 색

교재에서는 글꼴 색을 흰색으로 지정하였기 때문에 글자가 없는 것처럼 보여요.

STEP 02 셀 배경색 및 테두리 지정하기

1 ▸ [B2:B3] 셀을 선택하고 [홈] 탭에서 [채우기 색( )]-**황금색, 강조 4, 40% 더 밝게**를 지정해요.

색상 위에 마우스 포인터를 위치시키면 정확한 색상 이름을 확인할 수 있어요.

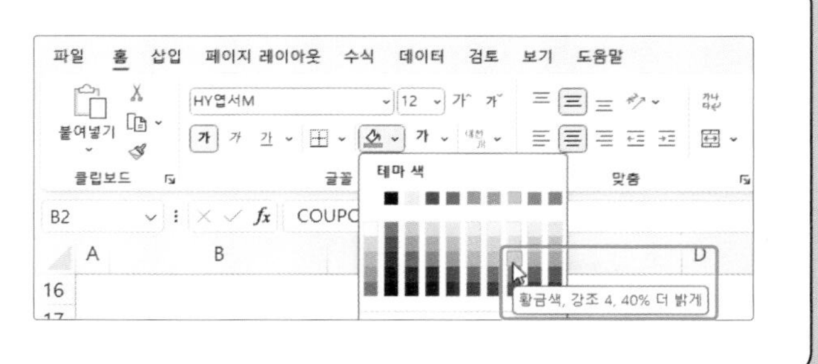

2 ▸ 같은 방법으로 다른 셀에도 채우기 색을 지정해요.

- [C2:C3] : 황금색, 강조 4
- [E2:E3] : 파랑, 강조 1, 40% 더 밝게
- [F2:F3] : 파랑, 강조 1
- [B5:B6] : 녹색, 강조 6, 40% 더 밝게
- [C5:C6] : 녹색, 강조 6
- [E5:E6] : 주황, 강조 2, 40% 더 밝게
- [F5:F6] : 주황, 강조 2

3 ▸ [B2:C3] 셀을 선택하고 Ctrl을 누른 채 [E2:F3], [B5:C6], [E5:F6] 셀을 추가로 선택해요. 이어서, [홈] 탭에서 [테두리]-**굵은 바깥쪽 테두리(⊞)**를 선택해요.

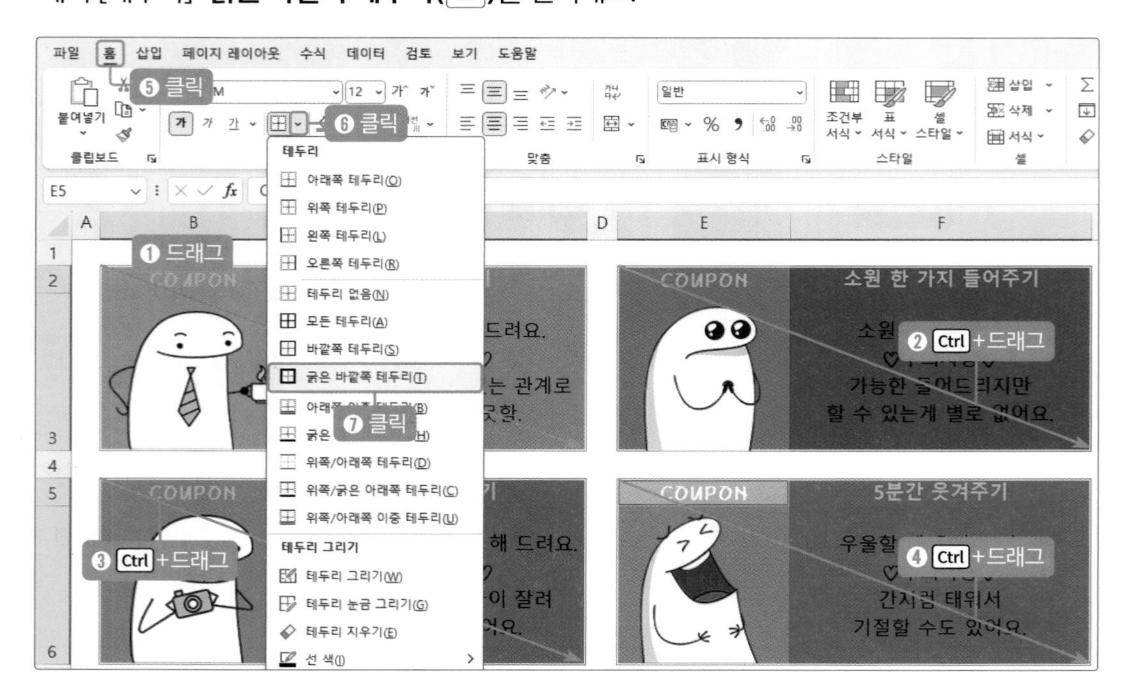

4 ▸ 같은 방법으로 [B2:B3], [E2:E3], [B5:B6], [E5:E6] 셀을 선택하고 [홈] 탭에서 [테두리]-**오른쪽 테두리(⊞)**를 선택해요.

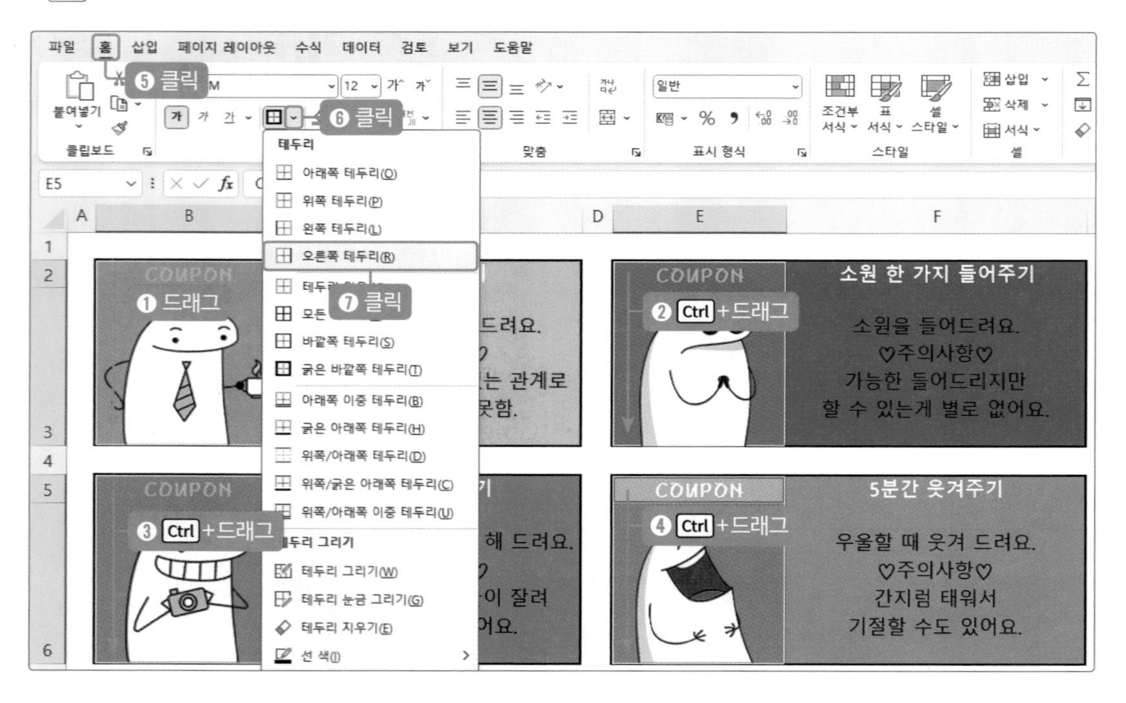

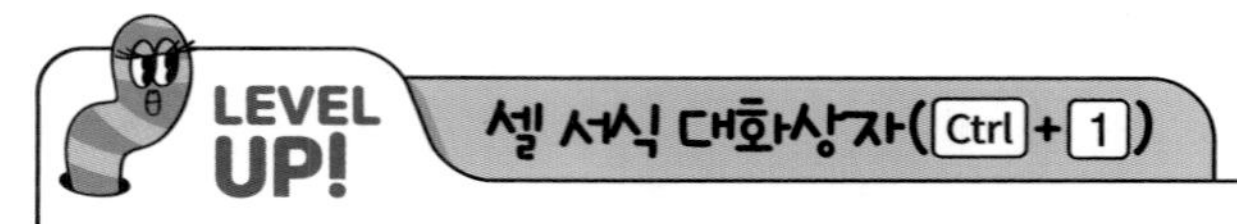

셀을 선택한 후 Ctrl+1을 누르면 셀 서식(맞춤, 글꼴, 테두리, 채우기 등)을 한 번에 지정할 수 있어요.

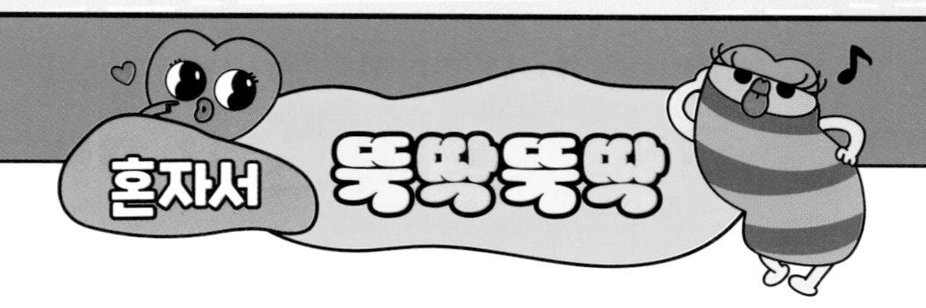

1 직업인원(예제).xlsx 파일을 불러와 셀에 색을 채우고 테두리를 지정해 보세요.

• 실습파일 : 직업인원(예제).xlsx • 완성파일 : 직업인원(완성).xlsx

작성 조건
- [B15:F16] : 텍스트 입력, 글꼴 크기, 테두리(위쪽/아래쪽 이중 테두리) 지정
- [B15:F15] : 채우기 색 지정

2 영어카드(예제).xlsx 파일을 불러와 셀에 색을 채우고 테두리를 지정해 보세요.

• 실습파일 : 영어카드(예제).xlsx • 완성파일 : 영어카드(완성).xlsx

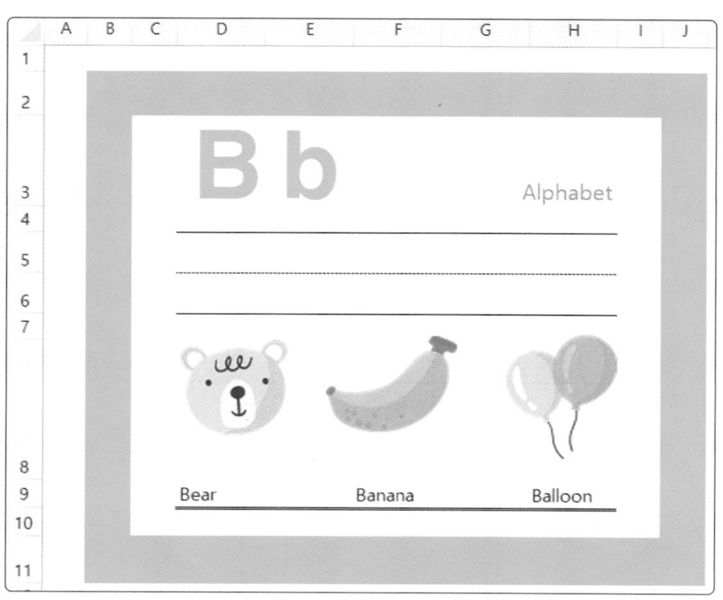

작성 조건
- [B2:J2], [B3:B11], [C11:J11], [J3:J10] : 채우기 색 지정
- [D5:H5] : 위쪽 테두리, [D6:H6] : 아래쪽 테두리, [D9:H9] : 아래쪽 이중 테두리
- [D5:H5] : 다른 테두리 → 선 스타일(점선) → 아래쪽 테두리 → 확인

#셀 스타일 #한자 변환 #병합하고 가운데 맞춤

셀 스타일로 번역기 만들기

학습목표

- 한글을 한자로 변환할 수 있어요.
- 셀 스타일을 지정할 수 있어요.
- 여러 셀을 하나의 셀로 병합할 수 있어요.

셀 스타일 특정 셀에 미리 정의된 스타일(글꼴, 글꼴 크기, 글꼴 색 등)을 쉽고 빠르게 적용시켜주는 기능이에요.

미리보기

실습파일 : 그림번역(예제).xlsx 완성파일 : 그림번역(완성).xlsx

그림 번역기

	각 나라 단어		
	한국어	영어	한자
	달	Moon	月
	각 나라 단어		
	한국어	영어	한자
	나무	Tree	木
	각 나라 단어		
	한국어	영어	한자
	어린이	Children	兒童
	각 나라 단어		
	한국어	영어	한자
	수영	Swimming	水泳

STEP 01 텍스트 입력하고 한자 변환하기

1 **그림번역(예제).xlsx** 파일을 불러와 각 셀에 내용을 입력해요. **[F9]** 셀은 **월**을 입력한 후 한자를 눌러 알맞은 한자를 선택하고 Enter를 눌러요.

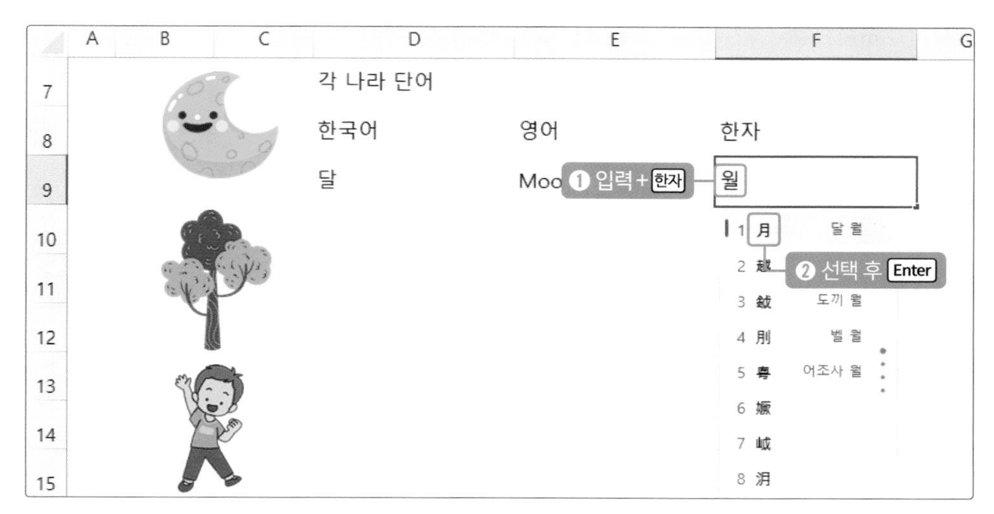

2 같은 방법으로 그림을 참고하여 나머지 내용을 입력해요.

한자 입력

[F15]와 [F18] 셀은 단어를 블록으로 지정한 후 한자를 눌러 변환해요.

STEP 02 셀 스타일 지정하기

1 ▸ **[B7]** 셀을 선택하고 [홈] 탭에서 [셀 스타일( )]-**밝은 회색, 60% - 강조색3**을 클릭해요. 같은 방법으로 다른 셀에도 셀 스타일을 지정해요.

- [B10] : 연한 녹색, 60% - 강조색6
- [B13] : 연한 파랑, 60% - 강조색5
- [B16] : 연한 노랑, 60% - 강조색4

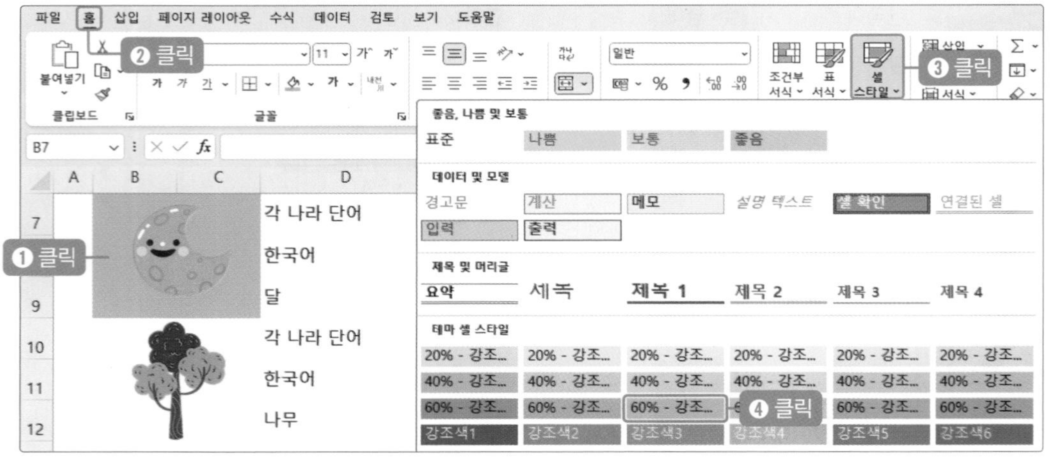

2 ▸ 같은 방법으로 나머지 셀들도 셀 스타일을 지정해요.

- [D7:F8] : 밝은 회색, 40% - 강조색3
- [D9:F9] : 밝은 회색, 20% - 강조색3
- [D10:F11] : 연한 녹색, 40% - 강조색6
- [D12:F12] : 연한 녹색, 20% - 강조색6
- [D13:F14] : 연한 파랑, 40% - 강조색5
- [D15:F15] : 연한 파랑, 20% - 강조색5
- [D16:F17] : 연한 노랑, 40% - 강조색4
- [D18:F18] : 연한 노랑, 20% - 강조색4

	A	B	C	D	E	F
6						
7				각 나라 단어		
8				한국어	영어	한자
9				달	Moon	月
10				각 나라 단어		
11				한국어	영어	한자
12				나무	Tree	木
13				각 나라 단어		
14				한국어	영어	한자
15				어린이	Children	兒童
16				각 나라 단어		
17				한국어	영어	한자
18				수영	Swimming	水泳

STEP 03 다양한 서식 지정하기

1 [D7:F7] 셀을 선택하고 Ctrl을 누른 채 [D10:F10], [D13:F13], [D16:F16] 셀을 추가로 선택해요. 이어서, [홈] 탭에서 **병합하고 가운데 맞춤( )**을 클릭해요.

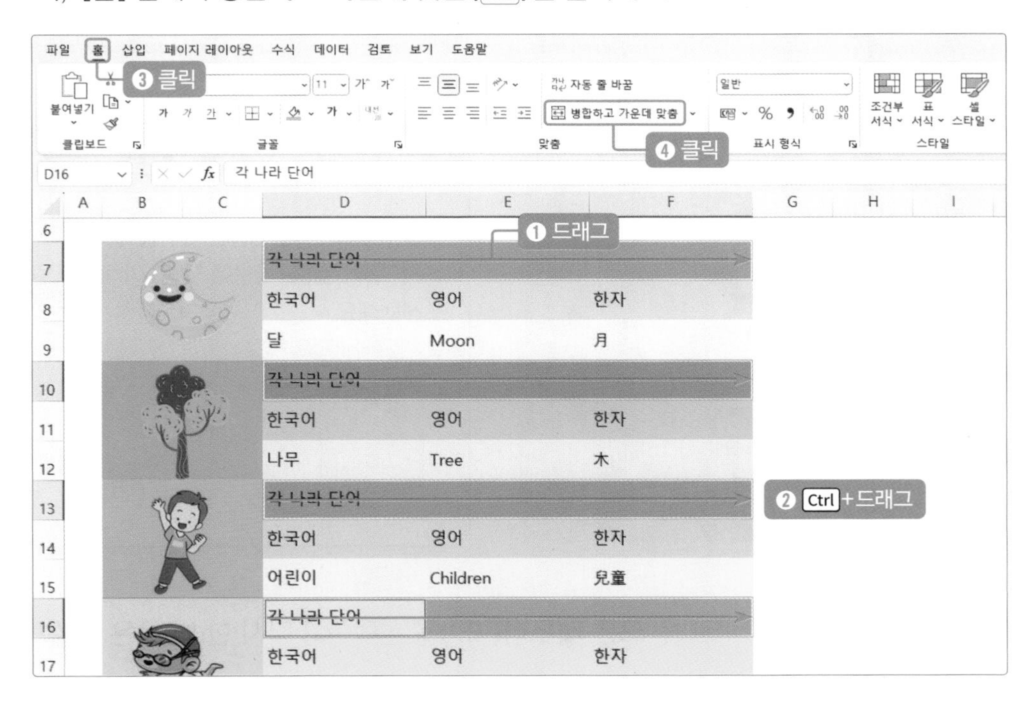

2 [D9:F9] 셀을 선택하고 Ctrl을 누른 채 [D12:F12], [D15:F15], [D18:F18] 셀을 추가로 선택해요. 이어서, [홈] 탭에서 **글꼴 크기(16)**와 **글꼴 색(진한 빨강)**를 지정해요.

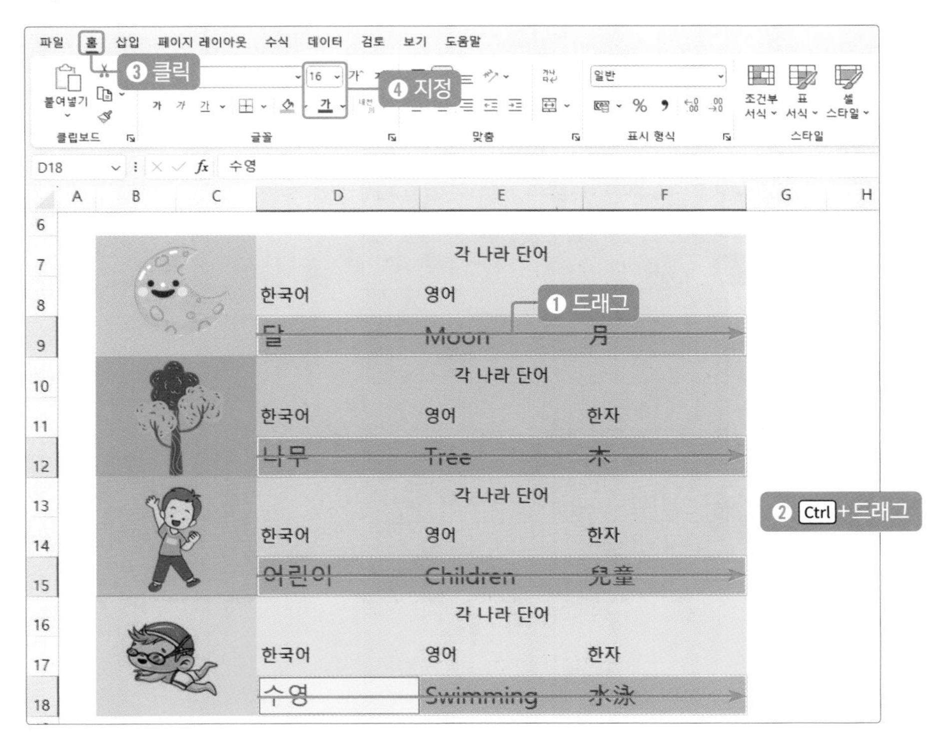

3 [D8:F9] 셀을 선택하고 Ctrl을 누른 채 [D11:F12], [D14:F15], [D17:F18] 셀을 추가로 선택해요. 이어서, [홈] 탭에서 **가운데 맞춤( )**을 클릭해요.

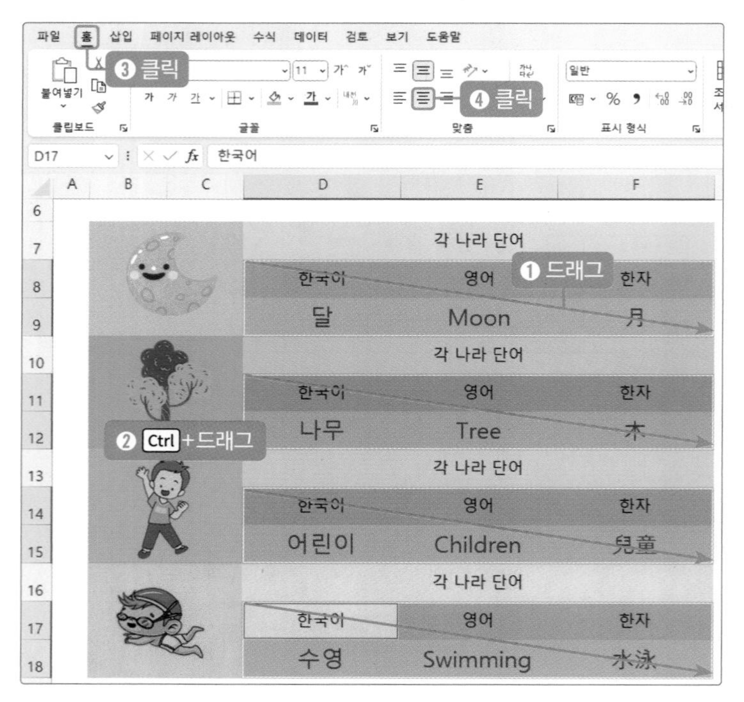

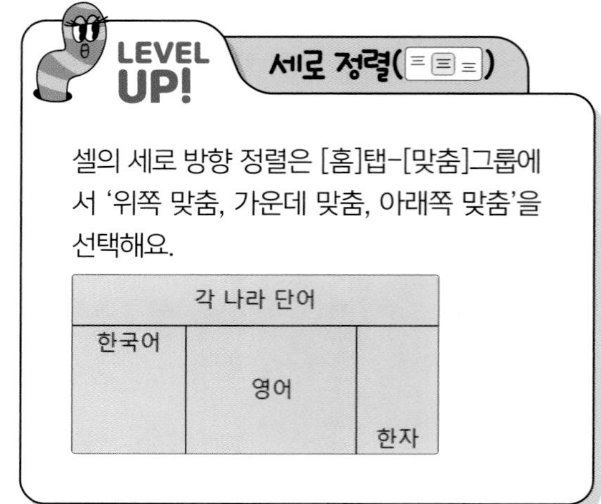

4 [B7:F18] 셀을 선택하고 [홈] 탭에서 [테두리]-**모든 테두리( )**를 선택하고 다시 한 번 **굵은 바깥쪽 테두리( )**를 선택해요.

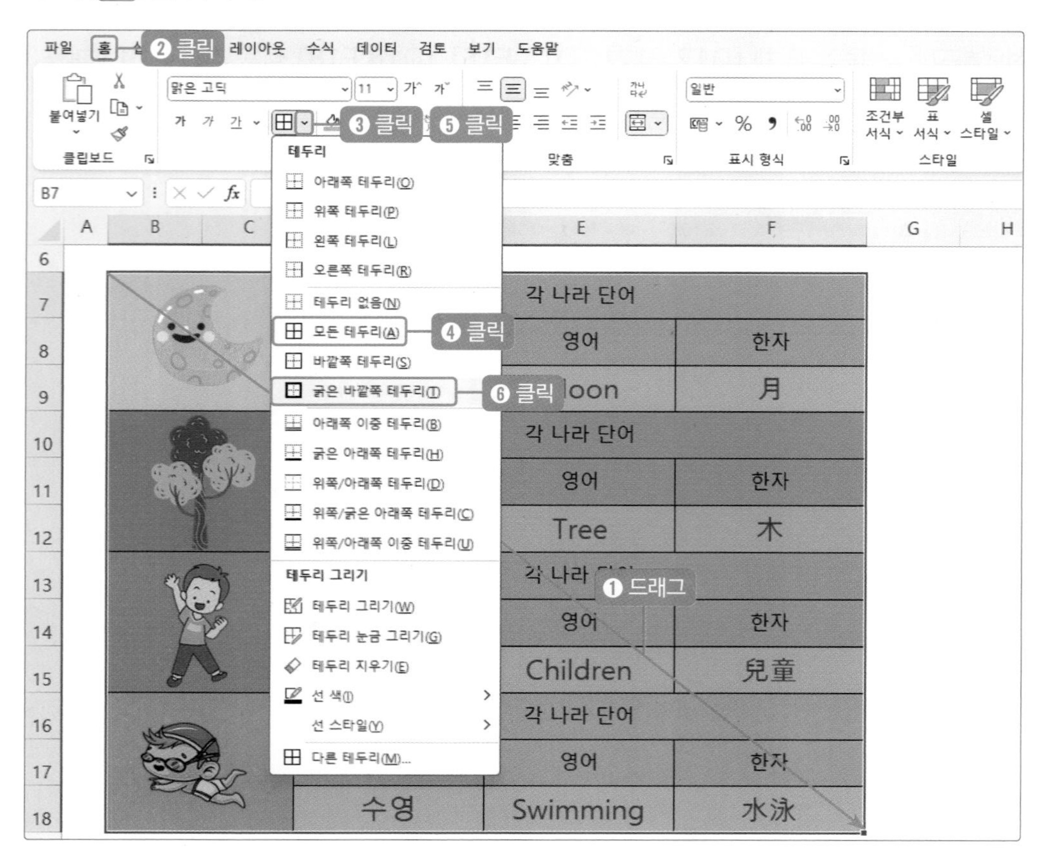

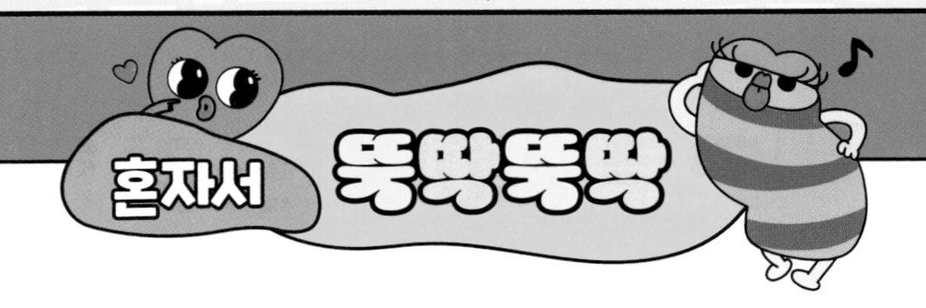

1 연습장(예제).xlsx 파일을 불러와 작성 조건에 맞게 시트를 완성해 보세요.

· 실습파일 : 연습장(예제).xlsx · **완성파일** : 연습장(완성).xlsx

	B	C	D	E	F	G	H	J	K	L	M	N	O	P
1	한자 연습장							자음 연습장						
3	月	月	月	月	月	月	月	ㄱ	ㄱ	ㄱ	ㄱ	ㄱ	ㄱ	ㄱ
4	달월	달월	달월	달월	달월	달월	달월	기역	기역	기역	기역	기역	기역	기역
6	火	火	火	火	火	火	火	ㄴ	ㄴ	ㄴ	ㄴ	ㄴ	ㄴ	ㄴ
7	불화	불화	불화	불화	불화	불화	불화	니은	니은	니은	니은	니은	니은	니은
9	水	水	水	水	水	水	水	ㄷ	ㄷ	ㄷ	ㄷ	ㄷ	ㄷ	ㄷ
10	물수	물수	물수	물수	물수	물수	물수	디귿	디귿	디귿	디귿	디귿	디귿	디귿
12	木	木	木	木	木	木	木	ㄹ	ㄹ	ㄹ	ㄹ	ㄹ	ㄹ	ㄹ
13	나무목	나무목	나무목	나무목	나무목	나무목	나무목	리을	리을	리을	리을	리을	리을	리을
15	金	金	金	金	金	金	金	ㅁ	ㅁ	ㅁ	ㅁ	ㅁ	ㅁ	ㅁ
16	쇠금	쇠금	쇠금	쇠금	쇠금	쇠금	쇠금	미음	미음	미음	미음	미음	미음	미음
18	土	土	土	土	土	土	土	ㅂ	ㅂ	ㅂ	ㅂ	ㅂ	ㅂ	ㅂ
19	흙토	흙토	흙토	흙토	흙토	흙토	흙토	비읍	비읍	비읍	비읍	비읍	비읍	비읍
21	日	日	日	日	日	日	日	ㅅ	ㅅ	ㅅ	ㅅ	ㅅ	ㅅ	ㅅ
22	날일	날일	날일	날일	날일	날일	날일	시옷	시옷	시옷	시옷	시옷	시옷	시옷

작성 조건

- 한자 연습장
  - 한자 변환 : 해당 셀을 더블클릭한 후 한자로 변환, 채우기 핸들로 [H] 열까지 자동 채우기
  - 셀 스타일(메모) 지정
  - [C3:H22] : 글꼴 색(흰색, 배경 1, 15% 더 어둡게) 지정
- 자음 연습장
  - 채우기 핸들로 [P] 열까지 자동 채우기
  - 셀 스타일(메모) 지정
  - [K3:P22] : 글꼴 색(흰색, 배경 1, 25% 더 어둡게) 지정

#그림 삽입 #투명색 설정 #3D 모델

05 그림으로 강아지 도감 만들기

학습목표

- 행 높이를 변경하고 그림을 삽입할 수 있어요.
- 삽입한 그림의 배경을 투명색으로 설정할 수 있어요.
- 3D 모델을 삽입할 수 있어요.

그림 컴퓨터에 저장된 그림을 삽입할 수 있고, 삽입된 그림은 밝기나 투명도 등을 조절해 예쁘게 꾸밀 수 있어요.

미리보기

실습파일 : 강아지도감(예제).xlsx 완성파일 : 강아지도감(완성).xlsx

귀여운 강아지 도감

종류	요크셔테리어	포메라니안	시베리안허스키
모양			
키	23Cm	20Cm	60Cm
특징	활발하면서 침착함	북극에서 썰매 끌던 개	늑대개라고 불림

종류	퍼그	웰시코기	닥스훈트
모양			
키	33Cm	29Cm	25Cm
특징	가장 오래된 종류	여우를 닮은 외모	명랑하고 장난스러움

STEP 01 텍스트 입력하고 행 높이 변경하기

1 ▸ **강아지도감(예제).xlsx** 파일을 불러와 각 셀에 내용을 입력해요.

귀여운 강아지 도감

종류	요크셔테리어	포메라니안	시베리안허스키
모양			
키	23Cm	20Cm	60Cm
특징	활발하면서 침착함	북극에서 썰매 끌던 개	늑대개라고 불림

종류	퍼그	웰시코기	닥스훈트
모양			
키	33Cm	29Cm	25Cm
특징	가장 오래된 종류	여우를 닮은 외모	명랑하고 장난스러움

2 ▸ [3] 행을 선택하고 Ctrl을 누른 채 [8] 행을 추가로 선택해요. 이어서, [홈] 탭에서 [서식]–**행 높이**를 클릭해요.

3 ▸ [행 높이] 대화상자에서 행 높이를 **80**으로 입력하고 <확인>을 클릭해요.

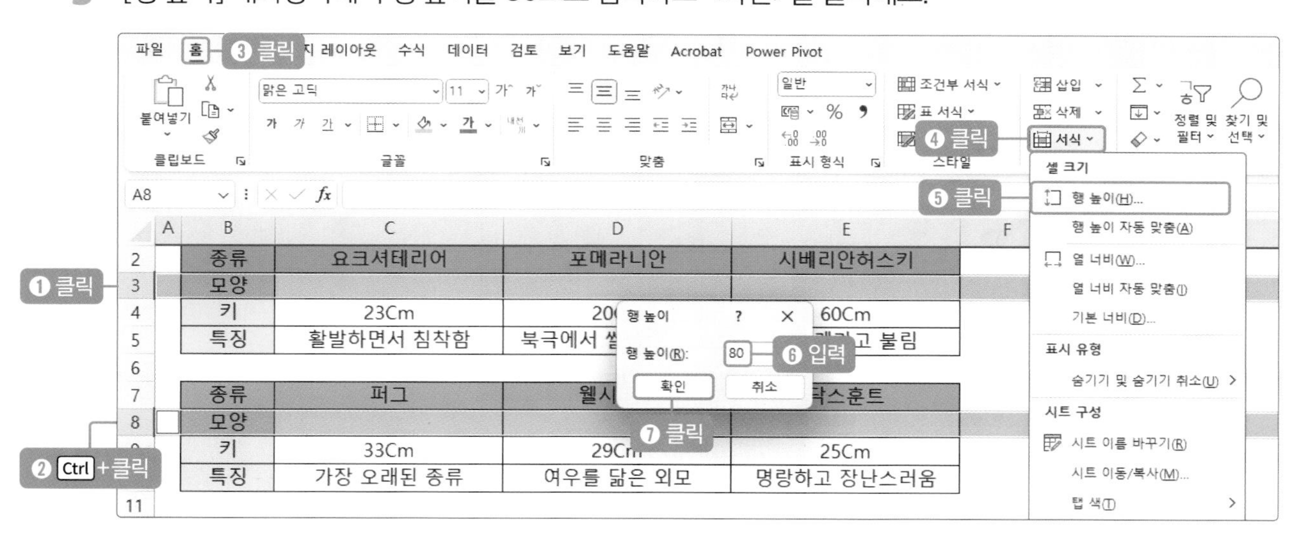

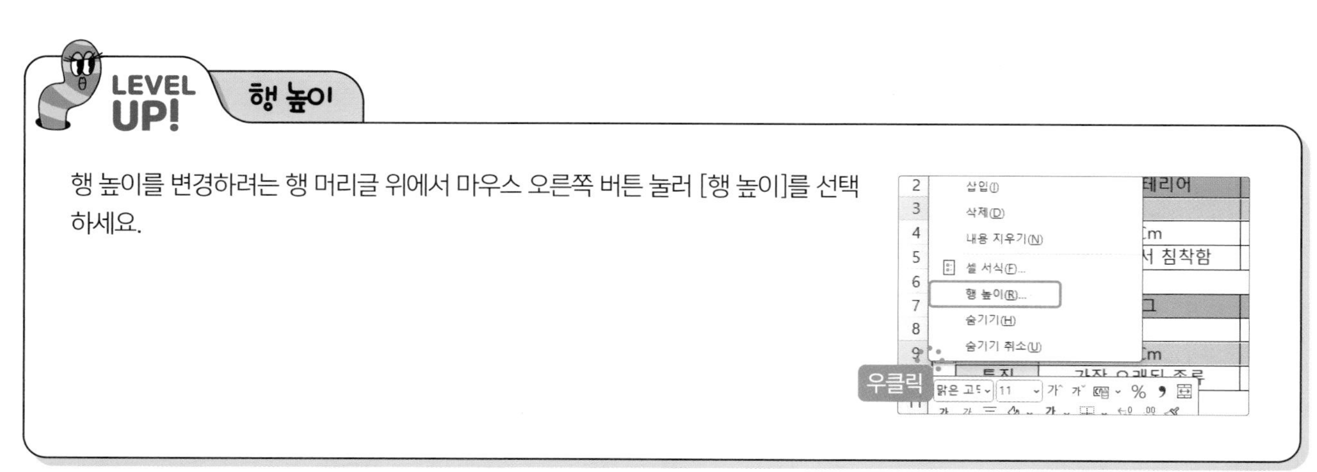

LEVEL UP! 행 높이

행 높이를 변경하려는 행 머리글 위에서 마우스 오른쪽 버튼 눌러 [행 높이]를 선택하세요.

STEP 02 그림 삽입하고 투명한 색 설정하기

1 [삽입] 탭에서 [그림( )]-**이 디바이스**를 선택해요. [그림 삽입] 대화상자에서 [05차시] 폴더의 **강아지1~6**을 모두 선택하고 <삽입>을 클릭해요.

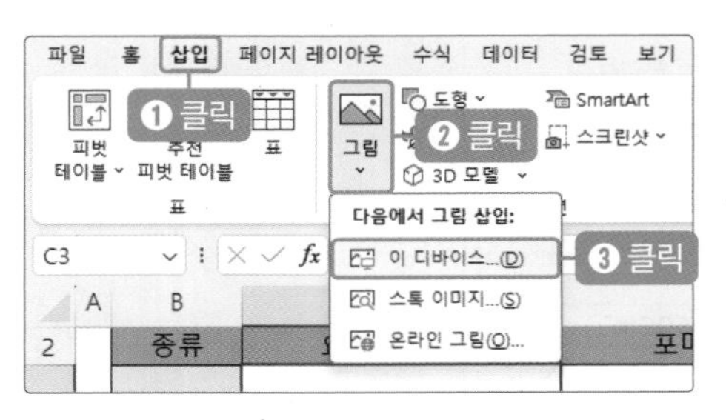

2 그림이 삽입되면 [그림 서식] 탭에서 [도형 높이]를 **2.1**로 입력해요.

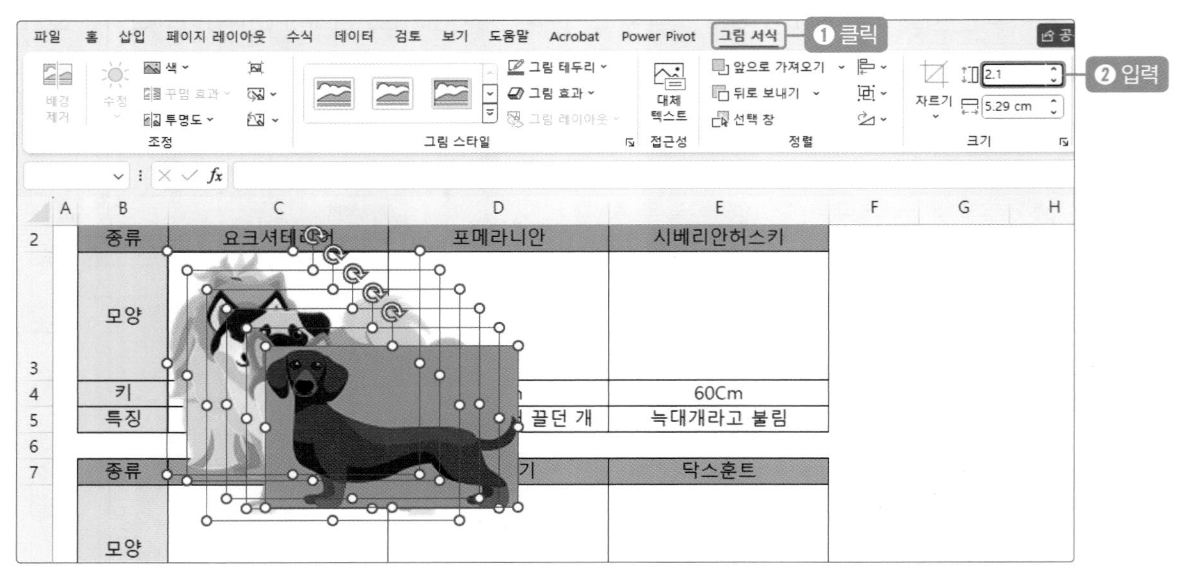

LEVEL UP! 그림 선택

그림 선택이 해제되었을 경우에는 Shift를 누른 채 모든 그림을 선택하고 크기를 변경해요.

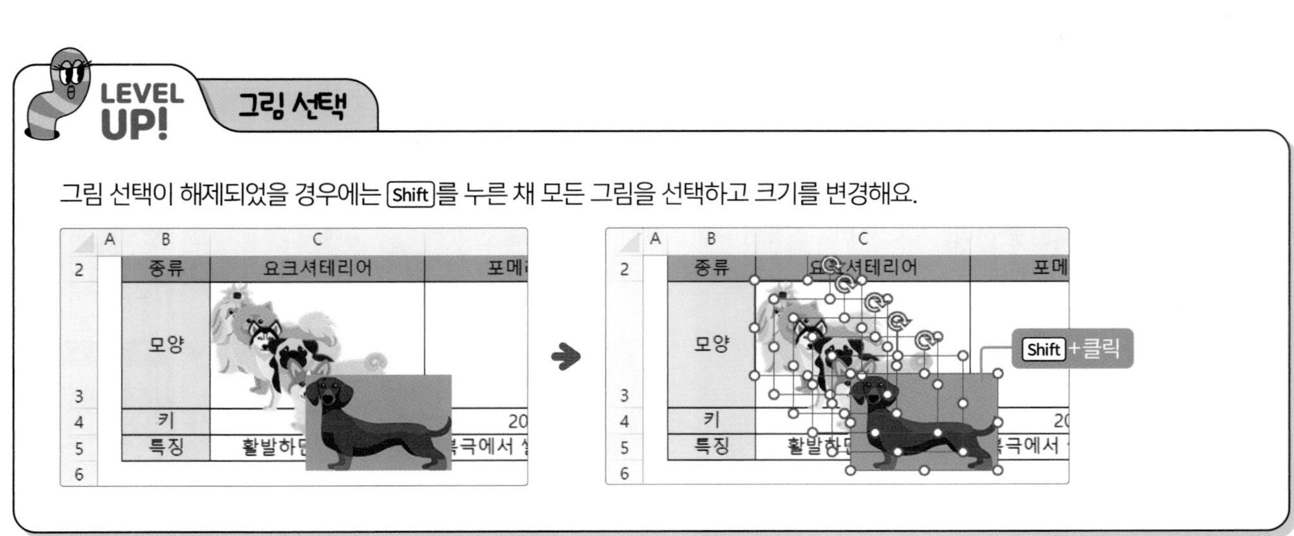

3 ▸ 그림 크기가 변경되면 이름에 맞게 강아지 그림을 드래그하여 다음과 같이 배치해요.

종류	요크셔테리어	포메라니안	시베리안허스키
모양			
키	23Cm	20Cm	60Cm
특징	활발하면서 침착함	북극에서 썰매 끌던 개	늑대개라고 불림

종류	퍼그	웰시코기	닥스훈트
모양			
키	33Cm	29Cm	25Cm
특징	가장 오래된 종류	여우를 닮은 외모	명랑하고 장난스러움

4 ▸ 배경을 투명하게 바꾸기 위해 닥스훈트 그림을 선택한 후 [그림 서식] 탭에서 [색( )]-**투명한 색 설정**을 클릭해요.

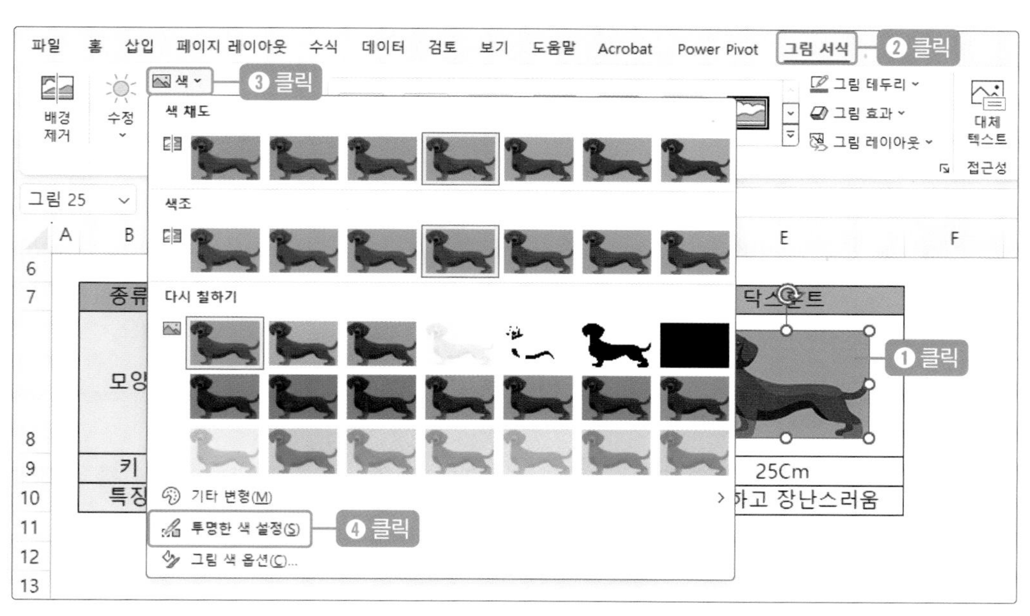

5 ▸ 마우스 포인터가 모양으로 변경되면 배경을 클릭해 투명하게 만들어요.

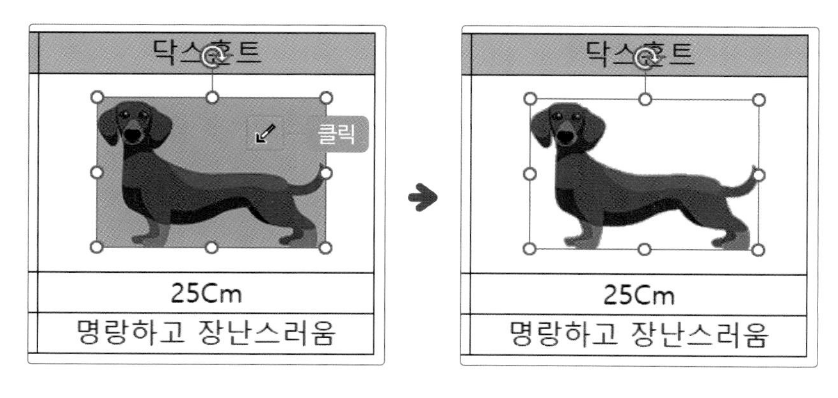

STEP 03 ⋮ 3D 모델 삽입하기

1 ▸ [삽입] 탭에서 [3D 모델()]을 클릭한 후 [온라인 3D 모델] 대화상자에서 **[All Animated Models]**를 선택해요.

2 ▸ 동물에 관련된 3D 모델이 나오면 **강아지**를 선택한 후 <삽입>을 클릭해요.

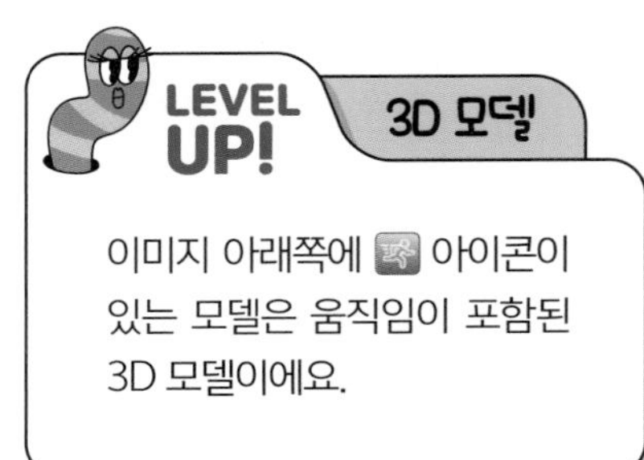

이미지 아래쪽에 아이콘이 있는 모델은 움직임이 포함된 3D 모델이에요.

3 ▸ 3D 모델이 삽입되면 위치와 크기를 변경해요. 이어서, 360도 회전 핸들()을 드래그하여 각도를 변경해요.

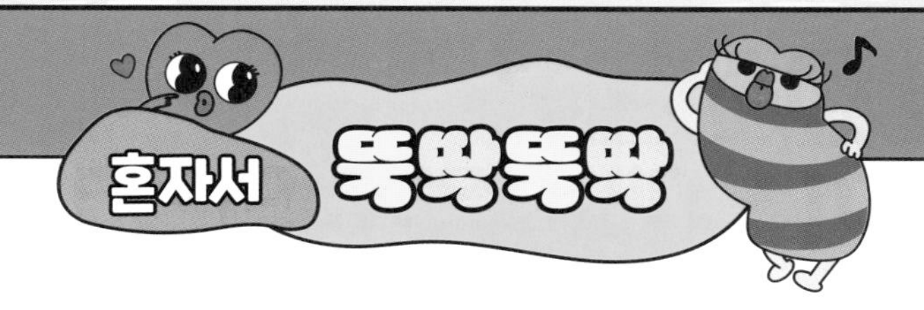

1 공룡시대(예제).xlsx 파일을 불러와 작성 조건에 맞게 시트를 완성해 보세요.

• 실습파일 : 공룡시대(예제).xlsx • **완성파일** : 공룡시대(완성).xlsx

공룡시대

종류	트리케라톱스	브론토사우르스	스테고사우루스
모양			
키	9m	23m	9m
특징	초식	초식	초식
종류	프테라노돈	티라노사우르	정체불명
모양			
키	7m	6m	1m
식성	육식	육식	잡식성

작성 조건

- 행 높이 변경 : 100
- 그림 삽입(공룡01~06), 크기 조절 후 위치 변경
- 공룡6 : 배경을 투명하게 지정

2 정글(예제).xlsx 파일을 불러와 원하는 3D 모델을 추가하여 정글 그림을 완성해 보세요.

• 실습파일 : 정글(예제).xlsx • **완성파일** : 정글(완성).xlsx

#메모 삽입 #시트 이름 변경 #시트 복사

워크시트로 인기 노래 순위표 만들기

- 워크시트의 이름을 변경할 수 있어요.
- 워크시트를 복사하거나 삭제할 수 있어요.
- 셀에 메모를 삽입할 수 있어요.

워크시트 엑셀은 하나의 문서를 여러 개의 워크시트로 분리하여 작업할 수 있어요. 각각의 워크시트는 자유롭게 복사, 이동을 할 수 있고, 시트의 이름도 마음대로 변경할 수 있어요.

실습파일 : 인기노래순위(예제).xlsx 완성파일 : 인기노래순위(완성).xlsx

STEP 01 데이터 입력 후 셀 병합하기

1 ▸ **인기노래순위(예제).xlsx** 파일을 불러와 내용을 입력해요.

	A	B	C	D	E	F
3		순위	제목	듣기	좋아요	비고
4		1	가을 아침	562	3222	다 아는 노래
5		2	초록비	488	3159	
6		3	풍선	433	2951	
7		4	너의 의미	389	2654	
8		5	네모의 꿈	381	2611	
9						

2 ▸ [B3:F8] 셀을 선택하고 [홈] 탭에서 **가운데 맞춤**( )을 클릭해요.

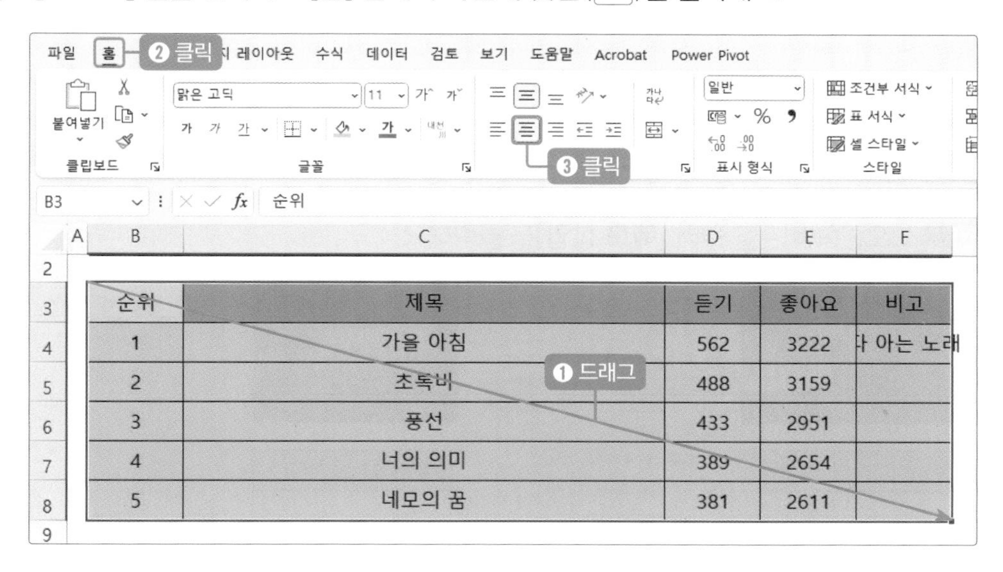

3 ▸ [F4:F8] 셀을 선택하고 [홈] 탭에서 **병합하고 가운데 맞춤**( )을 클릭해요.

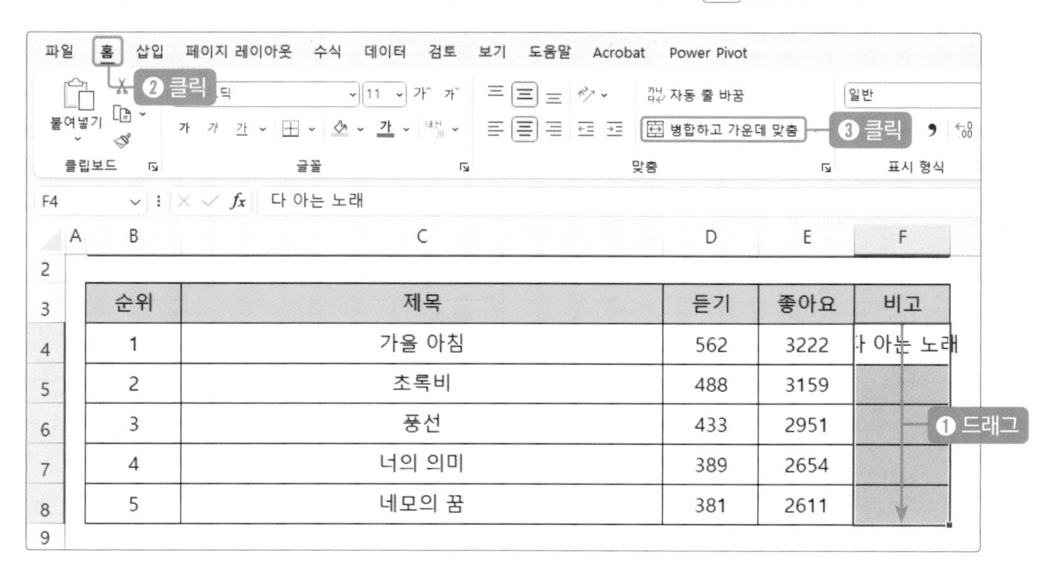

4 ▸ **[F4]** 셀을 선택하고 [홈] 탭에서 [방향( )]-**시계 반대 방향 각도**를 클릭해요.

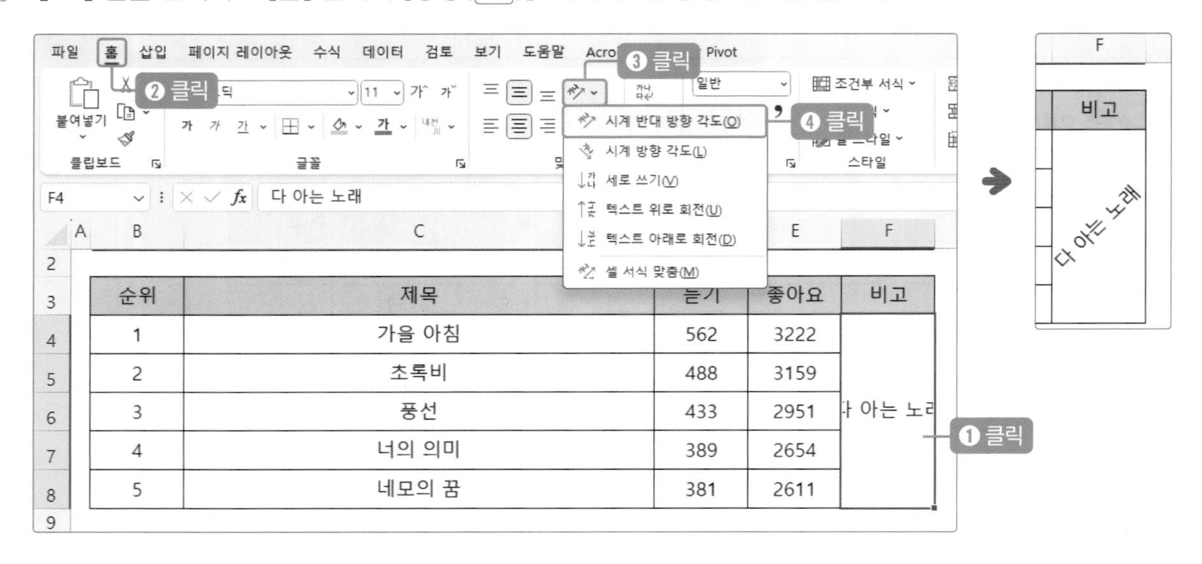

1 ▸ **[C6]** 셀을 선택하고 마우스 오른쪽 버튼을 눌러 **[메모 삽입]**을 클릭해요.

2 ▸ 메모가 삽입되면 기본적으로 표시되는 컴퓨터 이름을 블록으로 지정한 후 **내가 가장 좋아하는 노래**로 입력해요. 메모 입력이 완료되면 메모 바깥쪽을 클릭하세요.

제목	듣기	좋아요	비고
가을 아침	562	3222	
초록비	488	3159	
풍선			
너의 의미			
네모의 꿈	381	2611	

AMD: ① 블록 지정

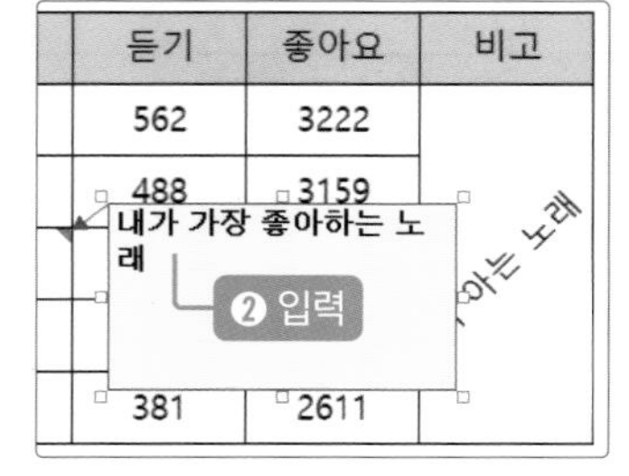

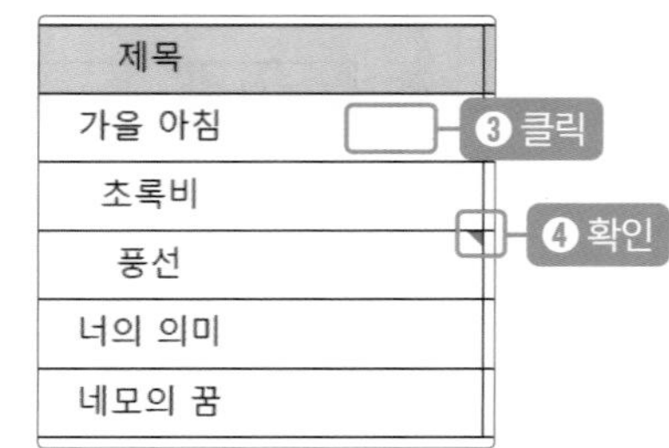

3 ▸ 메모가 삽입된 **[C6]** 셀을 선택한 후 마우스 오른쪽 버튼을 눌러 **[메모 표시/숨기기]**를 선택해요.

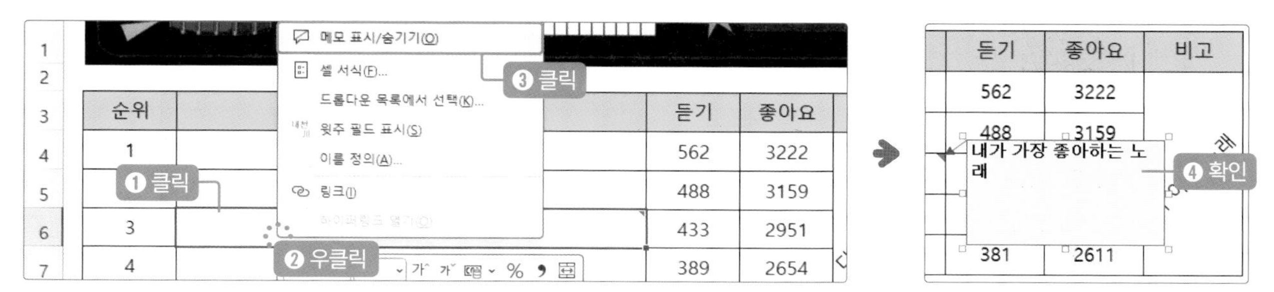

4 ▸ 메모를 선택한 후 [홈] 탭에서 가로와 세로 모두 **가운데 맞춤**으로 지정하고 크기를 변경해요.

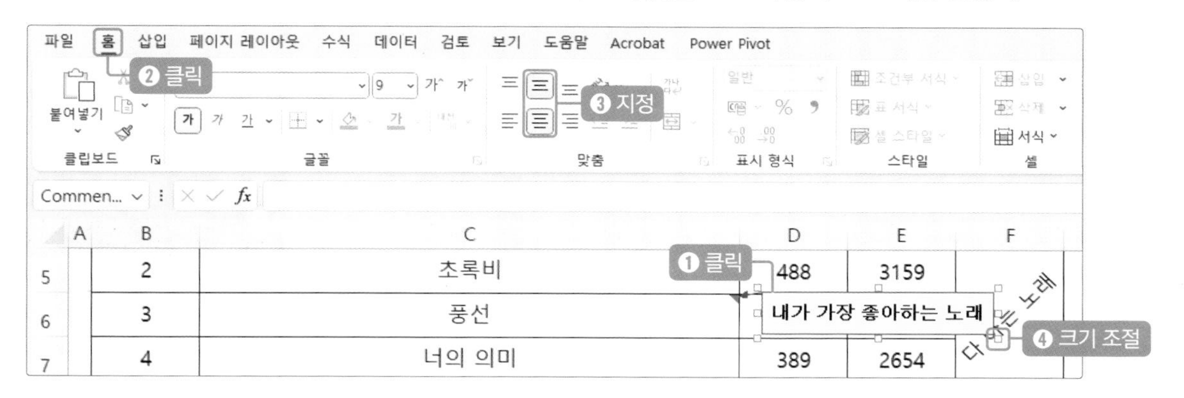

STEP 03 시트 이름 바꾸고 복사하기

1 ▸ **[Sheet1]**을 더블클릭하여 편집 상태가 되면 **아는 노래**를 입력하고 Enter를 눌러요.

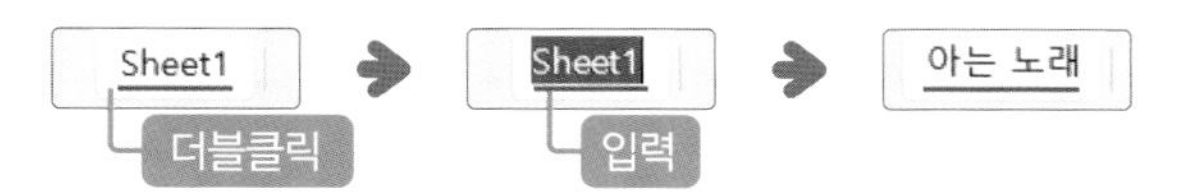

2 ▸ Ctrl을 누른 채 **[아는 노래]** 시트를 드래그하여 복사해요.

3 ▸ 시트가 복사되면 시트명을 더블클릭한 후 **최신 가요**로 변경해요.

시트 바로 가기 메뉴

시트 위에서 마우스 오른쪽 버튼을 누르면 '시트 삽입 및 삭제, 시트 이름 변경, 시트 이동 및 복사' 등의 작업을 할 수 있어요.

4 ▸ **[최신 가요]** 시트에서 메모를 삭제한 후 다음과 같이 내용을 변경해요.

순위	제목	듣기	좋아요	비고
1	너의 모든 순간	877	992	최신가요순위
2	LOVE DIVE	687	895	
3	I AM	623	844	
4	나는 아픈 건 딱 질색이니까	566	781	
5	SOLO	493	799	

아는 노래 | 최신 가요

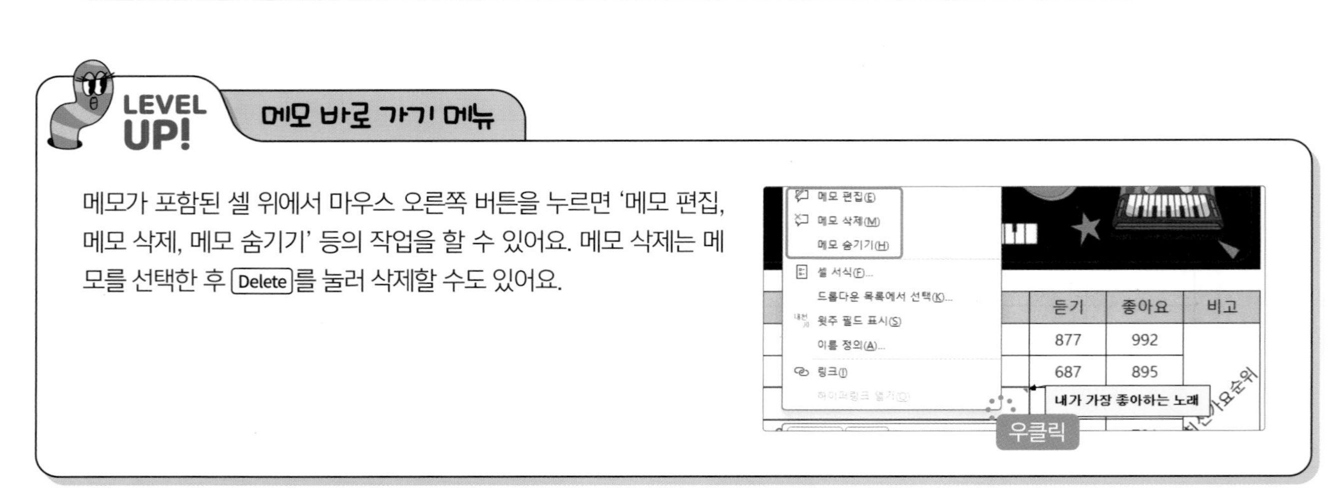

LEVEL UP! 메모 바로 가기 메뉴

메모가 포함된 셀 위에서 마우스 오른쪽 버튼을 누르면 '메모 편집, 메모 삭제, 메모 숨기기' 등의 작업을 할 수 있어요. 메모 삭제는 메모를 선택한 후 [Delete]를 눌러 삭제할 수도 있어요.

5 ▸ [B3:F3]을 블록으로 지정하고 [홈] 탭에서 [채우기 색( )]-**녹색, 강조 6, 40% 더 밝게**를 클릭해요.

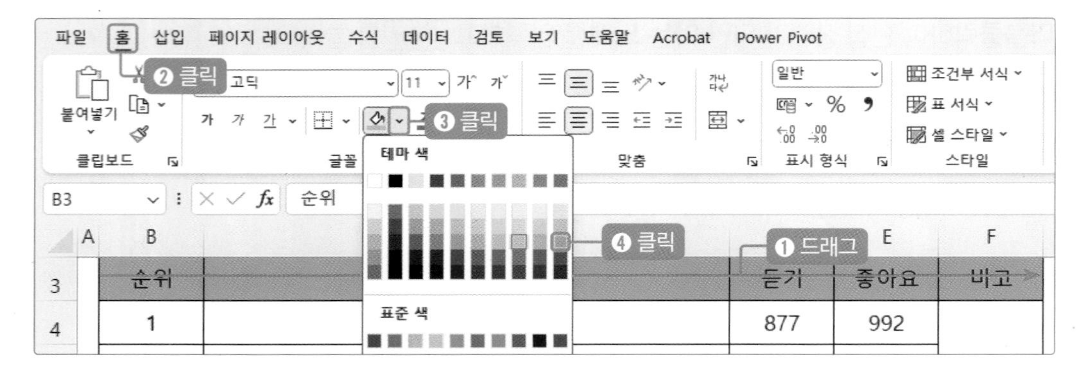

6 ▸ [C5] 셀에 메모를 추가한 후 가운데 맞춤 및 항상 화면에 메모가 보이도록 설정해요.

순위	제목	듣기	좋아요	비고
1	너의 모든 순간	877	992	최신가요순위
2	LOVE DIVE			
3	I AM	623	844	
4	나는 아픈 건 딱 질색이니까	566	781	
5	SOLO	493	799	

너무 좋아요~!!

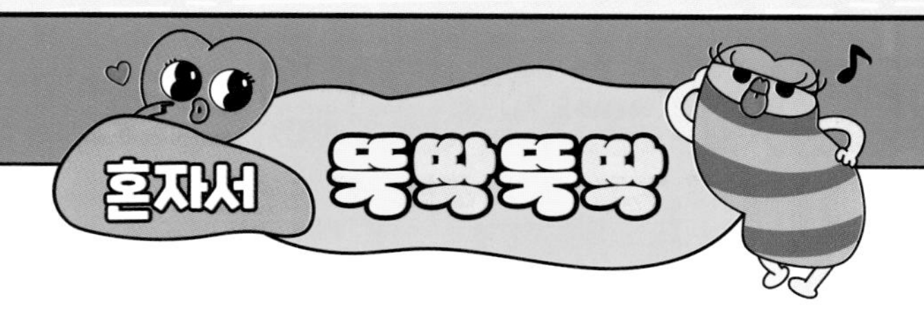

1 다이어트 기록표(예제).xlsx 파일을 불러와 작성 조건에 맞게 시트를 완성해 보세요.

· 실습파일 : 다이어트 기록표(예제).xlsx · 완성파일 : 다이어트 기록표(완성).xlsx

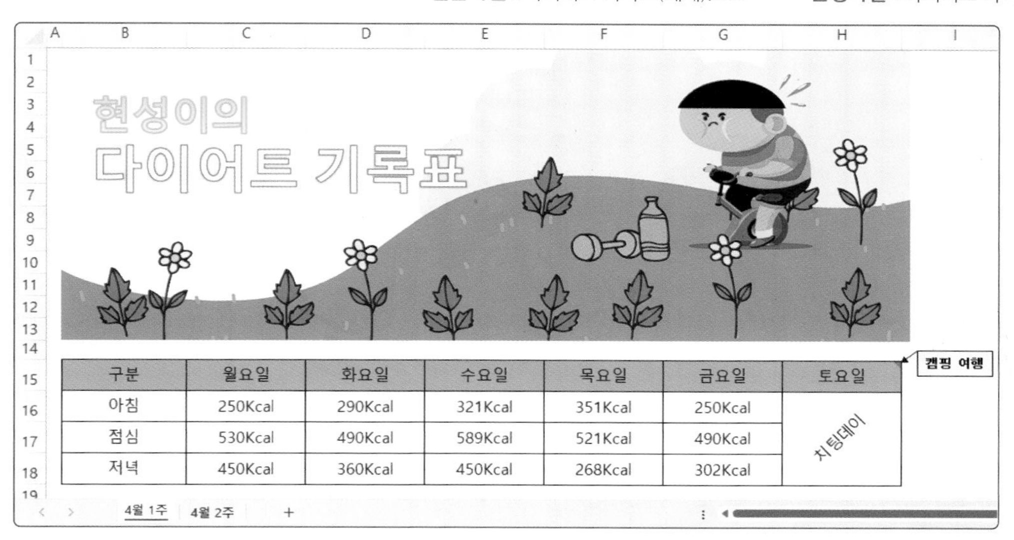

구분	월요일	화요일	수요일	목요일	금요일	토요일
아침	250Kcal	290Kcal	321Kcal	351Kcal	250Kcal	치팅데이
점심	530Kcal	490Kcal	589Kcal	521Kcal	490Kcal	
저녁	450Kcal	360Kcal	450Kcal	268Kcal	302Kcal	

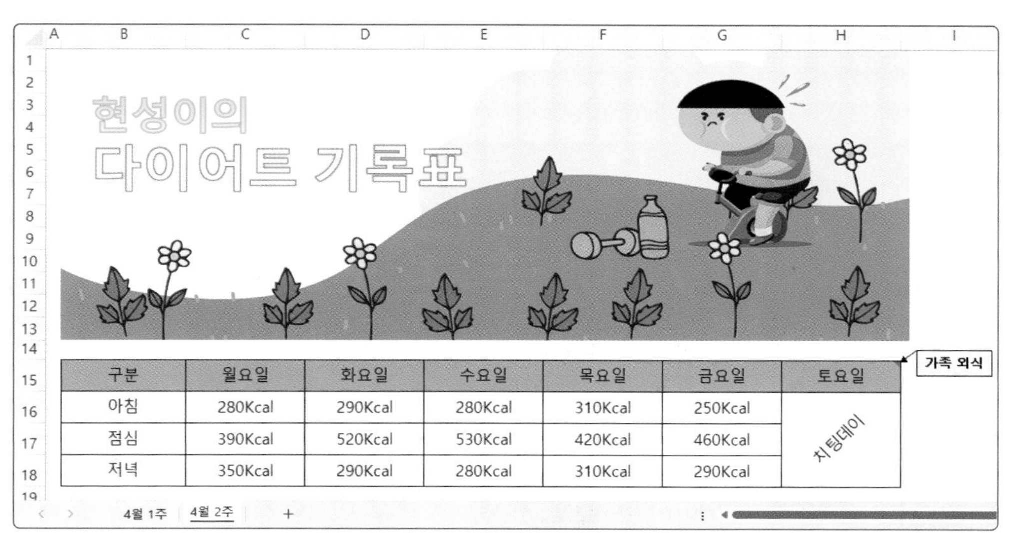

구분	월요일	화요일	수요일	목요일	금요일	토요일
아침	280Kcal	290Kcal	280Kcal	310Kcal	250Kcal	치팅데이
점심	390Kcal	520Kcal	530Kcal	420Kcal	460Kcal	
저녁	350Kcal	290Kcal	280Kcal	310Kcal	290Kcal	

작성 조건

- [4월 1주] 시트
  - 시트명 변경 : 4월 1주
  - [H16:H18] : 병합하고 가운데 맞춤, 시계 반대 방향 각도 지정
  - [H15] : 메모 삽입, 가운데 맞춤, 메모 표시
- [4월 2주] 시트
  - 시트 복사 후 시트명 변경 : 4월 2주
  - [C16:G18] : 내용 변경
  - [H15] : 메모 내용 변경

#워드아트 #도형 #도형 채우기 #도형 윤곽선

워드아트와 도형으로 인기 어플 목록 만들기

- 워드아트를 삽입하고 효과를 지정할 수 있어요.
- 도형을 삽입하고 속성을 지정할 수 있어요.
- 도형을 복사하여 배치할 수 있어요.

워드아트 글자를 예쁘게 꾸미는 작업은 생각보다 어려워요. 하지만 여러 가지 효과(채우기 색, 윤곽선 색, 그림자, 반사 등)가 적용되어 있는 워드아트를 사용하면 쉽고 빠르게 예쁜 글자를 만들 수 있어요.

실습파일 : 인기어플(예제).xlsx 완성파일 : 인기어플(완성).xlsx

STEP 01 워드아트 삽입하기

1 ▸ **인기어플(예제).xlsx** 파일을 불러와 [삽입] 탭에서 [WordArt( )]-**채우기: 흰색, 윤곽선: 파랑, 강조색 1, 네온: 파랑, 강조색 1**을 선택해요.

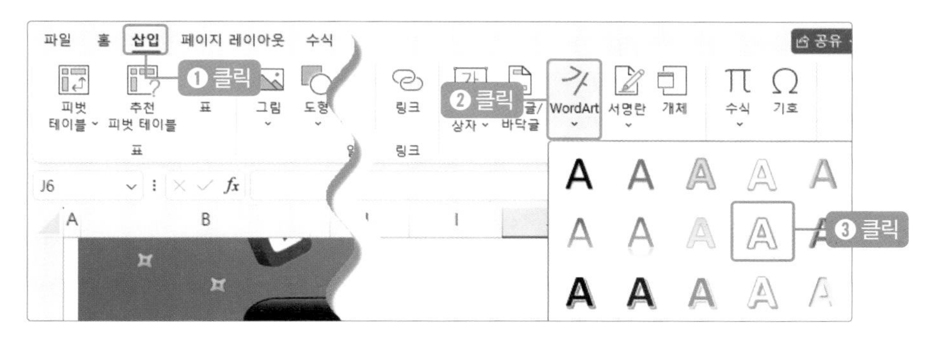

2 ▸ 워드아트가 추가되면 **인기 어플 목록**을 입력하고 Esc를 누른 후 [홈] 탭에서 글꼴 크기를 **36**으로 지정해요. 이어서, 테두리를 드래그하여 스마트폰 그림 위로 이동시켜요.

3 ▸ 워드아트가 선택된 상태에서 [도형 서식] 탭의 [텍스트 효과( )]-[네온]-**네온: 11pt, 파랑, 강조색 1**을 선택해요.

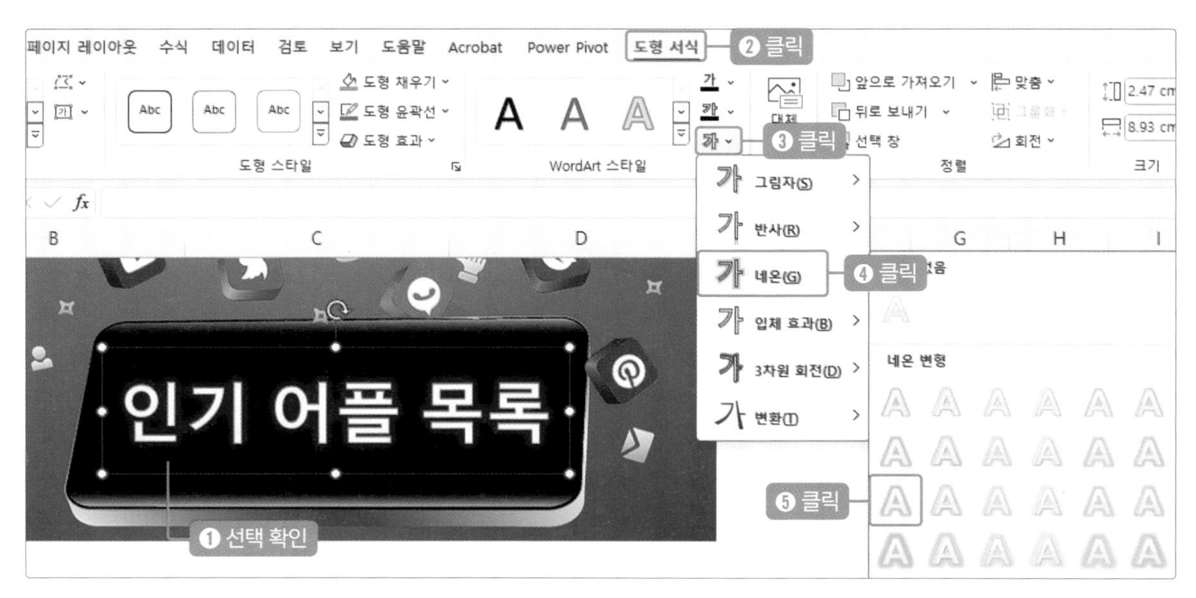

4 ▸ 네온이 적용되면 [도형 서식] 탭에서 [텍스트 효과(가)]-[변환]-**위로 구부리기**를 선택해요.

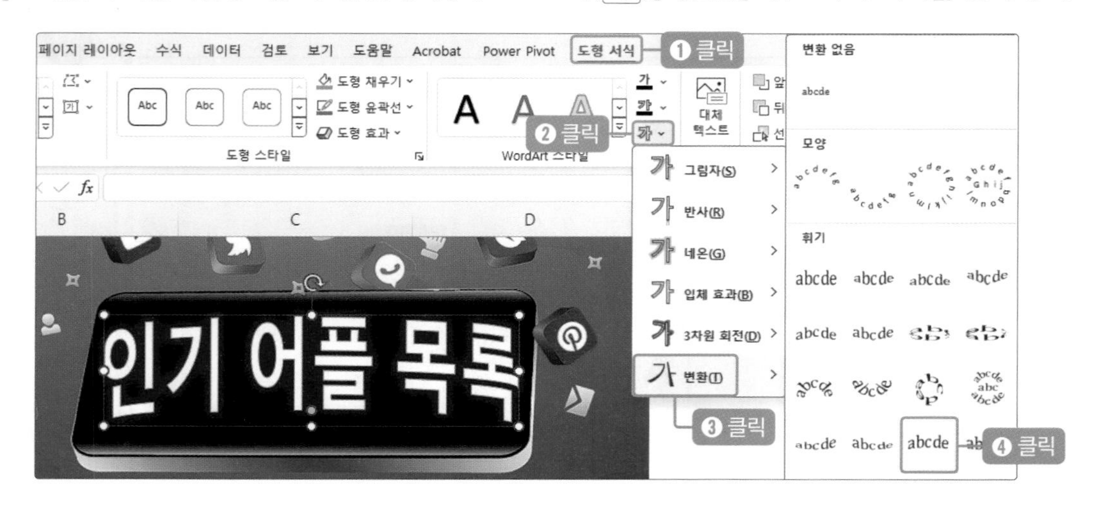

STEP 02 도형 삽입하고 서식 지정하기

1 ▸ 도형을 삽입하기 위해 [삽입] 탭에서 [도형]-**타원**을 선택해요.

2 ▸ Shift를 누른 채 **[B2]** 셀 위치에 드래그하여 원을 그려요. 도형이 삽입되면 [도형 서식] 탭에서 [도형 높이]와 [도형 너비]를 각각 **3.7**로 지정해요.

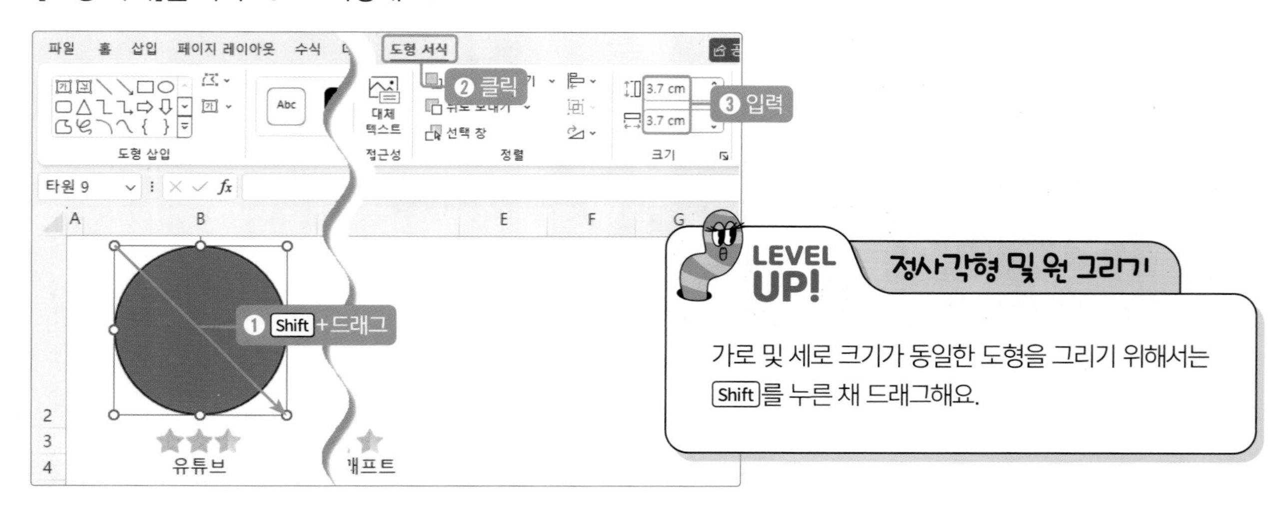

LEVEL UP! 정사각형 및 원 그리기

가로 및 세로 크기가 동일한 도형을 그리기 위해서는 Shift를 누른 채 드래그해요.

3 ▸ 도형을 클릭한 후 [도형 서식] 탭에서 [도형 윤곽선]-[두께]-**21/4pt**를 선택해요. 이어서, [도형 윤곽선]-[대시]-**파선**을 선택해요.

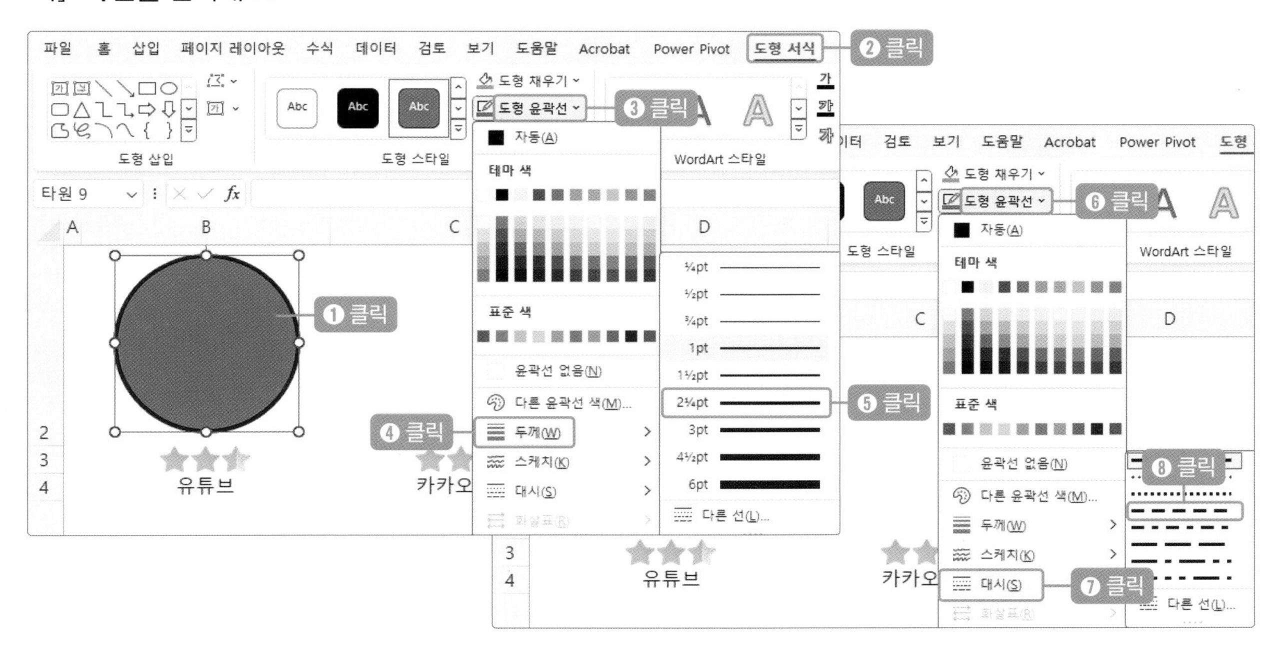

4 ▸ 도형에 그림을 넣기 위해 [도형 서식] 탭에서 [도형 채우기]-**그림**을 선택한 후 **파일에서**를 클릭해요.

5 ▸ [그림 삽입] 대화상자가 나타나면 [07차시] 폴더에서 **어플1**을 선택하고 <삽입>을 클릭해요.

6 ▸ 도형에 그림이 삽입되면 Ctrl+Shift를 누른 채 도형을 드래그하여 [C2] 셀에 복사해요. 같은 방법으로 [D2], [B5], [C5], [D5] 셀에도 도형을 복사해요.

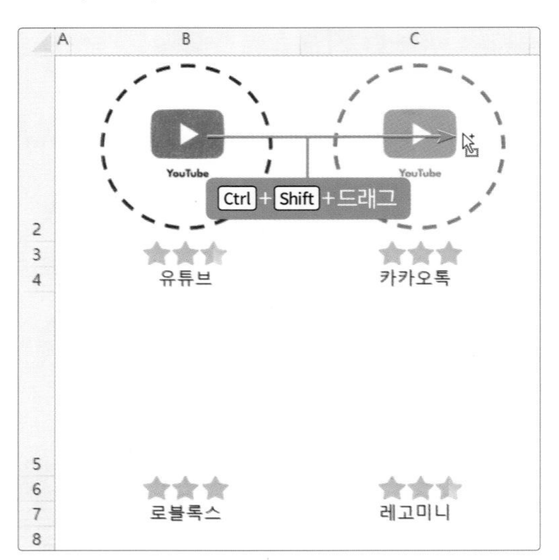

7 ▸ 복사된 도형을 선택한 후 [도형 서식] 탭에서 [도형 채우기]-**그림**을 선택한 후 **파일에서**를 클릭해요.

8 ▸ [그림 삽입] 대화상자가 나타나면 [07차시] 폴더에서 어플에 맞는 그림을 선택해요.

- 카카오톡 : 어플2
- 마인크래프트 : 어플3
- 로블록스 : 어플4
- 레고미니 : 어플5
- 포켓몬고 : 어플6

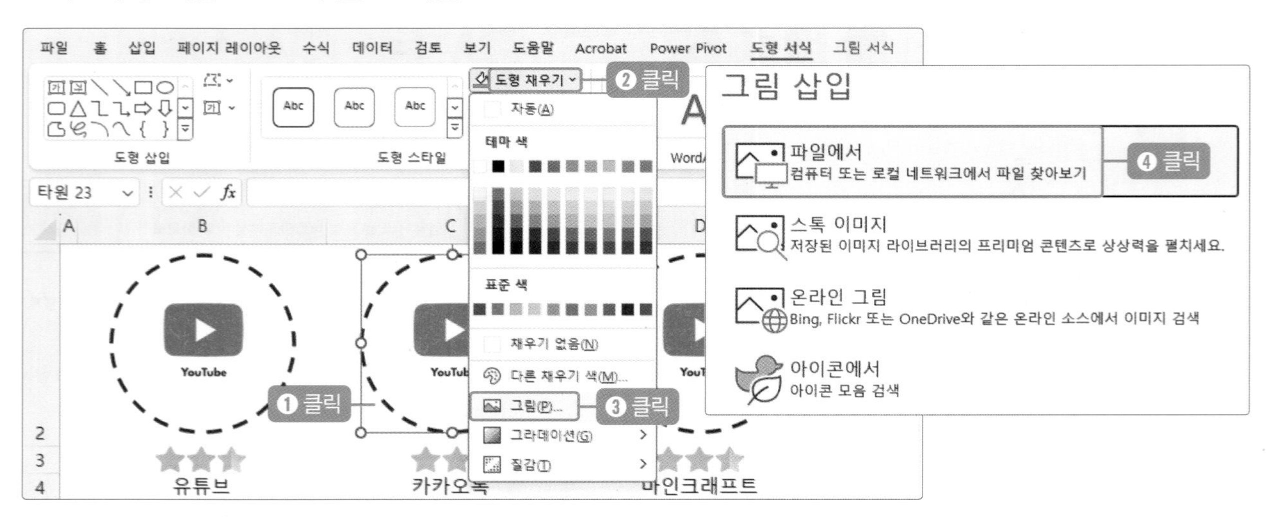

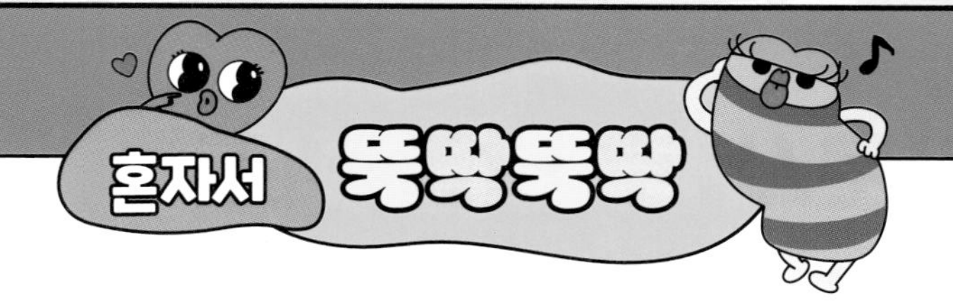

1 넌센스퀴즈(예제).xlsx 파일을 불러와 작성 조건에 맞게 시트를 완성해 보세요.

• 실습파일 : 넌센스퀴즈(예제).xlsx • 완성파일 : 넌센스퀴즈(완성).xlsx

작성 조건

- 워드아트를 삽입한 후 텍스트 효과(반사, 변환) 지정
- 사각형: 둥근 모서리 도형 삽입(①)
  - 그림으로 채우기 : 음식1~음식6
  - [도형 서식] 탭-[도형 윤곽선]-윤곽선 없음
- 사각형: 둥근 모서리 도형 삽입(②)
  - 도형 채우기(단색), 도형 윤곽선 없음
  - 텍스트 입력 후 서식(글꼴, 맞춤) 지정

가로/세로 낱말 퀴즈

엑셀의 기본 기능에 대해 잘 배워보았나요? 어려워 보이지만 하나씩 따라해보면 엑셀도 재미있는 프로그램이에요. 오늘은 잠시 쉬어가는 시간으로 그림에 맞는 영어 단어를 입력해 보세요. 셀 안에 알파벳을 입력하면 정답인지, 오답인지 바로바로 확인할 수 있답니다. 엑셀도 배우고, 영어 공부도 하는 일석이조의 시간! 함께 즐겨봐요.

미리보기

실습파일 : 영어낱말퀴즈(예제).xlsx 완성파일 : 영어낱말퀴즈(완성).xlsx

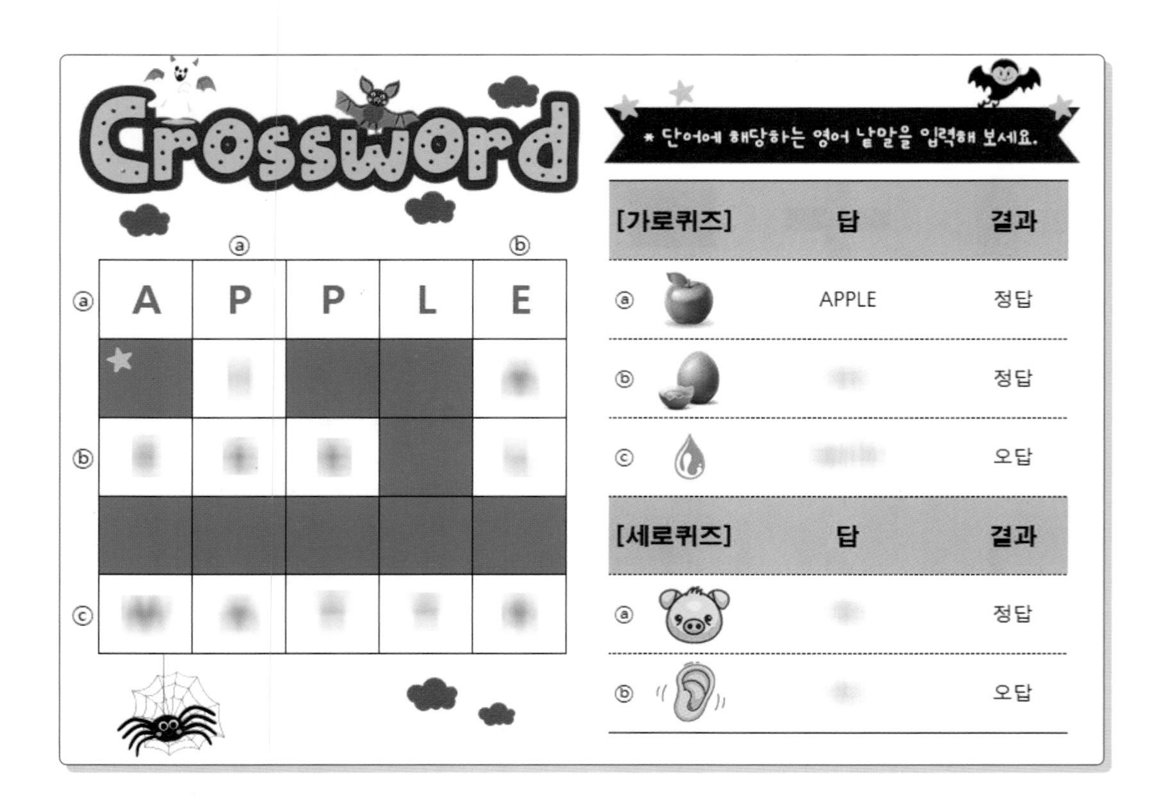

놀이 인원 개인전

놀이 시간 10분

놀이 방법

1. 각각의 셀을 연결해 글자를 입력하면 정답 칸에 해당 글자가 자동으로 표시되도록 설정해요.
2. 가로/세로 퀴즈의 정답을 하나씩 입력해요.
3. 문제를 다 풀고 나서 정답의 개수를 확인해요.
4. 친구들과 함께 퀴즈의 정답을 찾아보세요.

STEP 01 테두리 지정 및 색 채우기

1 ▸ **영어낱말퀴즈(예제).xlsx** 파일을 불러와 **[B3:F7]** 셀을 선택하고 [홈] 탭에서 [테두리]–**굵은 바깥쪽 테두리**를 선택해요.

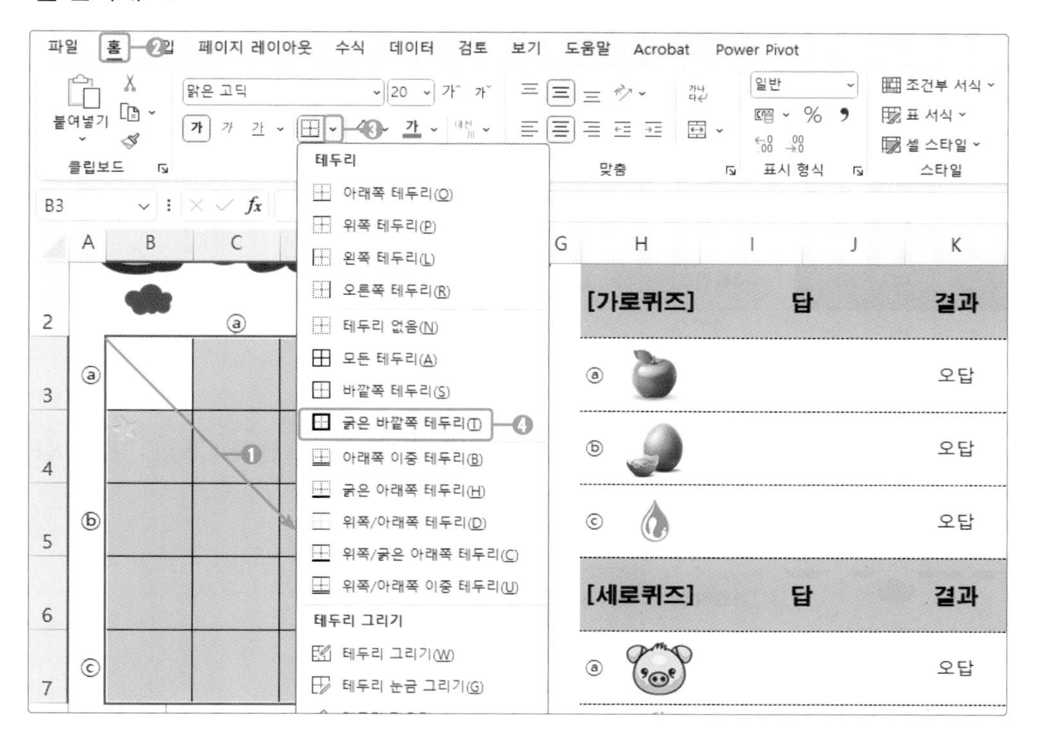

2 ▸ 셀에 색을 채우기 위해 **[B4]** 셀을 선택하고 Ctrl을 누른 채 **[D4:E4]**, **[E5]**, **[B6:F6]** 셀을 추가로 선택해요. 이어서, [홈] 탭에서 [채우기 색]–**파랑, 강조 5**를 선택해요.

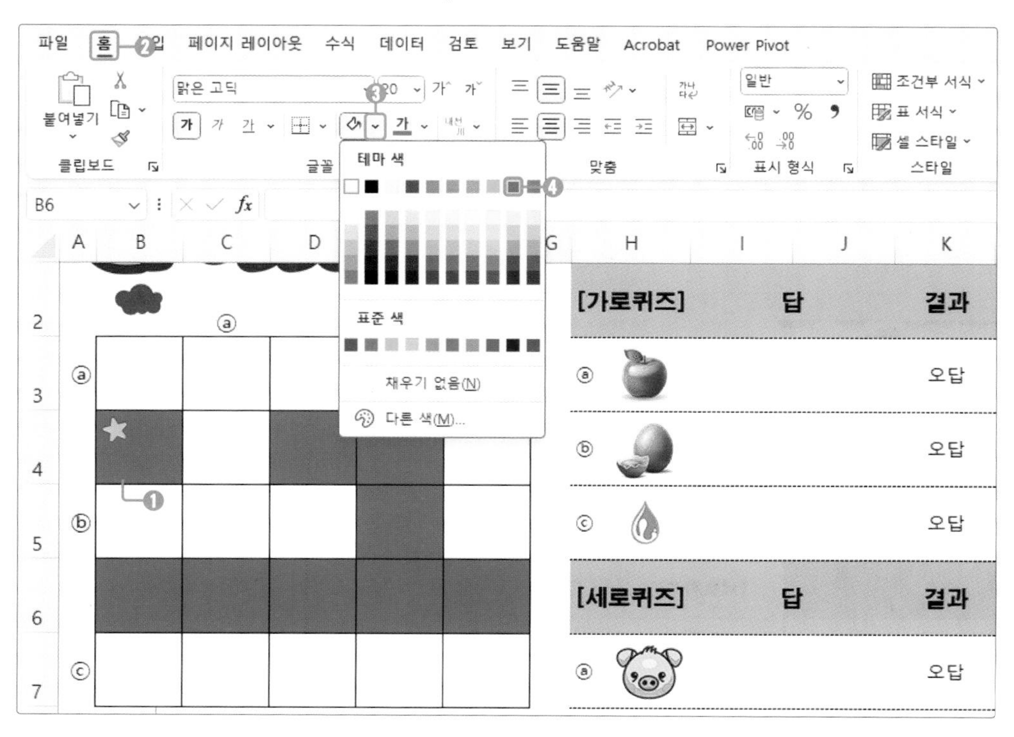

STEP 02 수식으로 문자 연결하기

1 ▸ 퍼즐 셀에 글자를 입력하면 답 칸에 해당 글자가 자동으로 표시되도록 하기 위해 다음과 같이 영문을 입력해요.

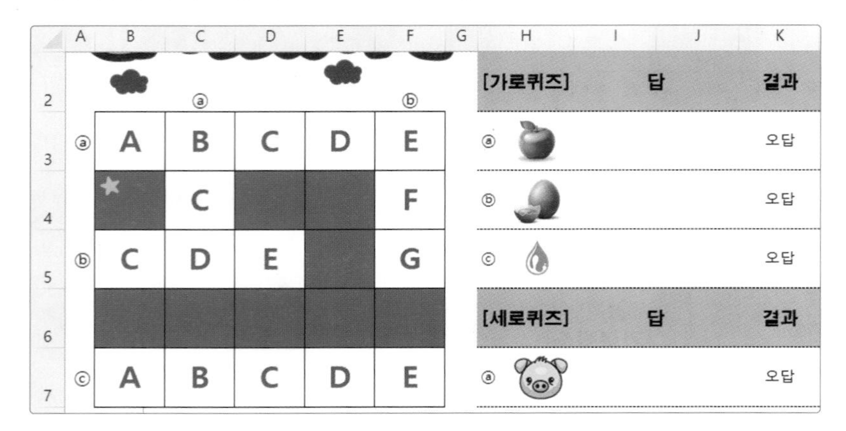

2 ▸ 퍼즐 셀에 입력한 글자들을 연결하여 표시하기 위해 **[I3]** 셀에 선택해요. 이어서, **=B3&C3&D3&E3&F3**를 입력하고 Enter를 눌러요.

3 ▸ 같은 방법으로 나머지 답 칸에도 수식을 입력해요.

- [I4] : =B5&C5&D5
- [I5] : =B7&C7&D7&E7&F7
- [I7] : =C3&C4&C5
- [I8] : =F3&F4&F5

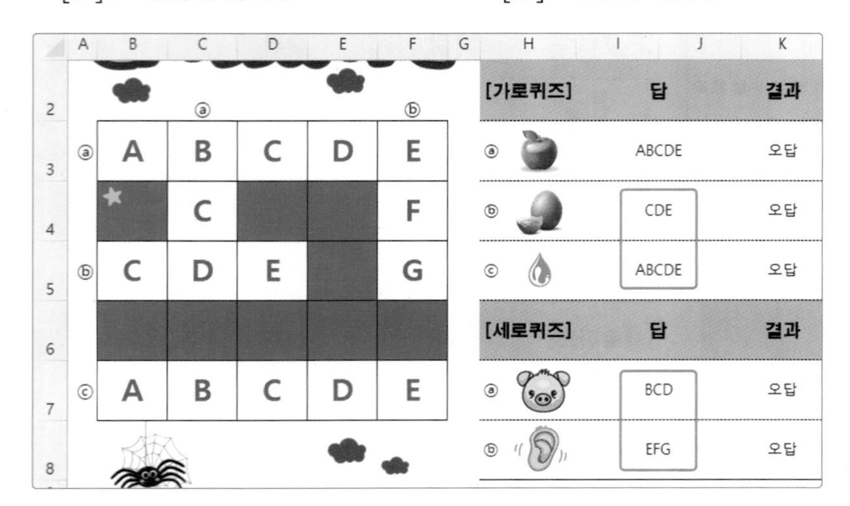

4 ▸ 퍼즐 셀 안의 글자들을 모두 삭제한 후 첫 번째 가로 퀴즈의 정답을 입력해요. 영어 단어를 올바르게 입력하면 결과가 “정답”으로 바뀌는 것을 확인해 보세요.

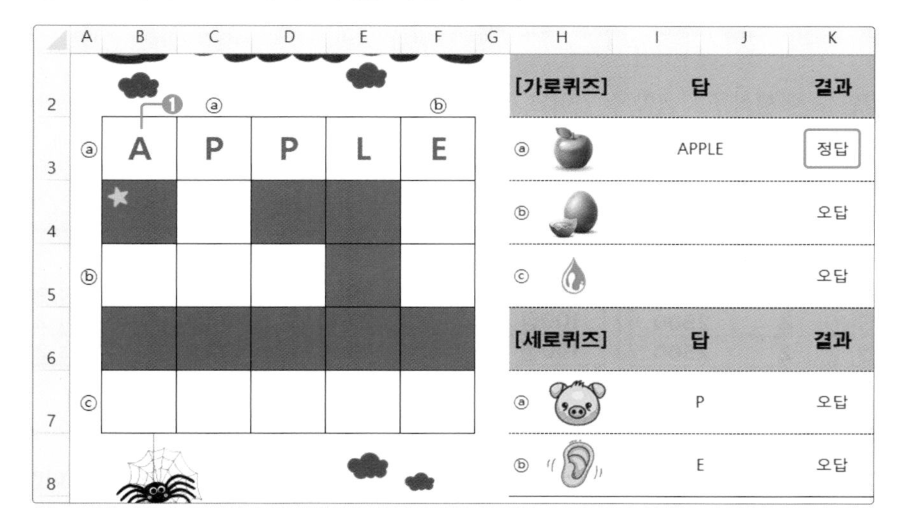

5 ▸ 나머지 셀에도 퀴즈의 정답을 입력해 보세요. 만약 정답이 아니면 “오답”으로 결과가 표시돼요.

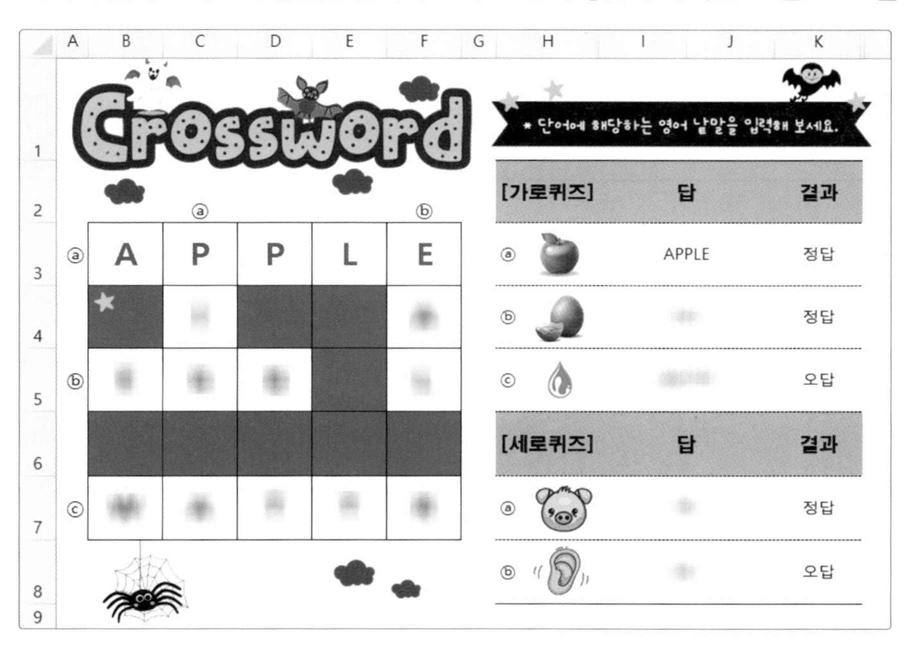

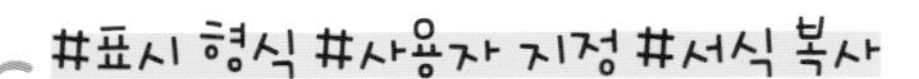

09 표시 형식으로 소풍 일정표 만들기

학습목표

- 셀에 다양한 표시 형식을 지정할 수 있어요.
- 서식 복사 기능을 이용하여 다른 셀에 똑같은 서식을 적용할 수 있어요.

80	1	5000
100	2	2500
100	2	2500

80점	1	5000
100점	2	2500
100점	2	2500

80점	1위	5000
100점	2위	2500
100점	2위	2500

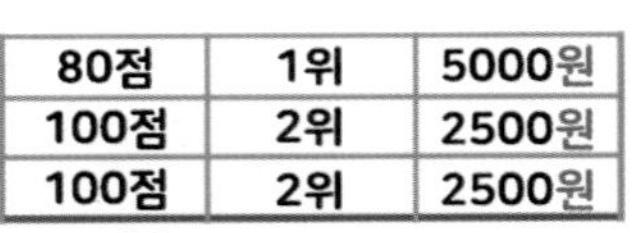

80점	1위	5000원
100점	2위	2500원
100점	2위	2500원

표시 형식 셀 안에 숫자만 입력되어 있으면 그 숫자가 어떤 것을 의미하는지 헷갈릴 수 있어요. 하지만 숫자에 표시 형식을 지정하면 해당 숫자의 의미를 쉽게 알아볼 수 있어요.

미리보기

실습파일 : 봄소풍(예제).xlsx 완성파일 : 봄소풍(완성).xlsx

순번	시간	항목	학년	참석 인원	주의할 점
1	오전 9:30	버스 이동		231명	멀미 주의
2	오전 10:30	박물관 체험	1학년	68명	순서 지키기
		도자기 체험	3학년	79명	
		치즈 만들기	5학년	84명	
3	오후 12:00	점심 식사		231명	천천히 먹기
4	오후 1:00	쟁반 만들기	1학년	68명	다치지 않기
		보물 찾기	3학년	79명	
		장기 자랑	5학년	84명	
5	오후 3:30	버스 이동		231명	멀미 주의

STEP 01 서식 지정 및 셀 병합하기

1 **봄소풍(예제).xlsx** 파일을 불러와 **[B3:G3]** 셀을 선택해요. [홈] 탭에서 [채우기 색( )]-**녹색, 강조 6**을 지정한 후 **굵게**와 **글꼴 색(흰색, 배경 1)**을 지정해요.

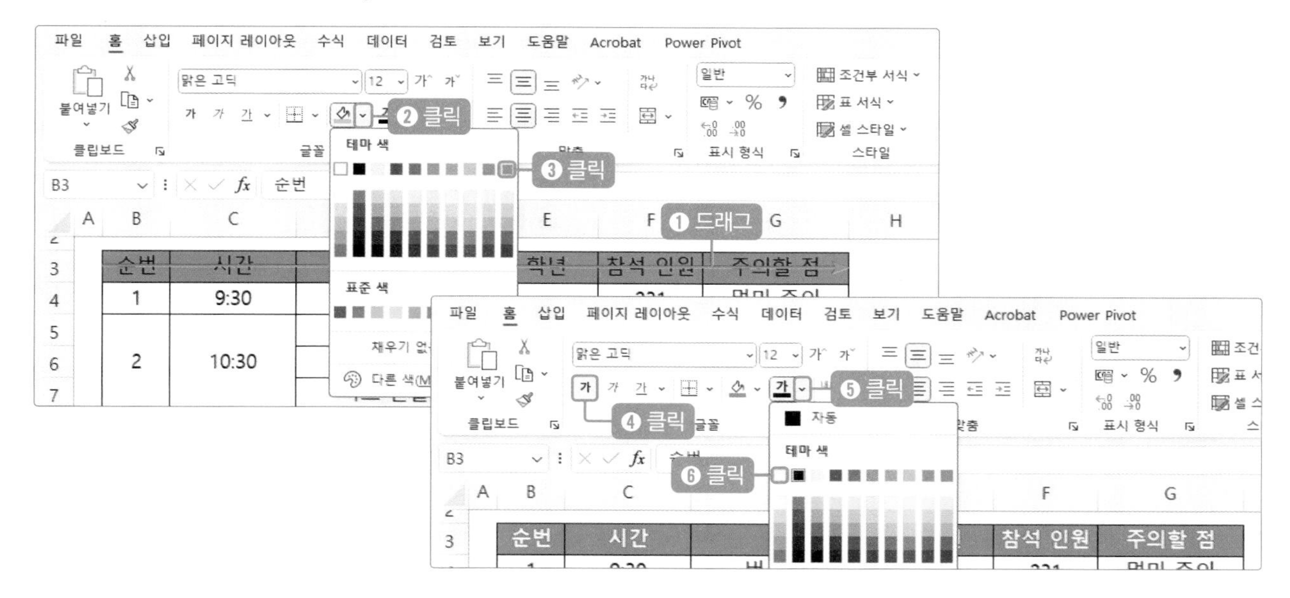

2 셀을 병합하기 위해 **[D4:E4]** 셀을 선택하고 Ctrl을 누른 채 **[D8:E8]**, **[D12:E12]** 셀을 추가로 선택해요. 이어서, [홈] 탭에서 **병합하고 가운데 맞춤( )**을 클릭해요.

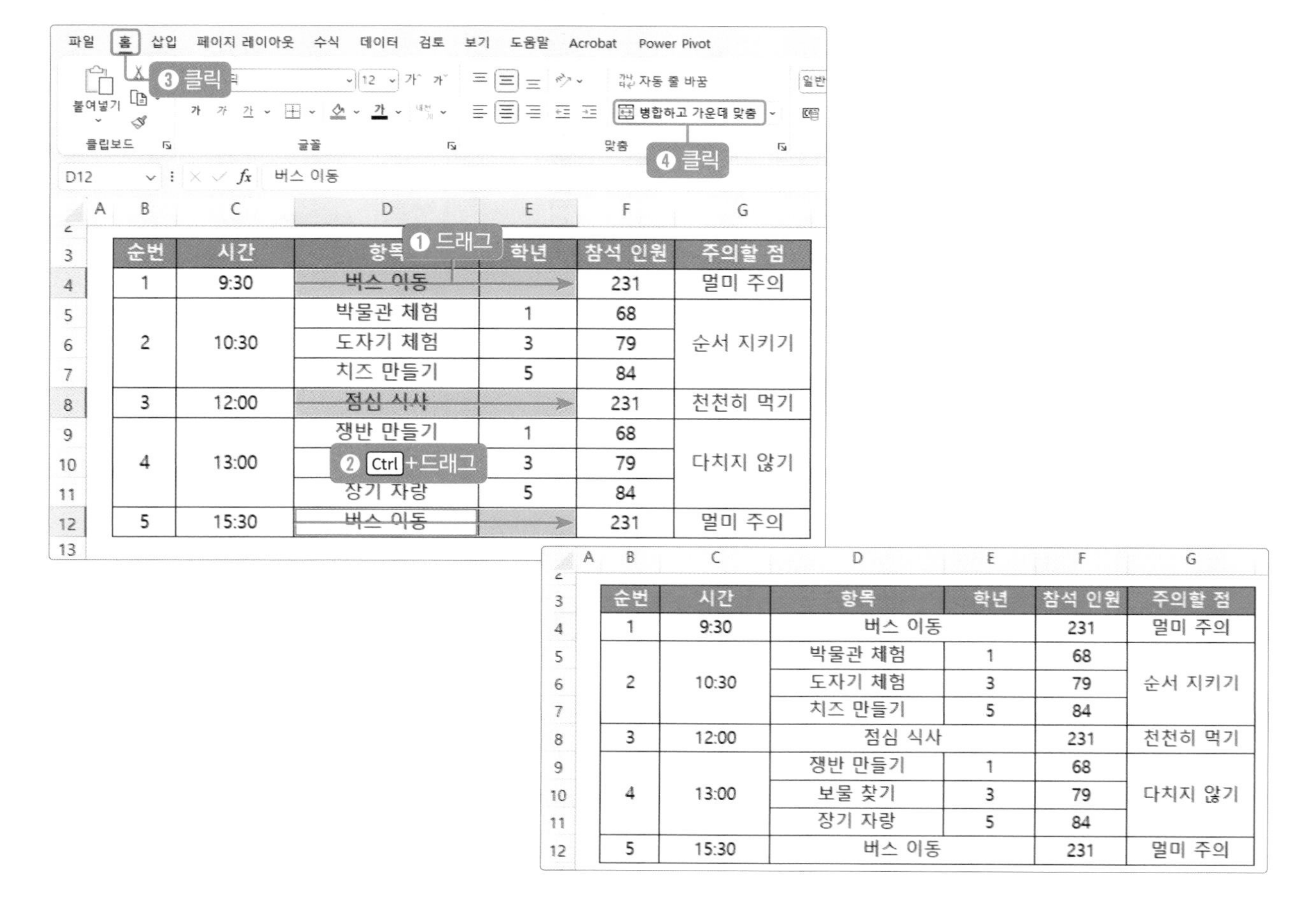

순번	시간	항목	학년	참석 인원	주의할 점
1	9:30	버스 이동		231	멀미 주의
2	10:30	박물관 체험	1	68	순서 지키기
		도자기 체험	3	79	
		치즈 만들기	5	84	
3	12:00	점심 식사		231	천천히 먹기
4	13:00	쟁반 만들기	1	68	다치지 않기
		보물 찾기	3	79	
		장기 자랑	5	84	
5	15:30	버스 이동		231	멀미 주의

STEP 02 표시 형식 지정하기

1 ▸ 시간에 표시 형식을 지정하기 위해 **[C4:C12]** 셀을 선택하고 마우스 오른쪽 버튼을 눌러 **[셀 서식]**을 클릭해요.

2 ▸ [셀 서식] 대화상자가 나타나면 [표시 형식] 탭-[시간]에서 **오후 1:30**을 선택하고 <확인>을 클릭해요.

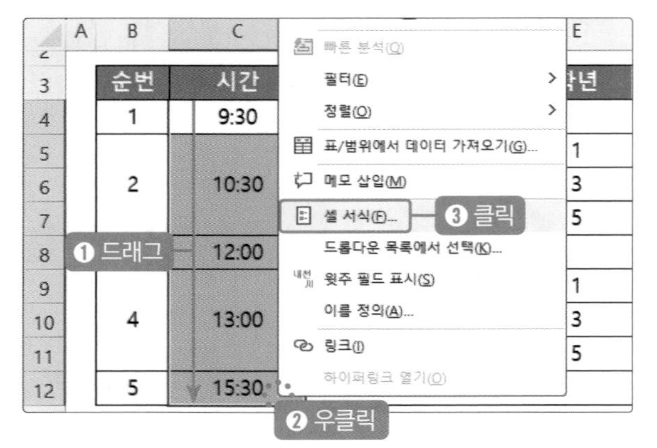

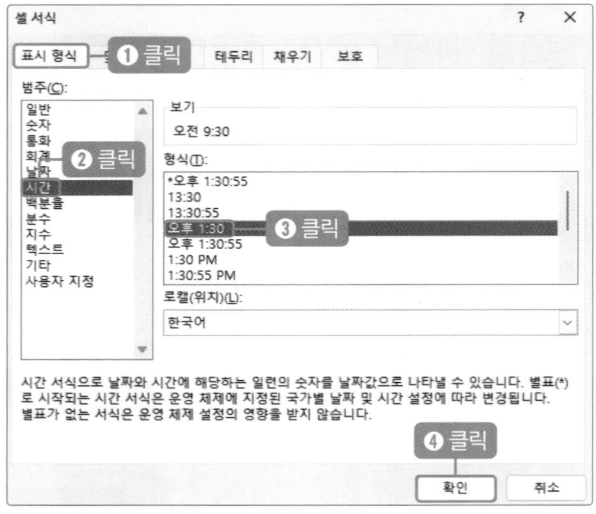

3 ▸ 숫자 뒤에 글자를 표시하기 위해 **[E5:E7]** 셀을 선택하고 Ctrl을 누른 채 **[E9:E11]** 셀을 추가로 선택해요. 이어서, 마우스 오른쪽 버튼을 눌러 **[셀 서식]**을 선택해요.

4 ▸ [셀 서식] 대화상자가 나타나면 [표시 형식] 탭-[사용자 지정]에서 **#"학년"**을 입력하고 <확인>을 클릭해요.

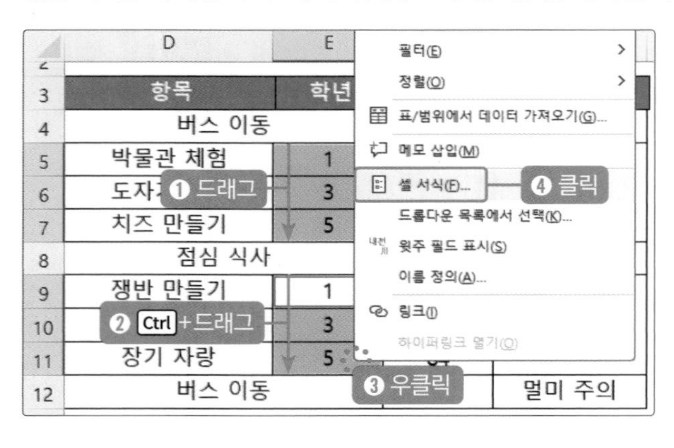

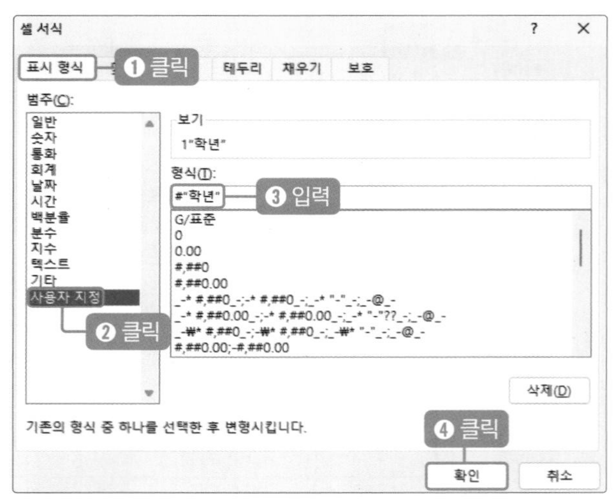

LEVEL UP! 사용자 지정 표시 형식 및 셀 서식 바로 가기 키

- **#** : 숫자를 표시하는 기호로 숫자가 없으면 해당 자리에 아무것도 표시하지 않아요.(1.0 → #.# → 1)
- **0** : 숫자를 표시하는 기호로 숫자가 없으면 해당 자리를 0으로 표시해요.(1.0 → #.0 → 1.0)
- **셀 서식 바로 가기 키** : Ctrl+1

5 ▸ **[F4:F12]** 셀을 선택하고 마우스 오른쪽 버튼을 눌러 **[셀 서식]**을 선택해요.

6 ▸ [셀 서식] 대화상자가 나타나면 [표시 형식] 탭-[사용자 지정]에서 **#"명"**을 입력하고 <확인>을 클릭해요.

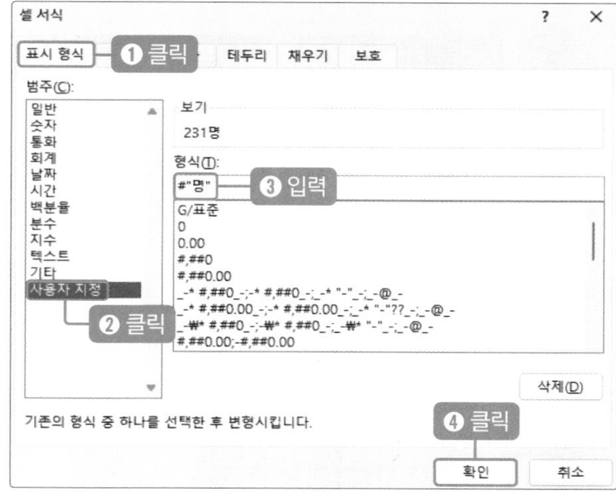

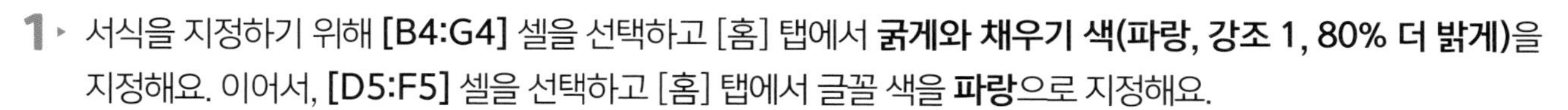

1 ▸ 서식을 지정하기 위해 **[B4:G4]** 셀을 선택하고 [홈] 탭에서 **굵게와 채우기 색(파랑, 강조 1, 80% 더 밝게)**을 지정해요. 이어서, **[D5:F5]** 셀을 선택하고 [홈] 탭에서 글꼴 색을 **파랑**으로 지정해요.

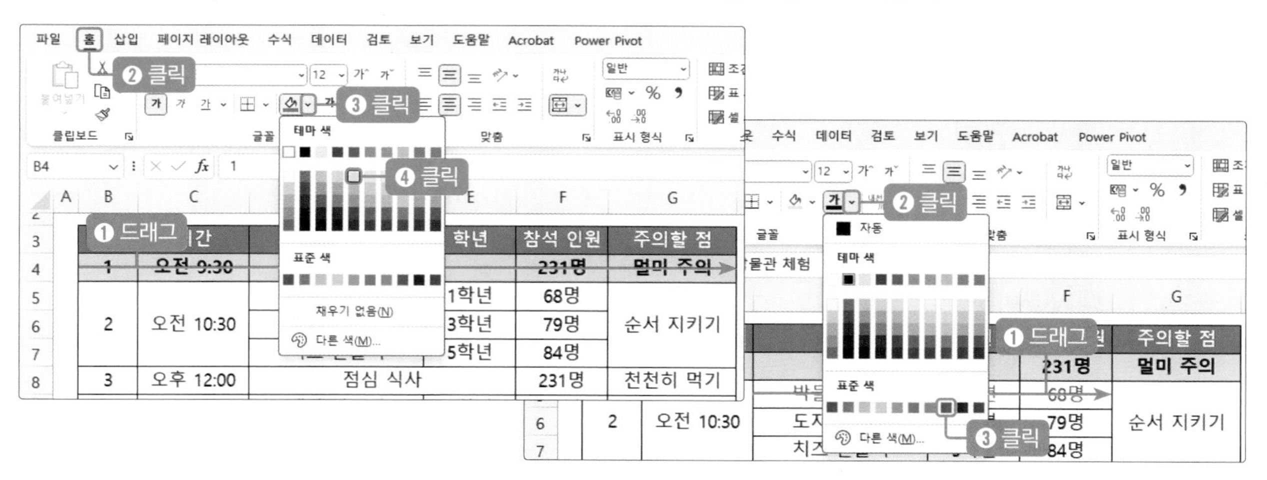

2 ▸ 서식을 복사하기 위해 **[B4:G4]** 셀을 선택하고 [홈] 탭에서 **서식 복사**( )를 더블클릭해요.

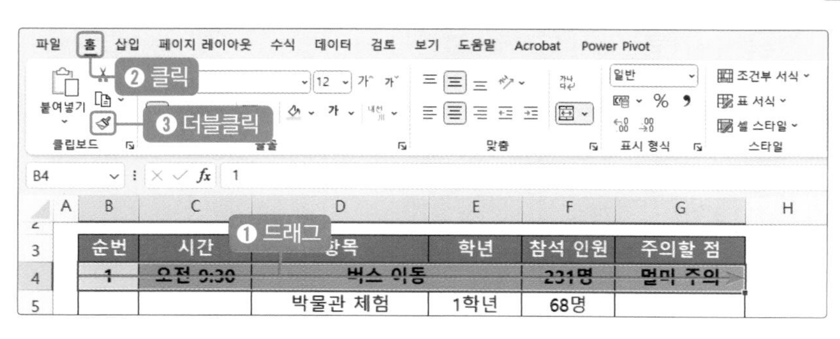

3 ▸ 서식이 복사되어 마우스 포인터가 [⊕🖌] 모양으로 변경되면 **[B8:G8]**, **[B12:G12]** 셀을 각각 드래그하여 서식을 적용시킨 후 [Esc]를 눌러요.

순번	시간	항목	학년	참석 인원	주의할 점
1	오전 9:30	버스 이동		231명	멀미 주의
2	오전 10:30	박물관 체험	1학년	68명	순서 지키기
		도자기 체험	3학년	79명	
		치즈 만들기	5학년	84명	
3	오후 12:00	점심 식사		231명	천천히 먹기
4	오후 1:00	쟁반 만들기	1학년	68명	다치지 않기
		보물 찾기	3학년	79명	
		장기 자랑	5학년	84명	
5	오후 3:30	버스 이동		231명	멀미 주의

❶ 드래그 ❷ 드래그

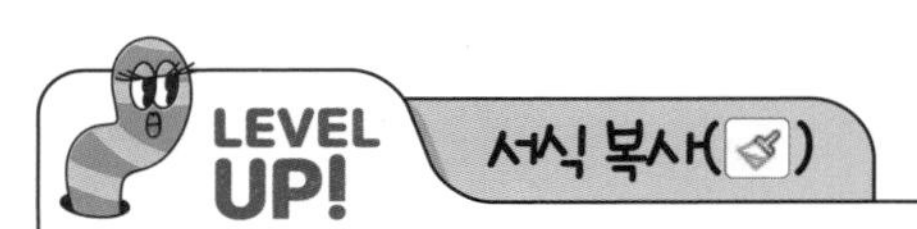

· 서식 복사 아이콘을 클릭하면 해당 서식을 다른 셀에 한 번만 적용시킬 수 있어요.
· 서식 복사 아이콘을 더블클릭하면 [Esc]를 누르기 전까지 해당 서식을 다른 셀에 계속 적용시킬 수 있어요.

4 ▸ 같은 방법으로 **[D5:F5]** 셀의 서식을 복사하여 **[D9:F9]** 셀에 적용해 보세요.

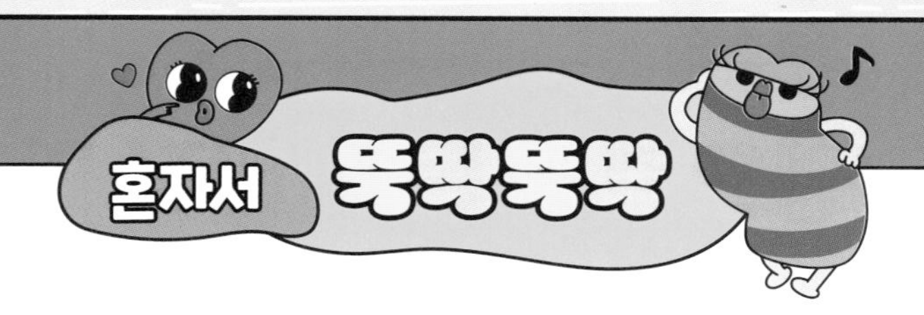

1 체육대회(예제).xlsx 파일을 불러와 작성 조건에 맞게 시트를 완성해 보세요.

• 실습파일 : 체육대회(예제).xlsx • **완성파일** : 체육대회(완성).xlsx

체육대회 일정표

순번	시간	종목	종목 구분	대결팀	팀별 참석인원
1	오전 9:30	큰 공 굴리기	예선전	1반-3반	2명
2	오전 10:30		결승전	예선전 승리팀	2명
3	오전 11:00	계주	결승전	모두	4명
4	**오후 12:00**	**점심 및 휴식**			
5	오후 1:00	다트	예선전	1반-4반	4명
6	오후 2:00		결승전	예선전 승리팀	4명
7	오후 3:00	줄다리기	예선전	1반-2반	20명
8	오후 3:40		결승전	예선전 승리팀	20명

작성 조건

- 표시 형식 지정
  - [C4:C11] : 시간, [E4:E6] : @"전", [G4:G6] : #"명"
- 서식 지정
  - [D4:D5], [D8:D9], [D10:D11] : 병합하고 가운데 맞춤
  - [B7:G7] : 굵게, 채우기 색
- 서식 복사
  - [E4] 셀의 서식을 복사하여 [E8:E11] 셀에 적용
  - [G4] 셀의 서식을 복사하여 [G8:G11] 셀에 적용

2 통신비(예제).xlsx 파일을 불러와 작성 조건에 맞게 시트를 완성해 보세요.

• 실습파일 : 통신비(예제).xlsx • **완성파일** : 통신비(완성).xlsx

스마트폰 요금 절약하기

통신사	요금제	데이터	통화	문자	가격
SKT 세븐 모바일	LTE유심(3GB/100분)	3GB	100분	100통	₩ 8,250
KTM 모바일	초알뜰(2G/200분)	2GB	200분	100통	₩ 7,700
LG헬로 모바일	슬림 안심 유심(2GB 200분)	2GB	200분	150통	₩ 6,600
리브모바일	LTE 실속(1GB/200분)	1GB	200분	100통	₩ 5,500

작성 조건

- 표시 형식 지정 : [D4:D7] : #"GB", [E4:E7] : 000"분", [F4:F7] : ###"통", [G4:G7] : 회계 형식
- 서식 복사 : [Sheet2]에서 원하는 서식을 복사하여 [Sheet1]의 [B3:G3] 셀에 적용

#수식 계산 #표시 형식 #천 단위 구분 기호

수식으로 용돈 기입장 만들기

학습목표

- 셀에 다양한 표시 형식을 지정할 수 있어요.
- 수식을 이용하여 합계를 계산할 수 있어요.

수식 엑셀로 작업을 하다 보면 셀에 입력된 숫자를 더하거나 빼고, 곱하거나 나누어야 하는 경우가 생길 수 있어요. 이때 엑셀의 수식 기능을 이용하면 직접 하는 것보다 빠르고 정확하게 계산할 수 있어요.

미리보기

실습파일 : 용돈기입장(예제).xlsx 완성파일 : 용돈기입장(완성).xlsx

	날짜	내용	금액
받은 돈	1/3	용돈	20,000
	1/18	용돈	20,000
	1/27	세뱃돈	30,000
	1/28	용돈	20,000

	날짜	내용	금액
사용한 돈	1/5	학용품	3,800
		과자	1,900
	1/9	음료수	1,200
	1/15	PC방	3,500
	1/17	아이스크림	1,500
	1/28	인생네컷	4,000
	1/29	과자	2,300

받은 돈 합계	90,000	사용한 돈 합계	18,200
남은 돈			71,800

STEP 01 데이터 입력하고 서식 지정하기

1 ▸ **용돈기입장(예제).xlsx** 파일을 불러와 다음과 같이 용돈 내용을 입력해요.

	A	B	C	D	E	F	G	H	I
3		날짜	내용	금액			날짜	내용	금액
4		01월 03일	용돈	20000			01월 05일	학용품	3800
5		01월 18일	용돈	20000				과자	1900
6	받은 돈	01월 27일	세뱃돈	30000		사용한 돈	01월 09일	음료수	1200
7		01월 28일	용돈	20000			01월 15일	PC방	3500
8							01월 17일	아이스크림	1500
9							01월 28일	인생네컷	4000
10							01월 29일	과자	2300
12	받은 돈 합계					사용한 돈 합계			
14	남은 돈								

날짜 입력

셀에 '01월 03일'로 입력을 하면 엑셀은 '날짜 형식'이 아닌 '일반 데이터 형식'으로 인식을 해요. 셀에 날짜를 입력할 때는 반드시 '01-03' 또는 '25-01-03'과 같은 형식으로 입력하세요.

	A	B	C
3		날짜	내용
4		01-03	
5			
6	받은 돈		
7			

➔

	A	B	C
3		날짜	내용
4		01월 03일	
5			
6	받은 돈		
7			

2 ▸ [A3] 셀을 선택하고 Ctrl을 누른 채 [B3:D3] 셀을 추가로 선택해요. 이어서, [홈] 탭에서 [채우기 색( )]-**주황, 강조 2, 80% 더 밝게**를 클릭해요.

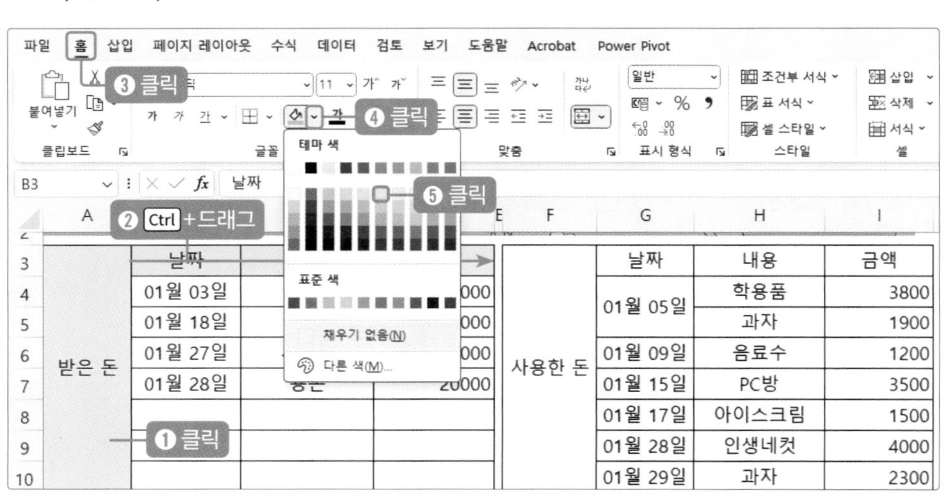

3 ‣ 같은 방법으로 다른 셀들도 채우기 색을 지정해요.

- ❶ 녹색, 강조 6, 80% 더 밝게 ❷ 주황, 강조 2 ❸ 녹색, 강조 6, 25% 더 어둡게 ❹ 주황

	A	B	C	D	E	F	G	H	I
3		날짜	내용	금액		❶	날짜	내용	금액
4		01월 03일	용돈	20000			01월 05일	학용품	3800
5		01월 18일	용돈	20000				과자	1900
6	받은 돈	01월 27일	세뱃돈	30000		사용한 돈	01월 09일	음료수	1200
7		01월 28일	용돈	20000			01월 15일	PC방	3500
8							01월 17일	아이스크림	1500
9							01월 28일	인생네컷	4000
10							01월 29일	과자	2300
12	❷ 받은 돈 합계					❸ 사용한 돈 합계			
14	❹ 남은 돈								

4 ‣ [A12] 셀을 선택하고 Ctrl을 누른 채 [F12], [A14] 셀을 추가로 선택해요. 이어서, [홈] 탭에서 **굵게와 글꼴 색(흰색, 배경 1)**을 지정해요.

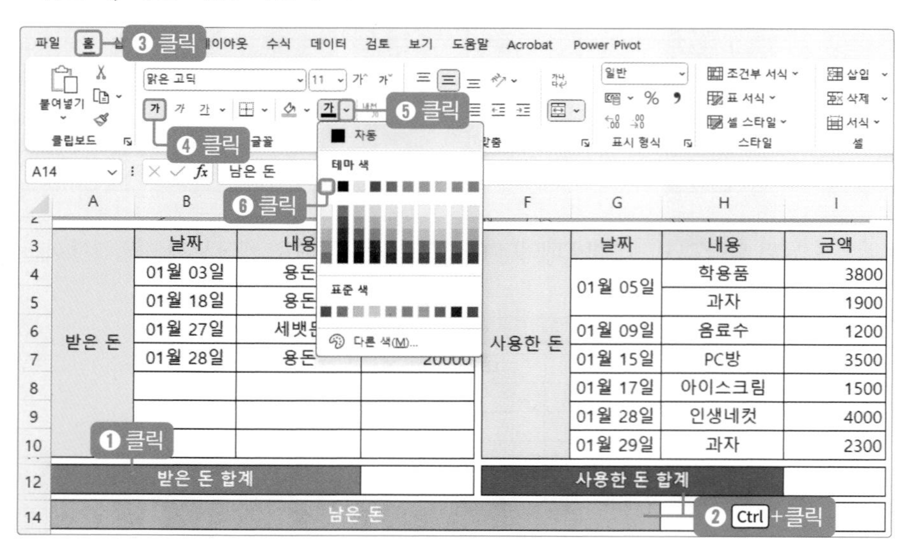

5 ‣ [A3] 셀을 선택하고 Ctrl을 누른 채 [B3:D3], [F3], [G3:I3] 셀을 추가로 선택해요. 이어서, [홈] 탭에서 **굵게**를 지정해요.

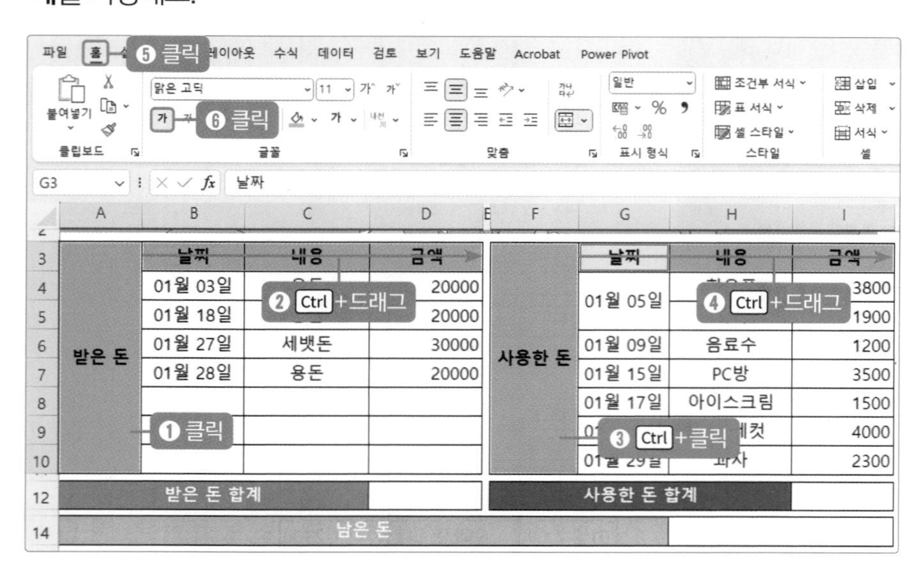

STEP 02 표시 형식 지정하기

1 ▸ [B4:B7] 셀을 선택하고 Ctrl을 누른 채 **[G4:G10]** 셀을 추가로 선택한 후 Ctrl+1을 눌러요.

2 ▸ [셀 서식] 대화상자가 나타나면 [표시 형식] 탭-[날짜]에서 **3/14**를 선택하고 <확인>을 클릭해요.

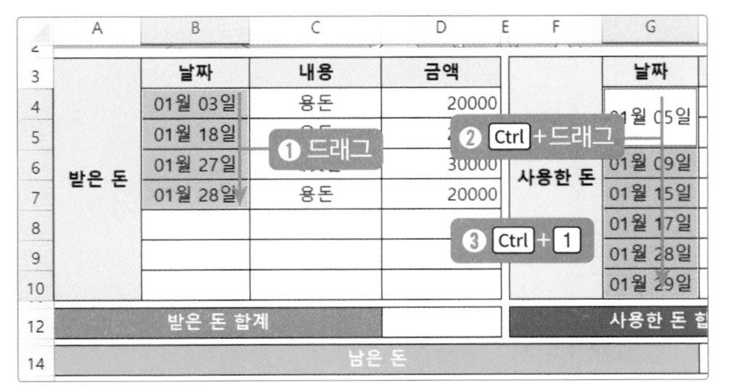

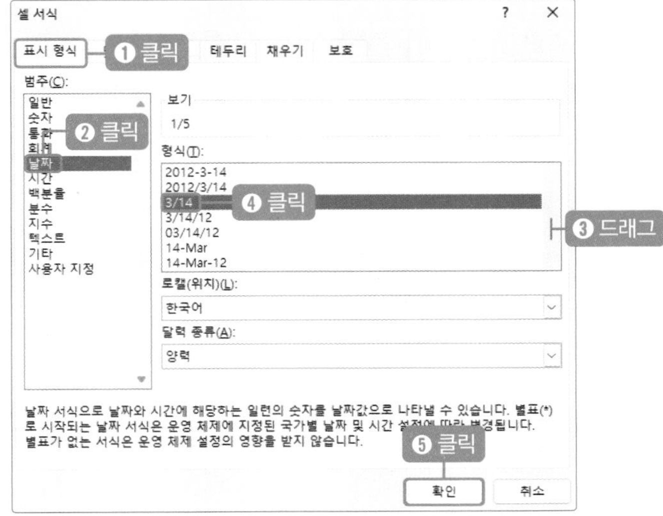

3 ▸ 금액에 천 단위 구분 기호를 표시하기 위해 **[D4:D7]** 셀을 선택하고 Ctrl을 누른 채 **[I4:I10], [D12], [I12], [H14]** 셀을 추가로 선택해요. 이어서, [홈] 탭에서 **쉼표 스타일(,)**을 클릭해요.

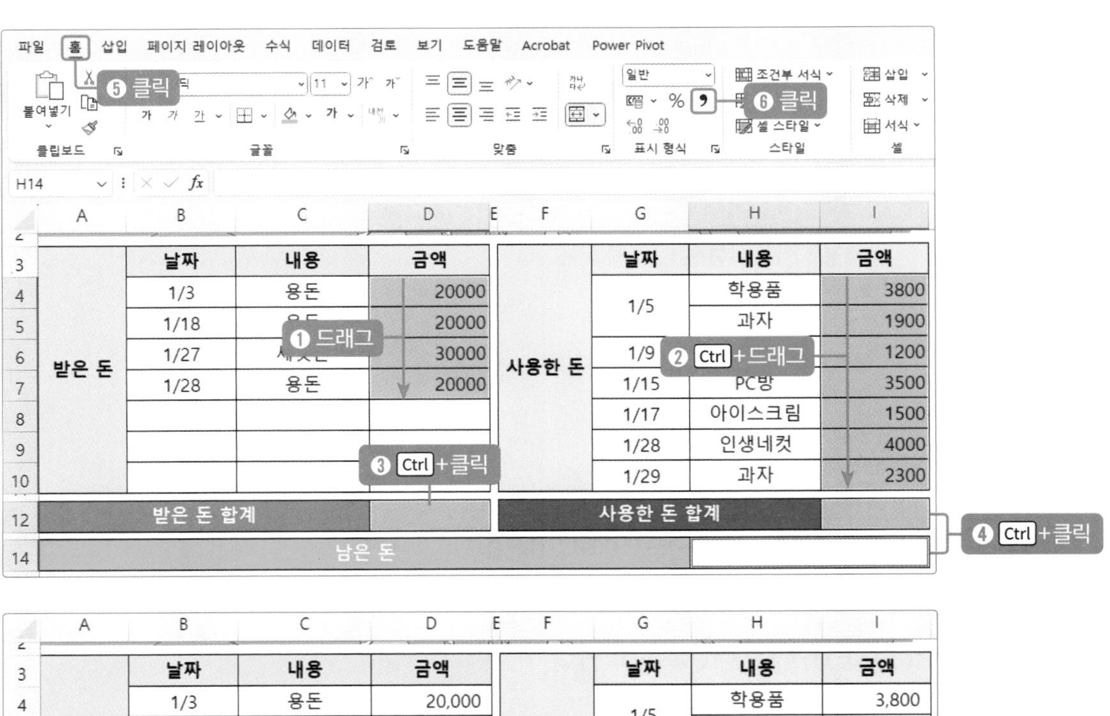

	A	B	C	D	E	F	G	H	I
3		날짜	내용	금액			날짜	내용	금액
4		1/3	용돈	20,000			1/5	학용품	3,800
5		1/18	용돈	20,000				과자	1,900
6	받은 돈	1/27	세뱃돈	30,000		사용한 돈	1/9	음료수	1,200
7		1/28	용돈	20,000			1/15	PC방	3,500
8							1/17	아이스크림	1,500
9							1/28	인생네컷	4,000
10							1/29	과자	2,300

STEP 03 수식으로 합계 계산하기

1 ▸ 받은 돈의 합계를 구하기 위해 **[D12]** 셀을 선택한 후 **=D7+D6+D5+D4**를 입력하고 [Enter]를 눌러요.

	A	B	C	D	E	F
3	받은 돈	날짜	내용	금액		사용한 돈
4		1/3	용돈	20,000		
5		1/18	용돈	20,000		
6		1/27	세뱃돈	30,000		
7		1/28	용돈	20,000		
8						
9						
10						
12	받은 돈 합계			=D7+D6+D5+D4		

입력 후 [Enter]

수식 입력

- 셀에 수식을 입력할 때는 반드시 '='을 먼저 입력하고 필요한 계산식을 입력해야 해요.
  - 예 : =1+2+3+4+5 / =10-2 / =A1+B1+C1+D1 / =A1+2+B1+4+C1+5
- 수식에 필요한 셀 주소(D7+D6+D5+D4)를 직접 입력하기가 어렵다면 마우스로 해당 셀을 클릭하여 추가해요.

2 ▸ 이번에는 사용한 돈의 합계를 구하기 위해 **[I12]** 셀을 선택한 후 **=I10+I9+I8+I7+I6+I5+I4**를 입력하고 [Enter]를 눌러요.

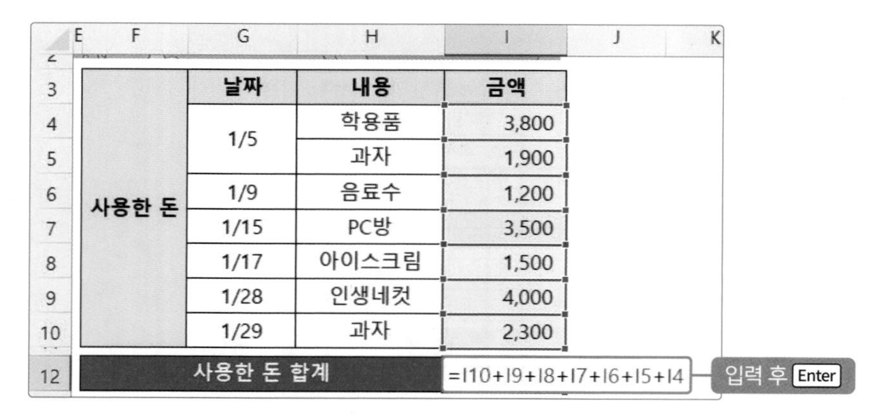

	F	G	H	I
3	사용한 돈	날짜	내용	금액
4		1/5	학용품	3,800
5			과자	1,900
6		1/9	음료수	1,200
7		1/15	PC방	3,500
8		1/17	아이스크림	1,500
9		1/28	인생네컷	4,000
10		1/29	과자	2,300
12	사용한 돈 합계			=I10+I9+I8+I7+I6+I5+I4

입력 후 [Enter]

3 ▸ 마지막으로 남은 돈을 구하기 위해 **[H14]** 셀을 선택한 후 **=D12-I12**를 입력하고 [Enter]를 눌러요.

	B	C	D	E	F	G	H	I
8						1/17	아이스크림	1,500
9						1/28	인생네컷	4,000
10						1/29	과자	2,300
12	받은 돈 합계		90,000		사용한 돈 합계			18,200
14	남은 돈						=D12-I12	

입력 후 [Enter]

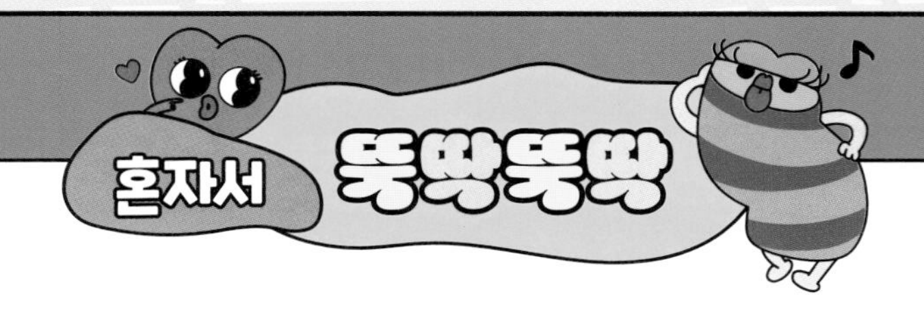

1 줄넘기(예제).xlsx 파일을 불러와 작성 조건에 맞게 시트를 완성해 보세요.

• 실습파일 : 줄넘기(예제).xlsx • **완성파일** : 줄넘기(완성).xlsx

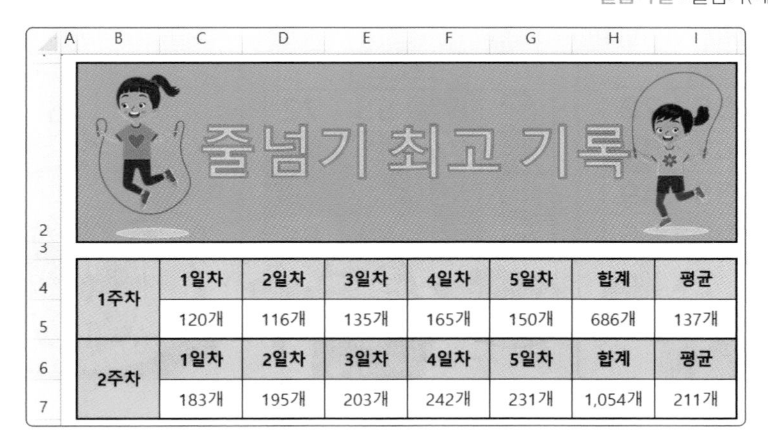

1주차	1일차	2일차	3일차	4일차	5일차	합계	평균
	120개	116개	135개	165개	150개	686개	137개
2주차	1일차	2일차	3일차	4일차	5일차	합계	평균
	183개	195개	203개	242개	231개	1,054개	211개

작성 조건

- [H5], [H7] : 수식을 이용하여 1주차와 2주차 합계 구하기
- [I5], [I7] : 합계 결과를 5로 나누어 평균 구하기(=H5/5)
- [C5:I5], [C7:I7] : 표시 형식(#,###"개") 지정

2 올림픽메달(예제).xlsx 파일을 불러와 작성 조건에 맞게 시트를 완성해 보세요.

• 실습파일 : 올림픽메달(예제).xlsx • **완성파일** : 올림픽메달(완성).xlsx

연도	회차	개최국	순위	금메달	은메달	동메달	합계
1988년	24회	대한민국	4위	12	10	11	33
1992년	25회	스페인	7위	12	5	12	29
1996년	26회	미국	10위	7	15	5	27
2000년	27회	호주	12위	8	10	10	28
2004년	28회	그리스	9위	9	12	9	30
2008년	29회	중국	7위	13	11	8	32
2012년	30회	영국	5위	13	9	8	30
2016년	31회	브라질	8위	9	3	9	21
2020년	32회	일본	16위	6	4	10	20
평균 순위			9위				

작성 조건

- 표시 형식 지정
  - [B5:B13] : #"년", [C5:C13] : #"회", [E5:E13], [E14] : #"위"
- [I5:I13] : 수식을 이용하여 금메달, 은메달, 동메달의 합계 구하기
- [E14] : 순위를 모두 더한 후 9로 나누어 평균 순위 구하기
  - 순위를 괄호( )로 묶어서 합계를 구한 후 9로 나눔 → ( )/9

#도형 스타일 #수식 계산 #조건부 서식

조건부 서식으로 설문 조사하기

학습목표

- 도형을 활용하여 제목을 꾸밀 수 있어요.
- 조건에 만족하는 데이터를 선별하여 서식을 지정할 수 있어요.

성적표

	87	55	72
	74	47	91
	48	35	49
	100	88	65

성적표

	87	55	72
	74	47	91
	48	35	49
	100	88	65

성적표

	87	55	72
	74	47	91
	48	35	49
	100	88	65

조건부 서식 문서에 많은 데이터가 입력되어 있을 때 조건에 맞는 데이터만 선별하여 다양한 서식을 지정할 수 있어요.

실습파일 : 급식메뉴 설문조사(예제).xlsx 완성파일 : 급식메뉴 설문조사(완성).xlsx

학년별 급식메뉴 설문조사

단위 : 명

학년	짜장밥	김치부침개	스파게티	비빔밥	돈가스	합계
1학년	28	30	64	16	89	227
2학년	36	42	59	13	78	228
3학년	42	32	72	29	79	254
4학년	19	23	89	45	93	269
5학년	32	52	92	32	95	303
6학년	25	32	76	51	84	268
평균	30	35	75	31	86	
최댓값	42	52	92	51	95	
최솟값	19	23	59	13	78	

STEP 01 도형으로 제목 만들기

1 ▸ **급식메뉴 설문조사(예제).xlsx** 파일을 불러와 [삽입] 탭에서 [도형( )]-**사각형: 잘린 대각선 방향 모서리**를 선택하고 [B1:H1] 셀에 맞추어 드래그해요.

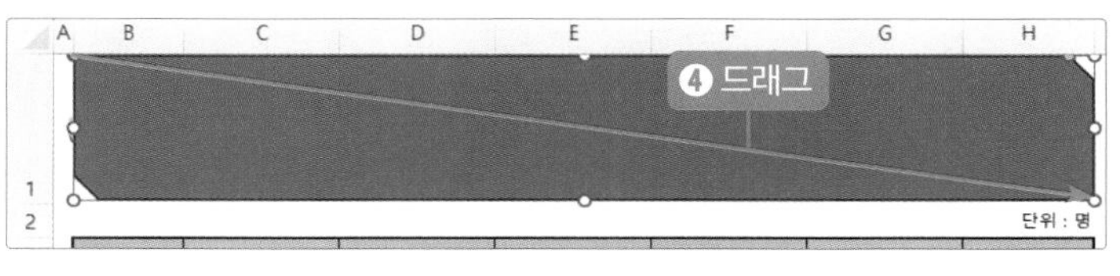

2 ▸ 도형에 서식을 지정하기 위해 [도형 서식] 탭에서 [빠른 스타일( )]-**강한 효과, 파랑, 강조 5**를 선택해요.

3 ▸ 도형을 선택하여 제목을 입력하고 Esc를 누른 후 [홈] 탭에서 **글꼴(HY견고딕), 글꼴 크기(28), 가로/세로 가운데 맞춤**을 지정해요.

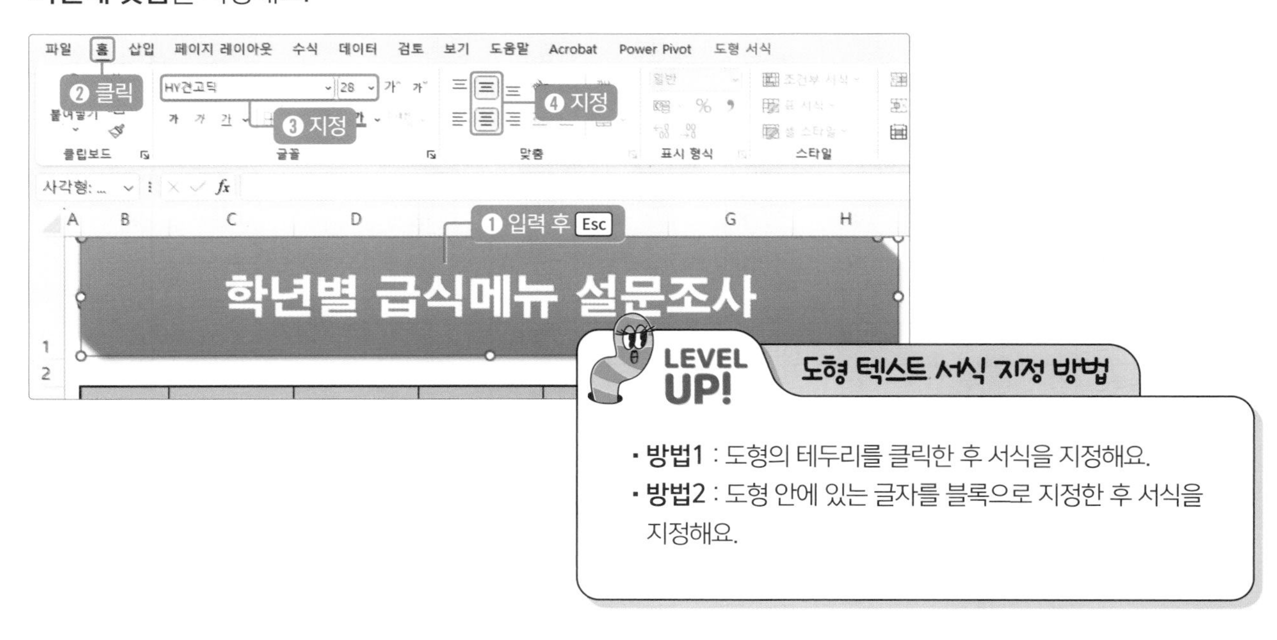

LEVEL UP! 도형 텍스트 서식 지정 방법

- **방법1** : 도형의 테두리를 클릭한 후 서식을 지정해요.
- **방법2** : 도형 안에 있는 글자를 블록으로 지정한 후 서식을 지정해요.

4 ▸ 뒤쪽 그림이 보이도록 하기 위해 도형을 선택하고 [도형 서식] 탭에서 [뒤로 보내기] - **맨 뒤로 보내기**를 선택해요.

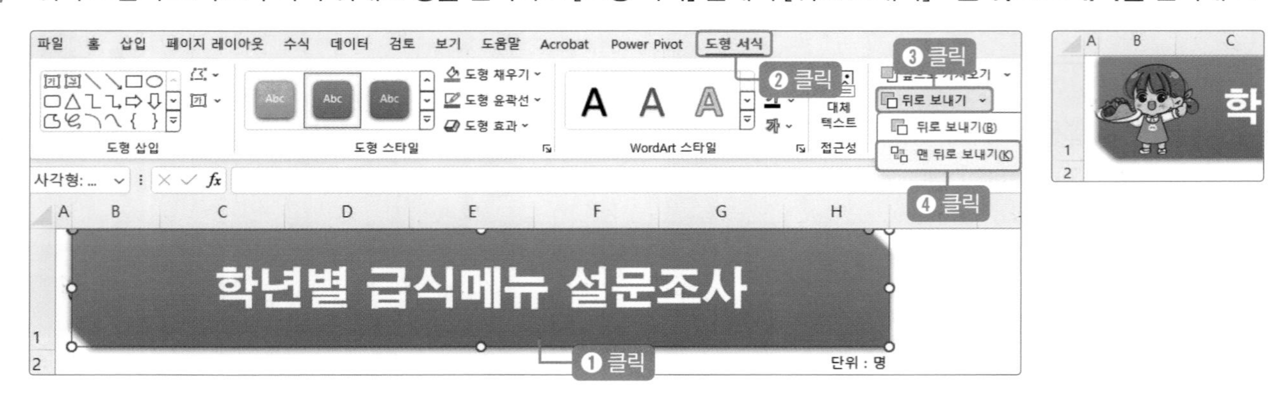

5 ▸ [C5:G10] 셀에 숫자 데이터를 입력해요. 숫자 데이터가 입력되면 '평균, 최댓값, 최솟값'이 계산돼요.

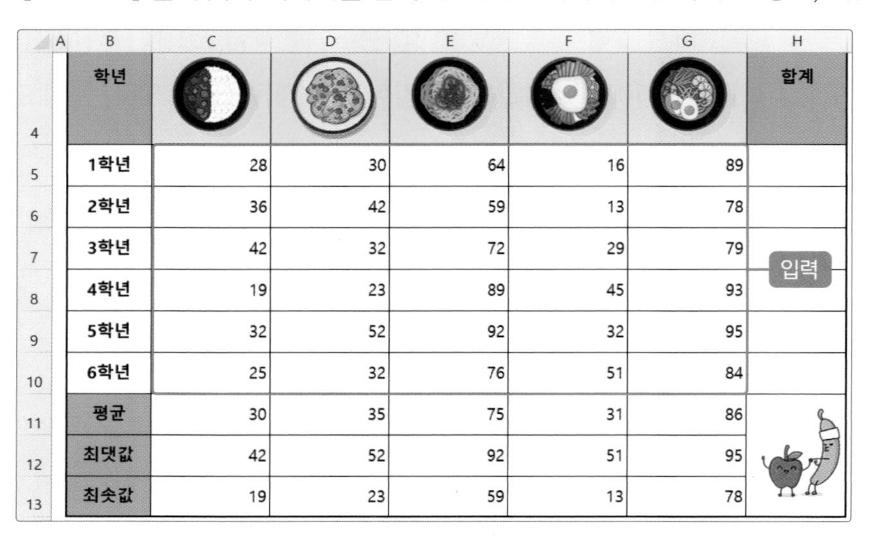

학년	C	D	E	F	G	합계
1학년	28	30	64	16	89	
2학년	36	42	59	13	78	
3학년	42	32	72	29	79	
4학년	19	23	89	45	93	
5학년	32	52	92	32	95	
6학년	25	32	76	51	84	
평균	30	35	75	31	86	
최댓값	42	52	92	51	95	
최솟값	19	23	59	13	78	

6 ▸ 학년별 합계를 구하기 위해 **[H5]** 셀에 **=G5+F5+E5+D5+C5**를 입력해요. 채우기 핸들을 이용하여 **[H10]** 셀까지 드래그하면 다른 학년도 자동으로 합계가 계산돼요.

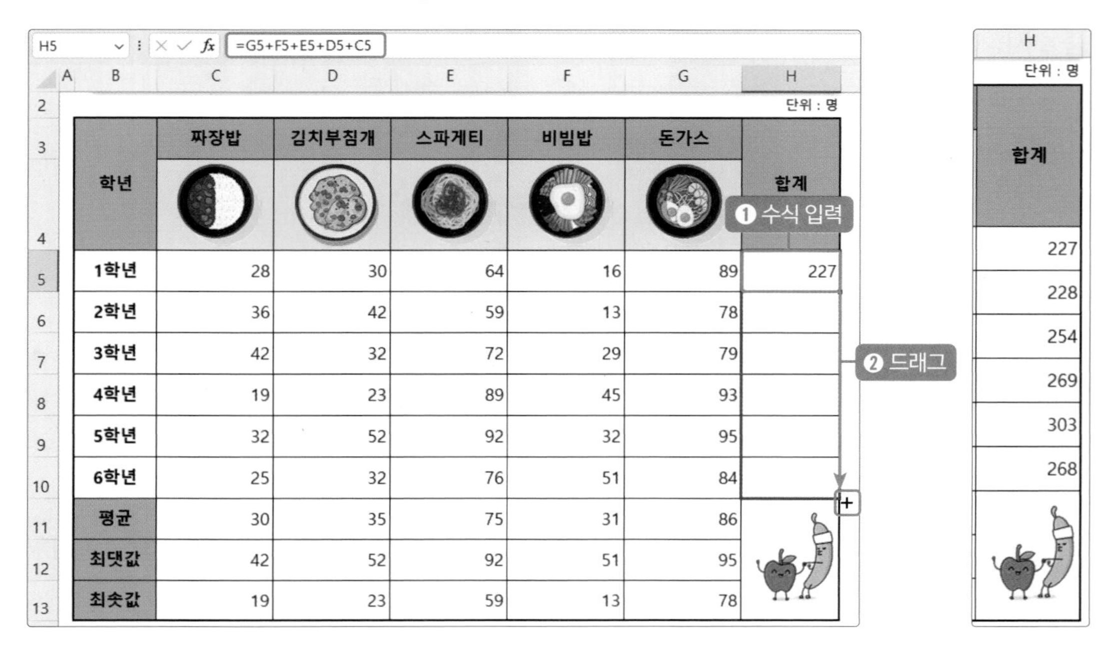

H5 | =G5+F5+E5+D5+C5

단위 : 명

학년	짜장밥	김치부침개	스파게티	비빔밥	돈가스	합계
1학년	28	30	64	16	89	227
2학년	36	42	59	13	78	
3학년	42	32	72	29	79	
4학년	19	23	89	45	93	
5학년	32	52	92	32	95	
6학년	25	32	76	51	84	
평균	30	35	75	31	86	
최댓값	42	52	92	51	95	
최솟값	19	23	59	13	78	

합계
227
228
254
269
303
268

STEP 02 조건부 서식 지정하기

1 ▸ 조건부 서식을 지정하기 위해 **[C5:C10]** 셀을 선택하고 [홈] 탭에서 [조건부 서식( )]-[데이터 막대]-**파랑 데이터 막대**를 클릭해요.

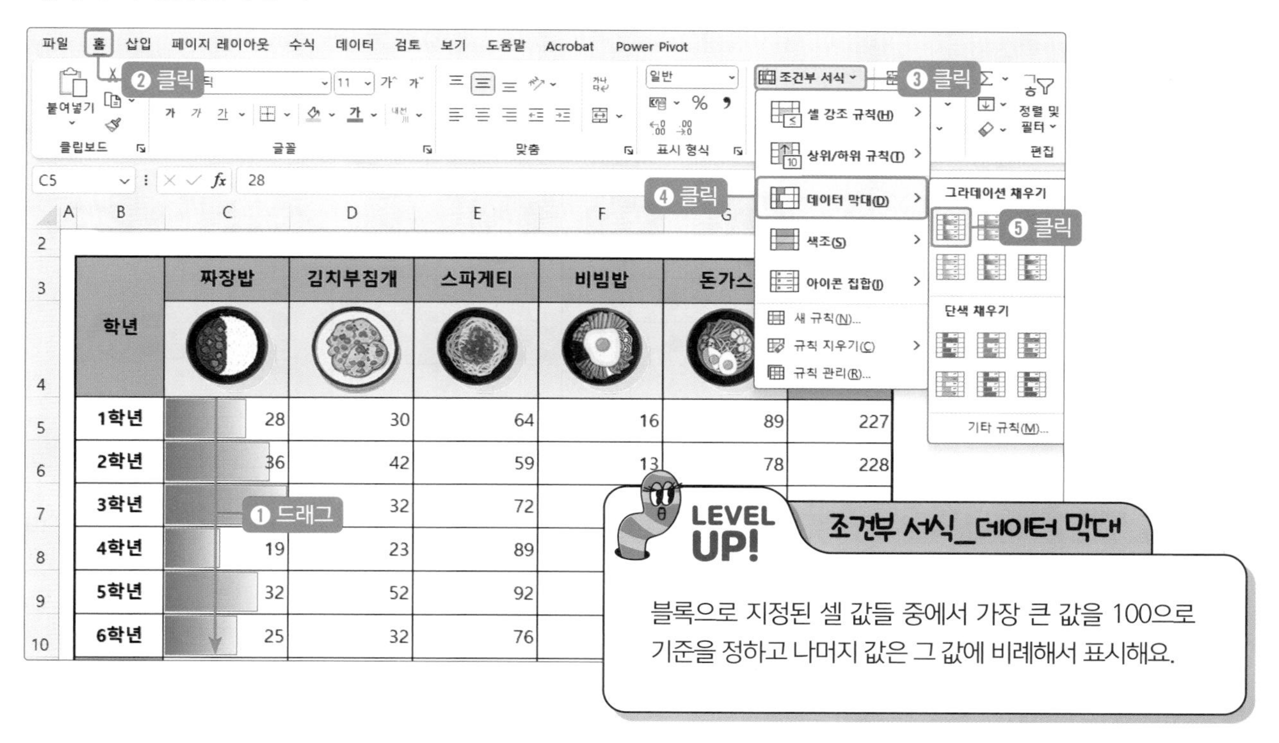

LEVEL UP! 조건부 서식_데이터 막대

블록으로 지정된 셀 값들 중에서 가장 큰 값을 100으로 기준을 정하고 나머지 값은 그 값에 비례해서 표시해요.

2 ▸ **[D5:D10]** 셀을 선택하고 [홈] 탭에서 [조건부 서식( )]-[색조]-**녹색 – 흰색 색조**를 클릭해요.

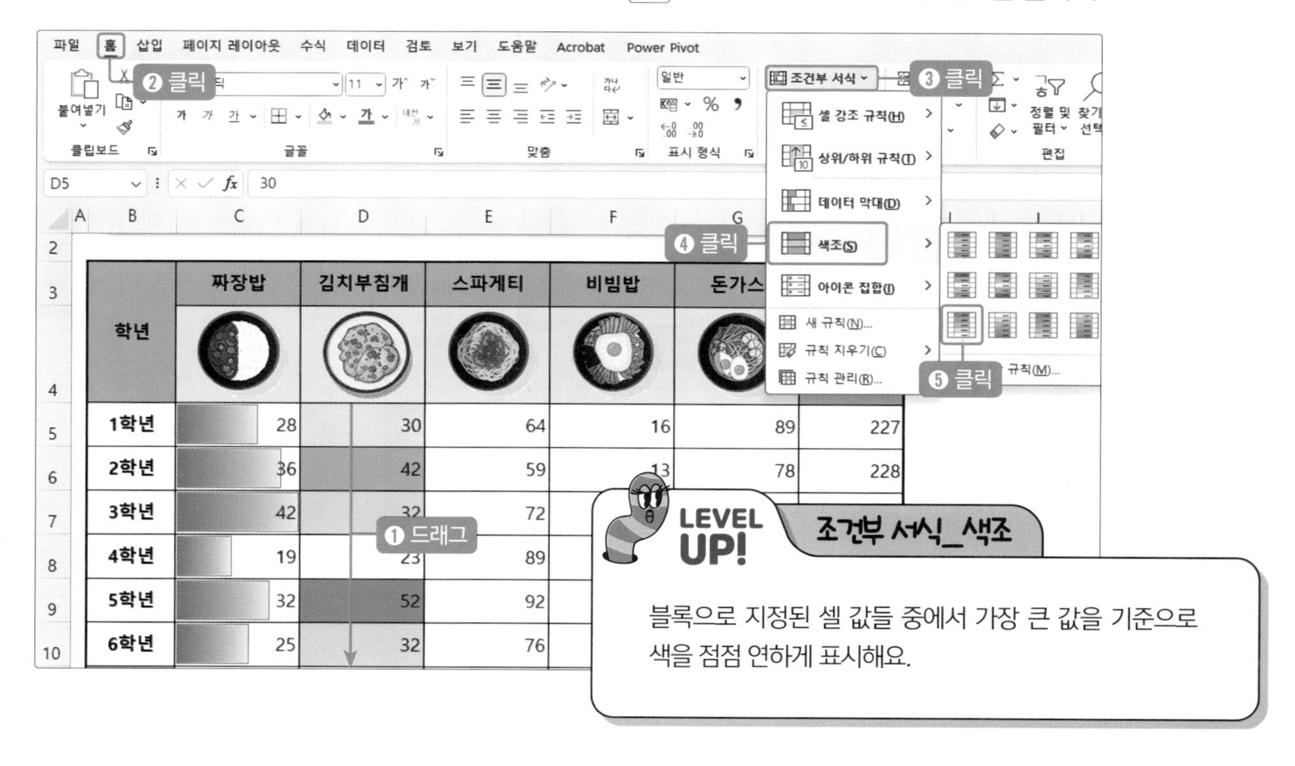

LEVEL UP! 조건부 서식_색조

블록으로 지정된 셀 값들 중에서 가장 큰 값을 기준으로 색을 점점 연하게 표시해요.

3 ▸ [E5:E10] 셀을 선택하고 [홈] 탭에서 [조건부 서식(▦)]-[아이콘 집합]-**삼각형 3개**를 클릭해요.

4 ▸ [F5:F10] 셀을 선택하고 [홈] 탭에서 [조건부 서식(▦)]-[아이콘 집합]-**3가지 모양**을 클릭해요.

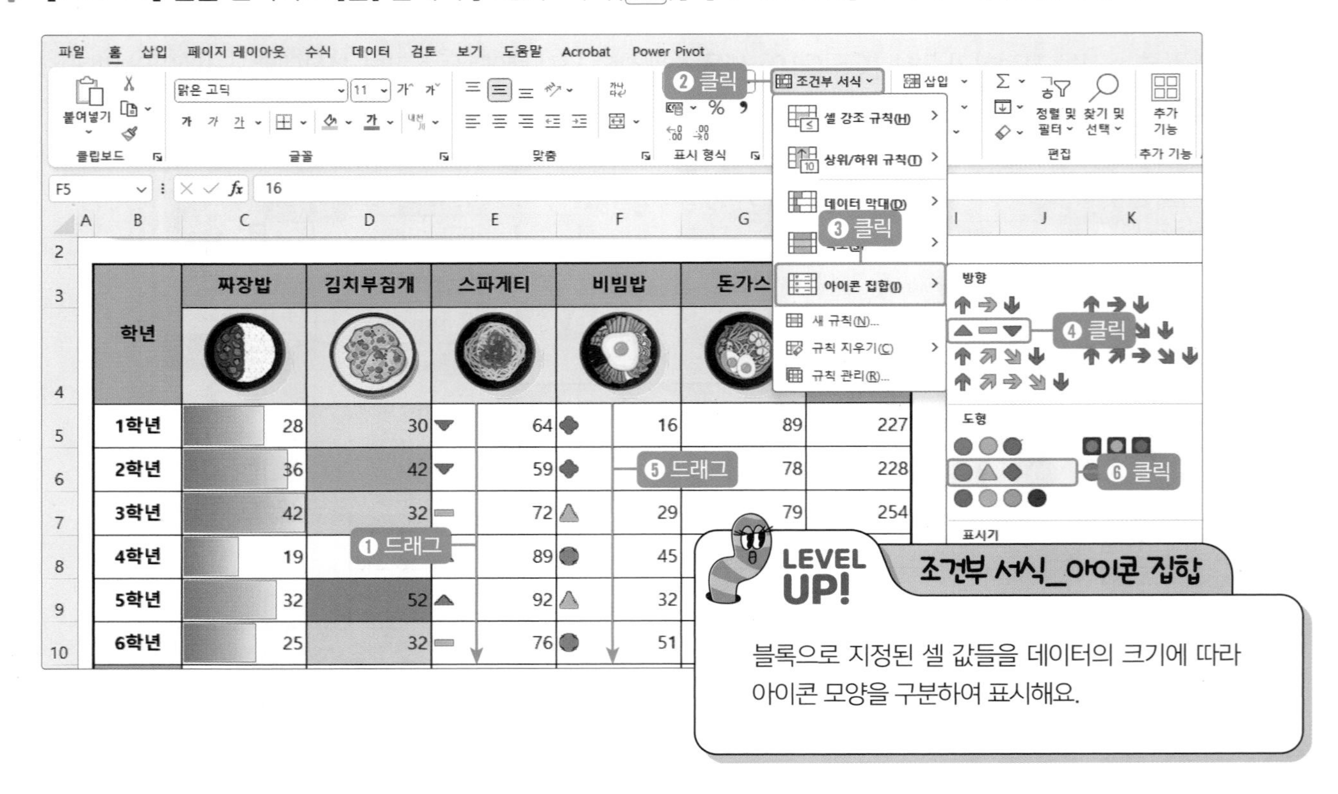

LEVEL UP! 조건부 서식_아이콘 집합

블록으로 지정된 셀 값들을 데이터의 크기에 따라 아이콘 모양을 구분하여 표시해요.

5 ▸ [G5:G10] 셀을 선택하고 [홈] 탭에서 [조건부 서식(▦)]-[셀 강조 규칙]-**보다 큼**을 클릭해요. 이어서, [보다 큼] 대화상자가 나타나면 **80**을 입력하고 <확인>을 클릭해요.

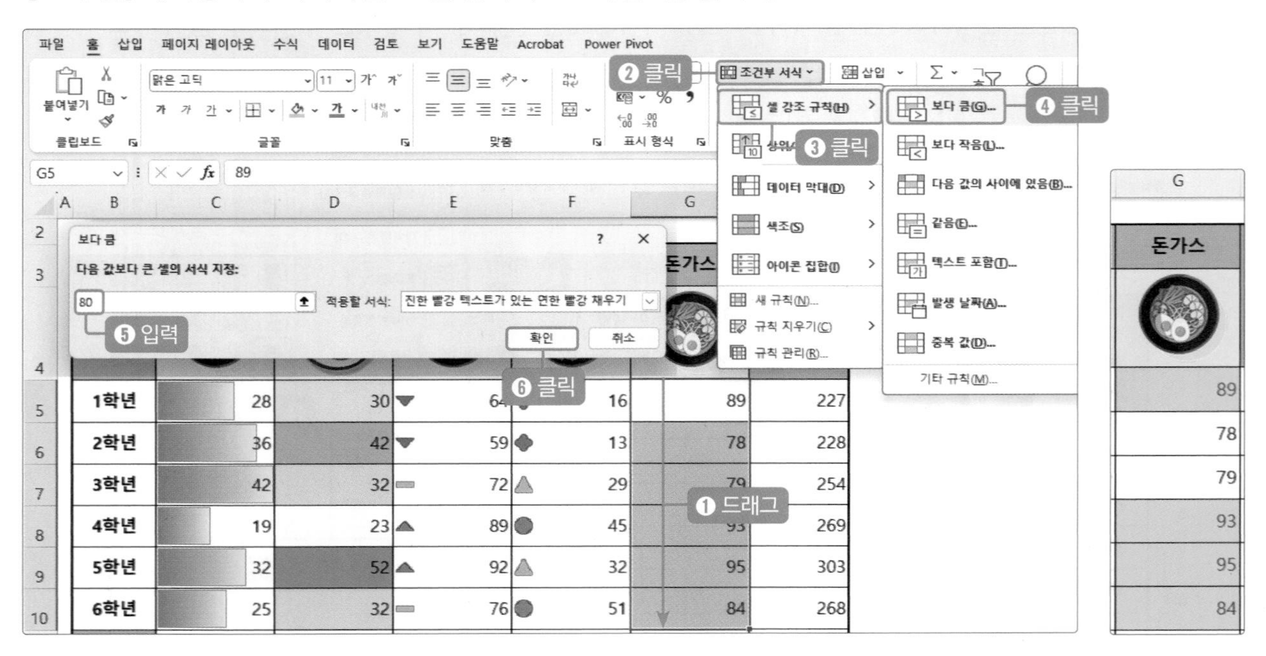

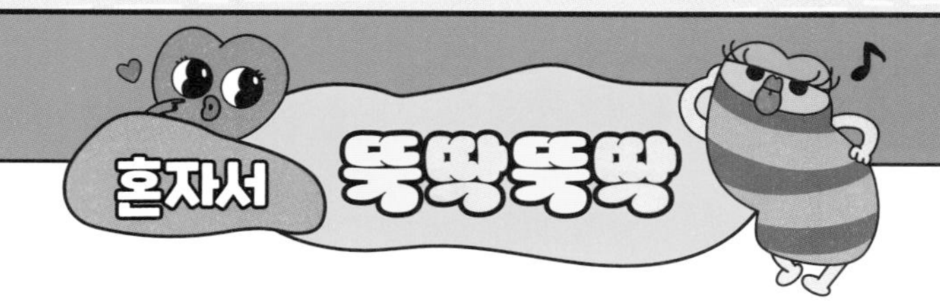

1 스마트폰 사용시간(예제).xlsx 파일을 불러와 작성 조건에 맞게 시트를 완성해 보세요.

• 실습파일 : 스마트폰 사용시간(예제).xlsx • **완성파일** : 스마트폰 사용시간(완성).xlsx

스마트폰 목적별 사용 시간

단위 : 분

구분	유튜브	SNS	게임	웹툰	인터넷	1일 사용시간
1학년	20	5	30	40	10	105
2학년	20	10	50	30	10	120
3학년	25	15	45	35	20	140
4학년	30	30	50	30	25	165
5학년	35	40	52	22	40	189
6학년	35	50	60	20	30	195
평균	28	25	48	30	23	152

작성 조건

- 제목 도형 : 도형 삽입 후 도형 스타일 지정
- 제목 텍스트 : 글꼴 크기, 가운데 맞춤, 굵게, 텍스트 효과(그림자 → 오프셋: 오른쪽 아래) 지정
- [H5:H10] : 수식을 이용하여 1일 사용시간 합계 구하기
- 조건부 서식 : [C5:G10] → 색조 : 노랑 – 녹색 색조, [H5:H10] → 120 '보다 큼'

2 연도별 강수량(예제).xlsx 파일을 불러와 작성 조건에 맞게 시트를 완성해 보세요.

• 실습파일 : 연도별 강수량(예제).xlsx • **완성파일** : 연도별 강수량(완성).xlsx

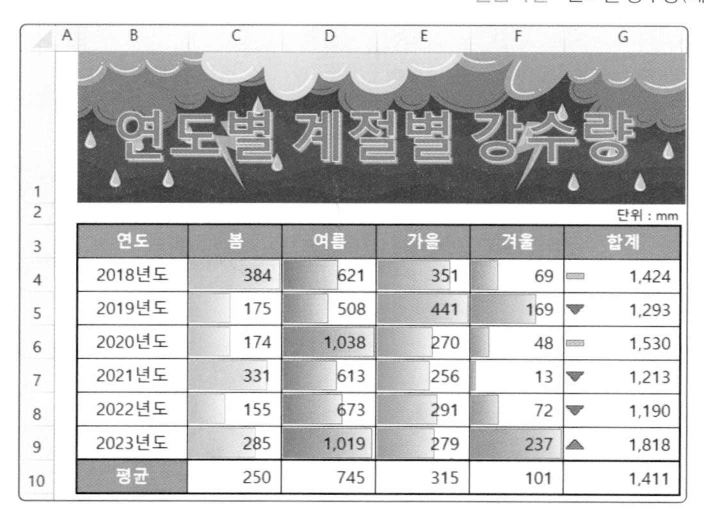

연도별 계절별 강수량

단위 : mm

연도	봄	여름	가을	겨울	합계
2018년도	384	621	351	69	1,424
2019년도	175	508	441	169	1,293
2020년도	174	1,038	270	48	1,530
2021년도	331	613	256	13	1,213
2022년도	155	673	291	72	1,190
2023년도	285	1,019	279	237	1,818
평균	250	745	315	101	1,411

작성 조건

- [G4:G9] : 수식을 이용하여 연도별 계절 강수량 합계 구하기
- 조건부 서식 :
  - 데이터 막대를 이용하여 '봄, 여름, 가을, 겨울' 열에 색상별로 조건부 서식을 지정
  - 아이콘 집합을 이용하여 '합계' 열에 조건부 서식을 지정

#스마트아트 #색상 및 스타일 변경 #도형 추가

스마트아트로 나의 뇌 구조 알아보기

학습목표

- 스마트아트를 삽입한 후 색상 및 스타일을 변경할 수 있어요.
- 스마트아트에 도형을 추가하거나 삭제할 수 있어요.
- 스마트아트에 글꼴 및 글꼴 크기를 지정할 수 있어요.

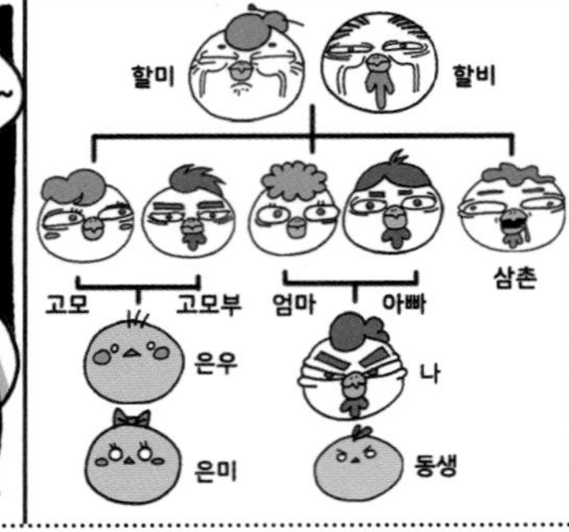

스마트아트 스마트아트는 정보를 표현할 때 멋진 그래픽으로 표현할 수 있게 도와주는 기능이에요. 해당 기능을 잘 사용하면 복잡한 내용도 전문가처럼 디자인할 수 있어요.

미리보기

실습파일 : 나의 뇌구조(예제).xlsx 완성파일 : 나의 뇌구조(완성).xlsx

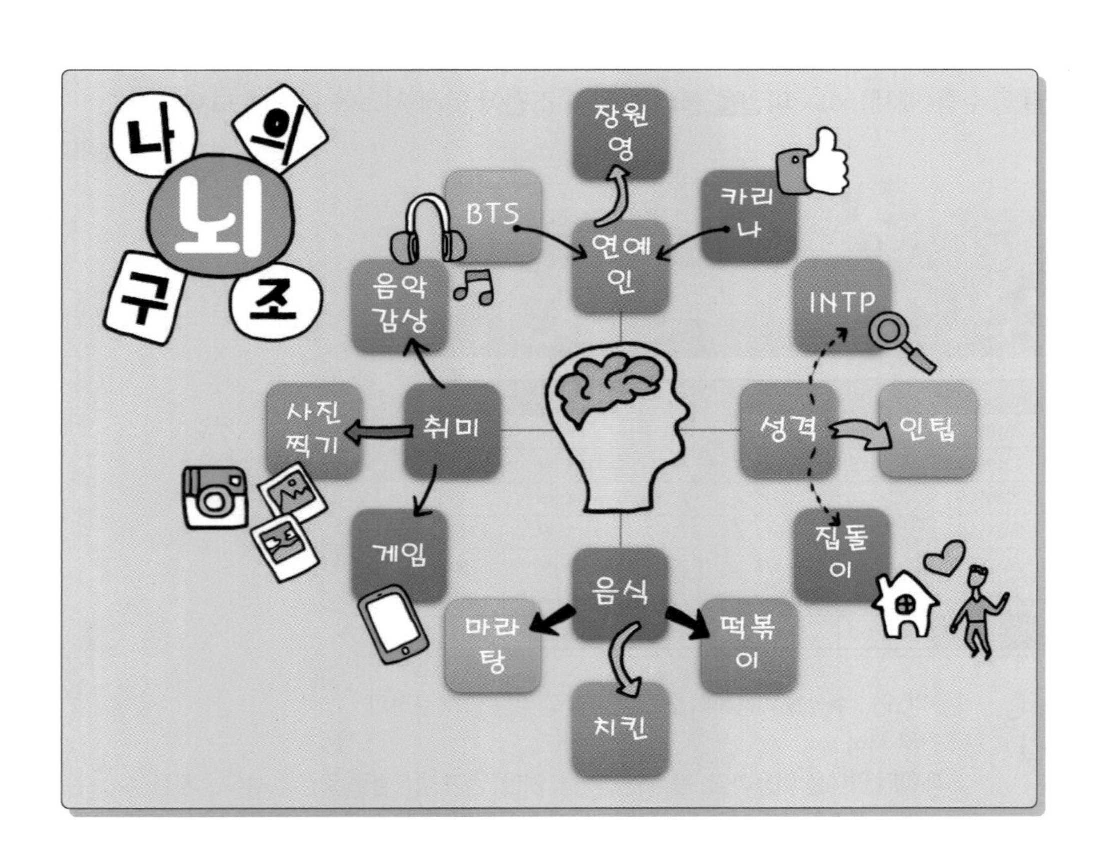

STEP 01 스마트아트 삽입하고 도형 추가하기

1 ▸ **나의 뇌구조(예제).xlsx** 파일을 불러와 [삽입] 탭에서 **[SmartArt( )]**을 선택해요. [SmartArt 그래픽 선택] 대화상자가 나타나면 [주기형]-**방사형 클러스터형**을 선택하고 <확인>을 클릭해요.

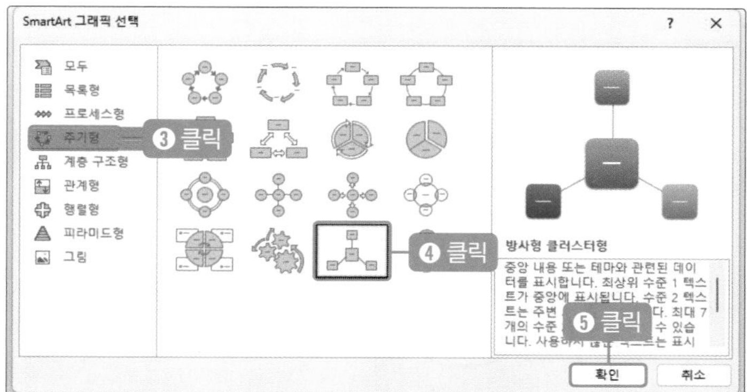

2 ▸ 스마트아트가 삽입되면 [SmartArt 디자인] 탭에서 [색 변경( )]-**색상형 - 강조색**을 선택해요.

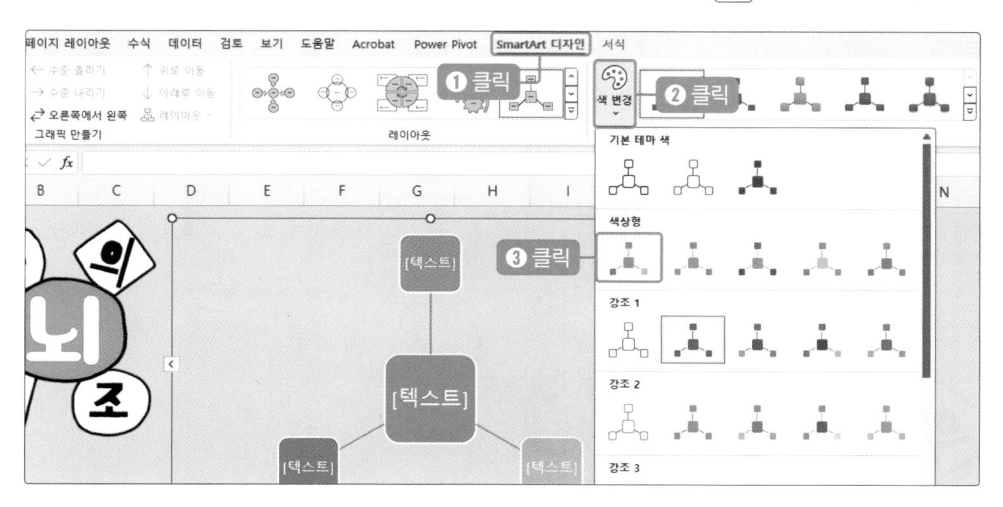

3 ▸ 스타일을 적용하기 위해 [SmartArt 디자인] 탭에서 [빠른 스타일( )]-**강한 효과**를 선택해요.

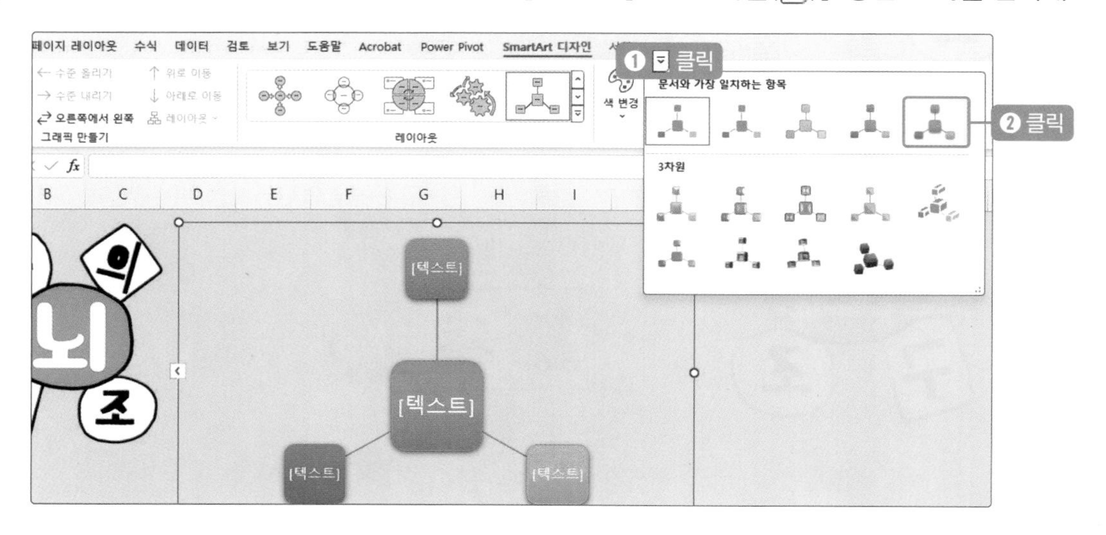

4 ▸ 도형을 추가하기 위해 중앙의 큰 도형을 선택하고 [SmartArt 디자인] 탭에서 **[도형 추가( )]**를 클릭해요.

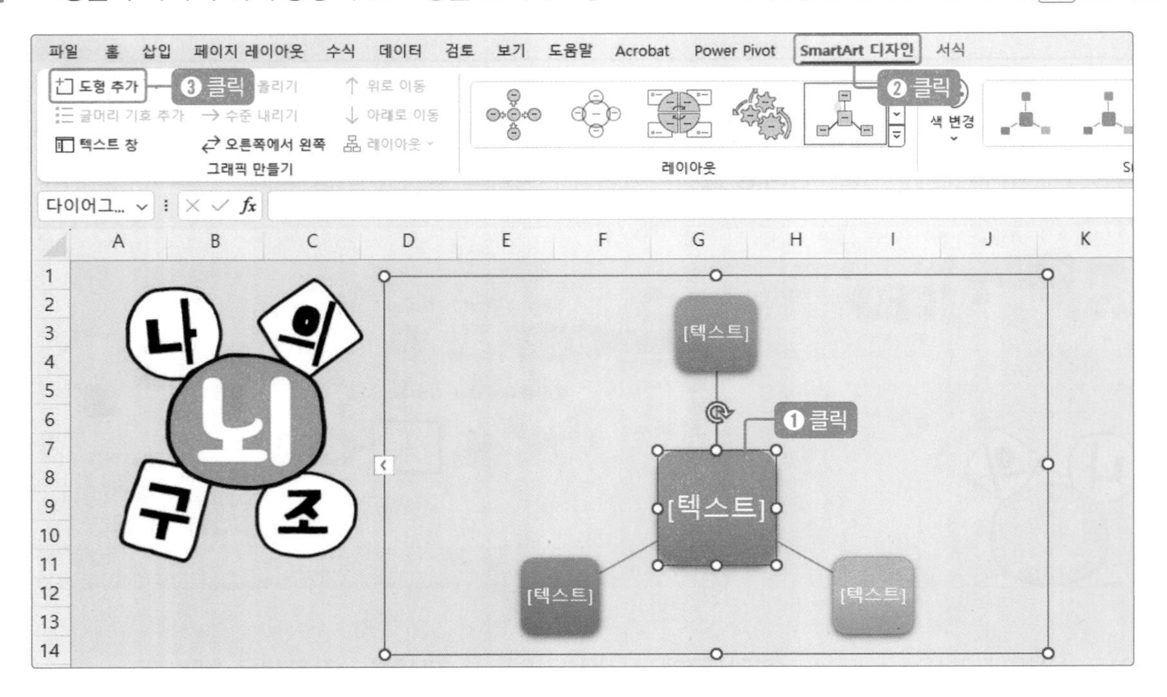

5 ▸ 이번에는 하위 도형을 추가하기 위해 새로 추가된 도형을 선택하고 [SmartArt 디자인] 탭에서 **[도형 추가( )]**를 클릭한 후 바로 옆 **수준 내리기(→)**를 선택해요.

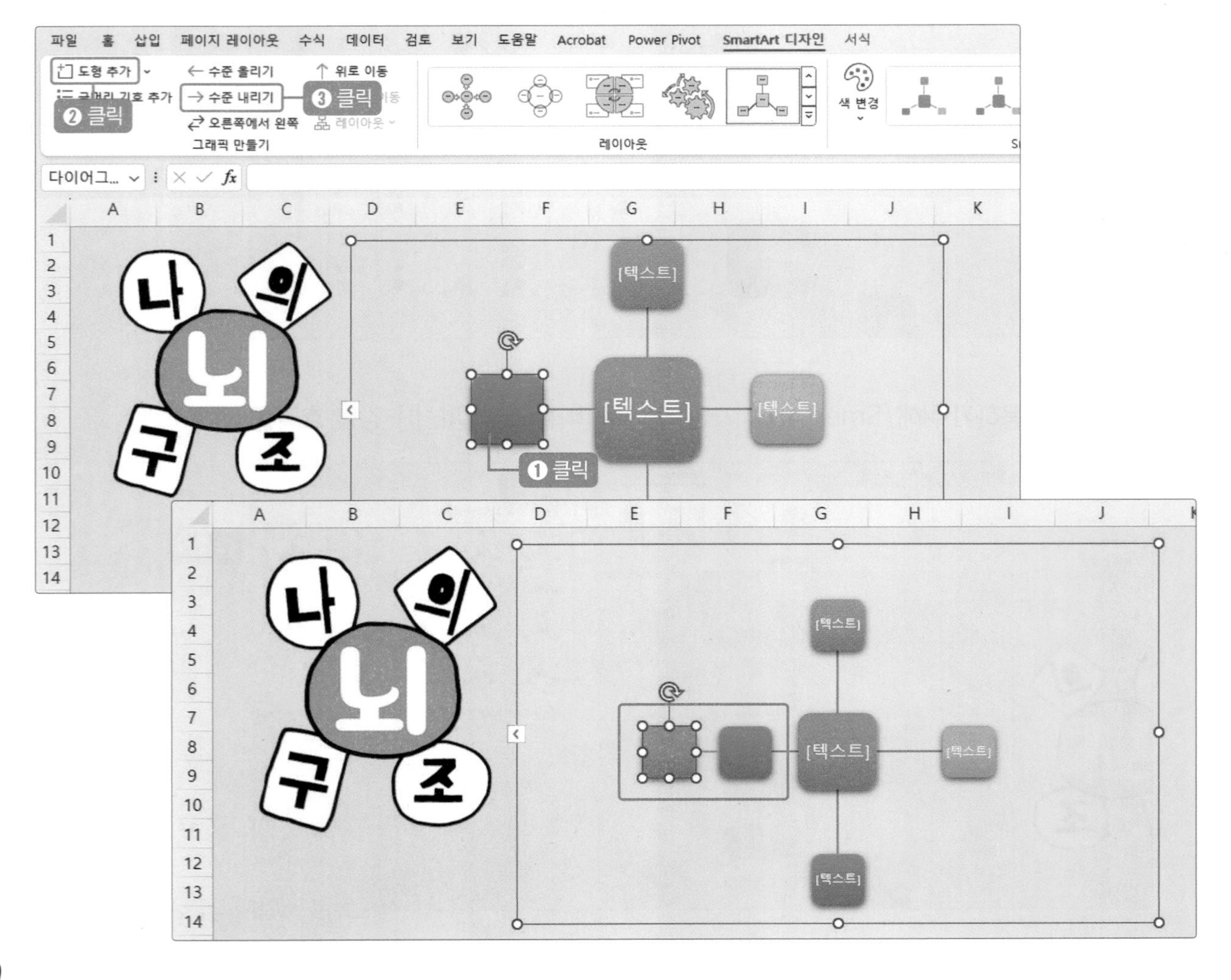

6 ▸ 하위 도형을 추가하기 위해 가장 아래쪽 도형을 선택하고 [SmartArt 디자인] 탭에서 **[도형 추가(⊡)]**를 2번 연속 클릭해요.

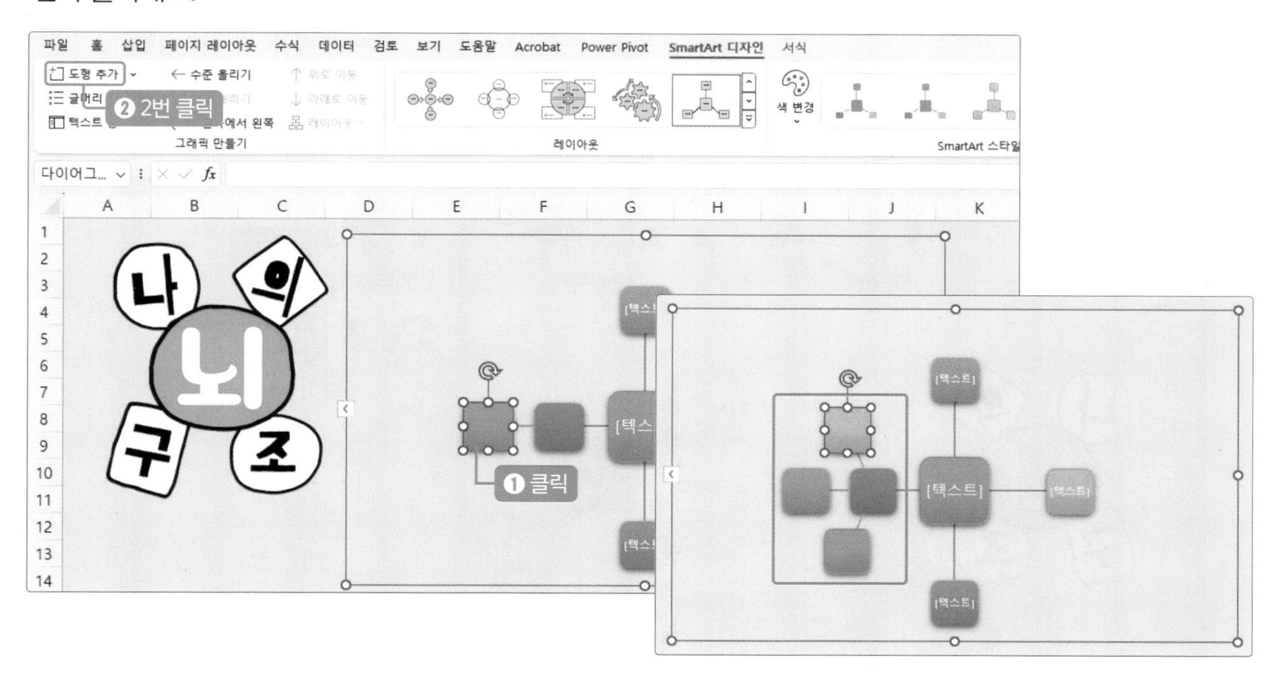

7 ▸ 같은 방법으로 그림처럼 하위 도형을 추가한 후 스마트아트의 크기와 위치를 변경해요. 이어서, [홈] 탭에서 글꼴을 **HY엽서M**으로 변경해요.

- 하위 도형 추가 : 하위 도형 선택 → 도형 추가 클릭 → 수준 내리기 클릭 → 도형 추가 2번 클릭

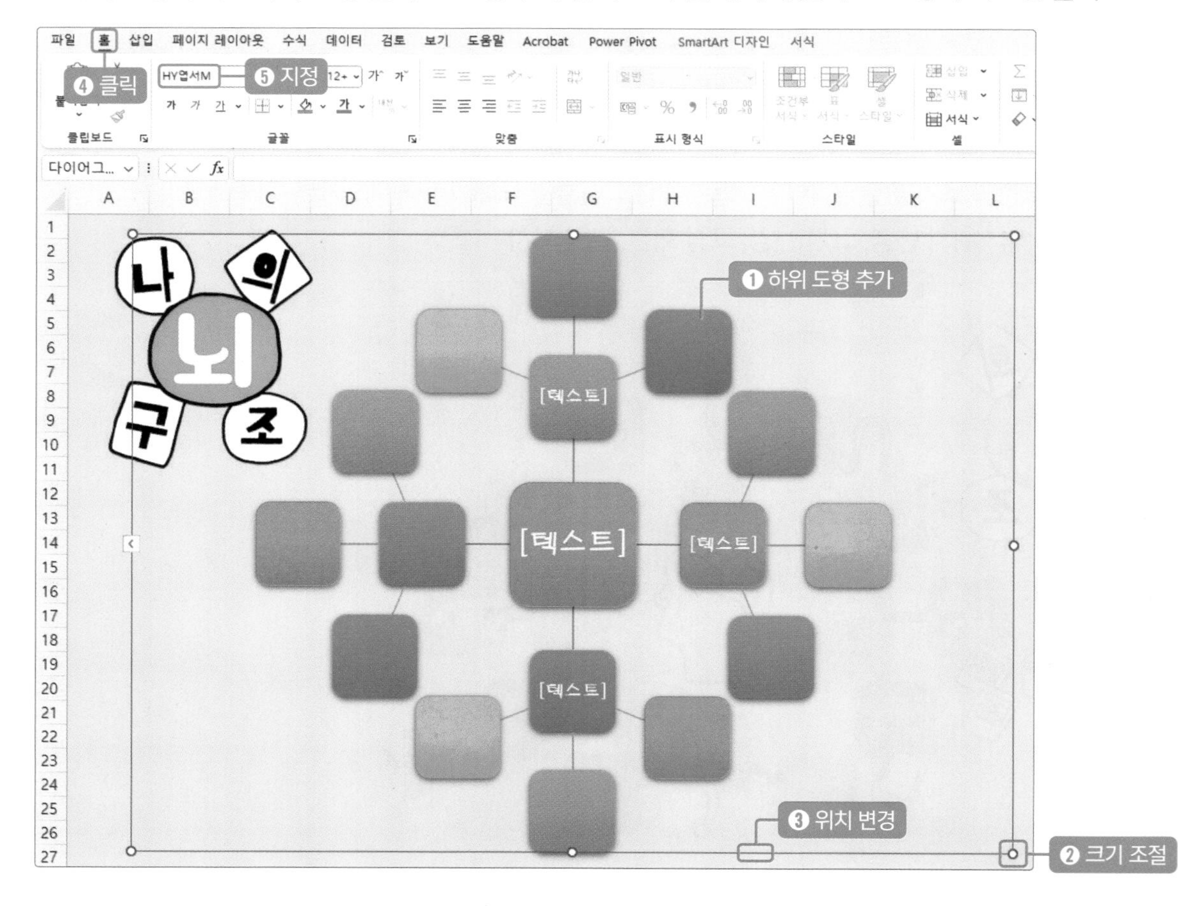

STEP 02 ⋮ 텍스트 입력 후 주변 그림으로 꾸미기

1 ▸ 가운데 칸을 뺀 나머지 칸에 본인의 뇌 구조를 입력한 후 [서식] 탭에서 [정렬]-[뒤로 보내기]-**맨 뒤로 보내기**를 선택해요.

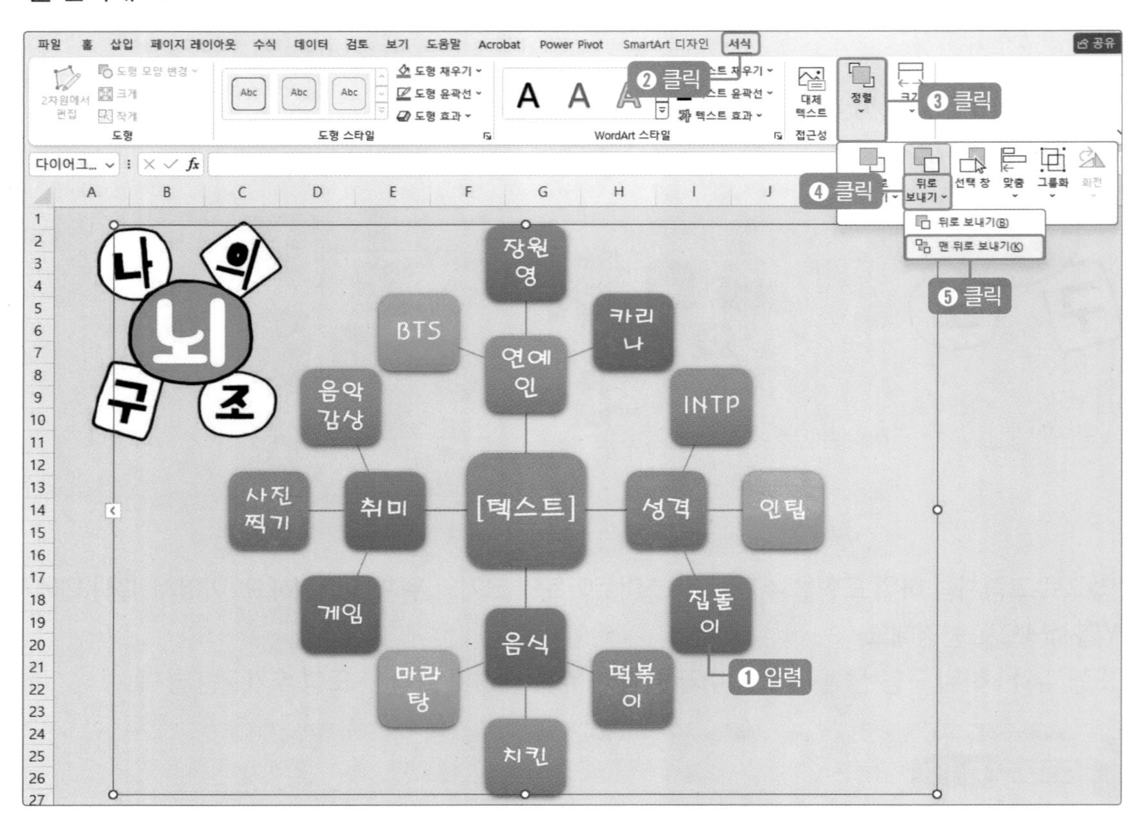

2 ▸ 가운데 텍스트 도형의 크기를 줄인 후 시트 오른쪽의 그림들을 드래그하여 예쁘게 꾸며보세요.
- 그림 꾸미기 작업 : 위치 변경, 크기 변경, 그림 회전, 그림 복사

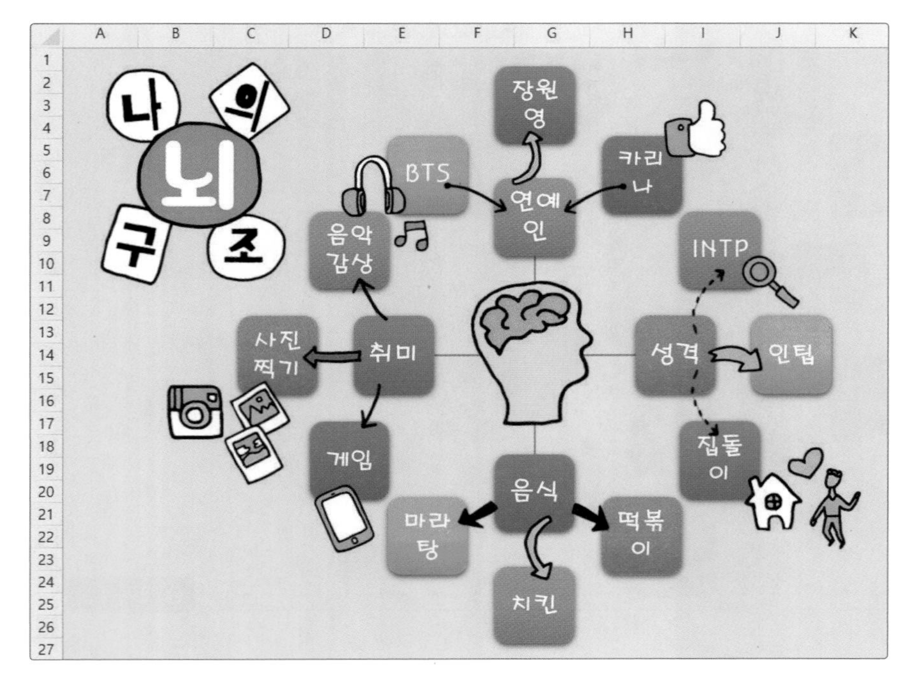

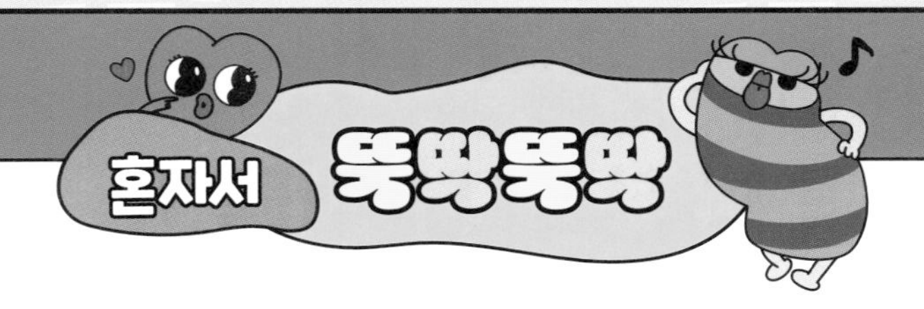

1 먹이사슬(예제).xlsx 파일을 불러와 작성 조건에 맞게 시트를 완성해 보세요.

• 실습파일 : 먹이사슬(예제).xlsx • **완성파일** : 먹이사슬(완성).xlsx

작성 조건

- 스마트아트
  - [피라미드형]-[기본 피라미드형], 도형 추가, 색 변경, SmartArt 스타일 변경
  - 글꼴 크기(16pt) 및 아래쪽 맞춤 지정(각각의 도형을 선택한 후 지정)
- 그림 삽입 : 나무, 초식동물, 육식동물, 사자를 삽입한 후 크기 및 위치 변경
  - [삽입] 탭-[그림]-[이 디바이스]

13 표 기능으로 식물 관찰 일지 만들기

학습목표

- 데이터가 입력된 셀을 표로 변환할 수 있어요.
- 원하는 표 스타일을 지정할 수 있어요.
- 필터를 이용해 원하는 데이터만 확인할 수 있어요.

이름	국어	영어	수학
이다재	80	90	100
민승현	100	80	70
김시현	90	70	80

이름	국어	영어	수학
이다재	80	90	100
민승현	100	80	70
김시현	90	70	80

이름	국어	영어	수학
이다재	80	90	100
민승현	100	80	70
김시현	90	70	80

표 자료들이 정리되지 않고 뒤죽박죽 섞여 있으면 정신이 없겠죠? 자료를 표로 만들면 깔끔하게 정리할 수 있는데 엑셀은 데이터가 입력된 셀을 표로 변환할 수 있고, 다양한 표 스타일도 지정할 수 있어요.

미리보기

실습파일 : 관찰일지(예제).xlsx   완성파일 : 관찰일지(완성).xlsx

식물 관찰 일지

(토마토, 강남콩)

식물	날짜	날씨	온도	성장크기	전체 크기	물 주기	특이점
강낭콩	04월 18일	맑음	22도	0.2cm	3.7cm	X	
강낭콩	04월 16일	비	21도	0.3cm	3.5cm	O	
토마토	04월 15일	맑음	19도	0.5cm	5.2cm	O	
강낭콩	04월 14일	흐림	21도	0.4cm	3.2cm	X	머리 나옴
토마토	04월 11일	비	20도	0.2cm	4.7cm	O	잎 커짐
강낭콩	04월 11일	비	20도	0.6cm	2.8cm	O	
토마토	04월 09일	흐림	19도	0.2cm	4.5cm	X	
강낭콩	04월 07일	맑음	18도	0.2cm	2.2cm	O	새싹
토마토	04월 07일	맑음	18도	0.3cm	4.3cm	O	새싹

STEP 01 표시 형식 지정하기

1 ▸ **관찰일지(예제).xlsx** 파일을 불러와 온도 뒤에 글자를 표시하기 위해 **[E4:E12]** 셀을 선택하고 Ctrl+1을 눌러요.

2 ▸ [셀 서식] 대화상자가 나타나면 [표시 형식] 탭-[사용자 지정]에서 **#"도"**를 입력하고 <확인>을 클릭해요.

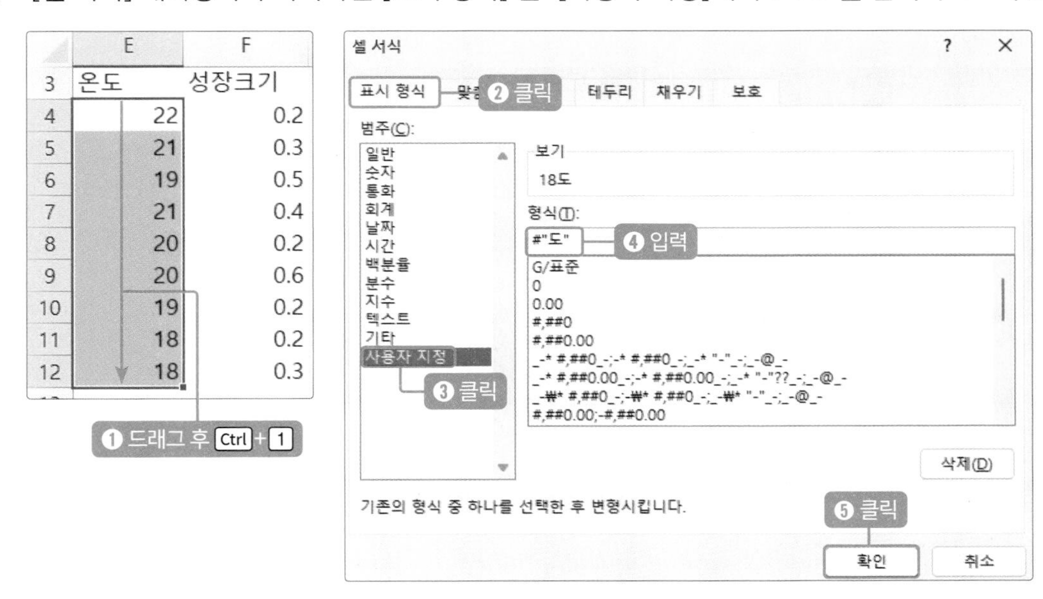

3 ▸ 크기 뒤에 글자를 표시하기 위해 **[F4:G12]** 셀을 선택하고 Ctrl+1을 눌러요.

4 ▸ [셀 서식] 대화상자가 나타나면 [표시 형식] 탭-[사용자 지정]에서 **0.0"cm"**를 입력하고 <확인>을 클릭해요.

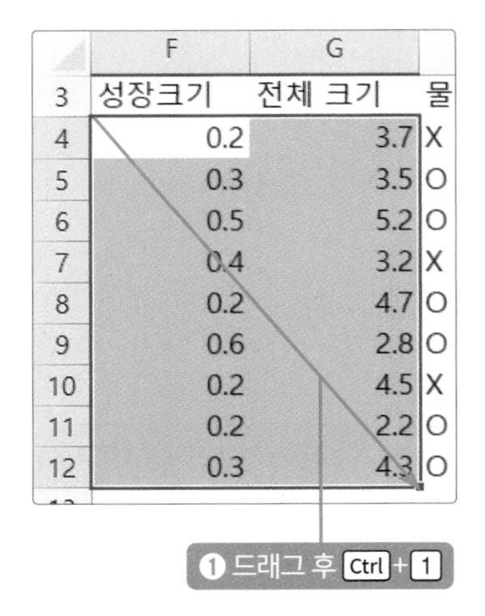

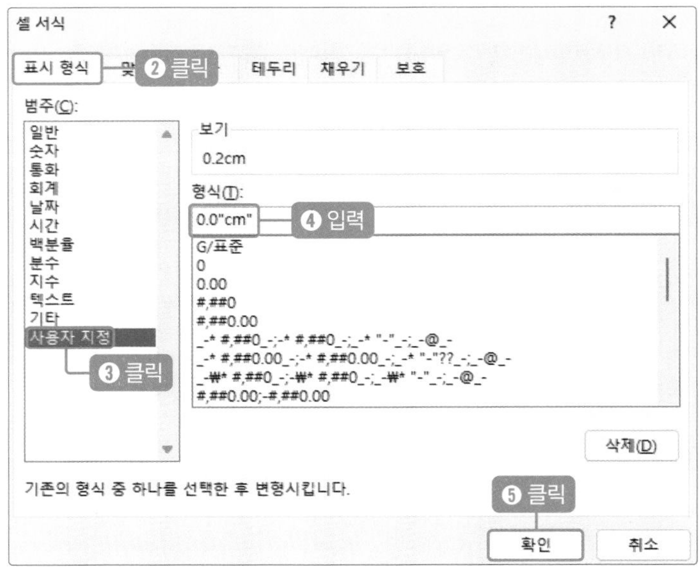

STEP 02 데이터가 입력된 셀을 표로 만들기

1 셀을 표로 만들기 위해 **[B3:I12]** 셀을 선택하고 [삽입] 탭에서 **[표( )]**를 클릭해요. [표 만들기] 대화상자가 나타나면 **머리글 포함**을 체크하고 <확인>을 클릭해요.

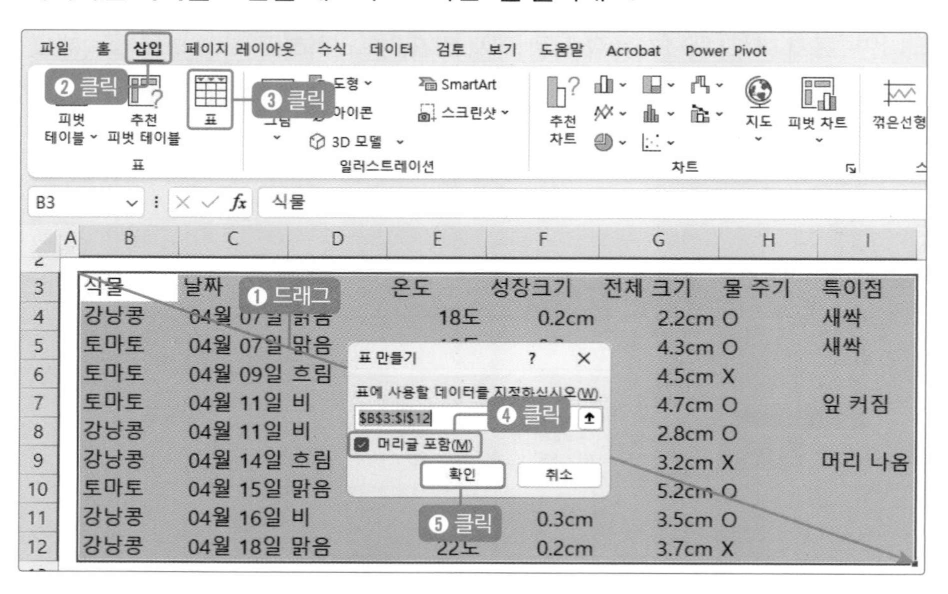

2 표가 만들어지면 표 스타일과 함께 필터 단추가 적용돼요. [B3:I12] 셀이 선택된 상태에서 [홈] 탭에서 **[가운데 맞춤]**을 클릭해요.

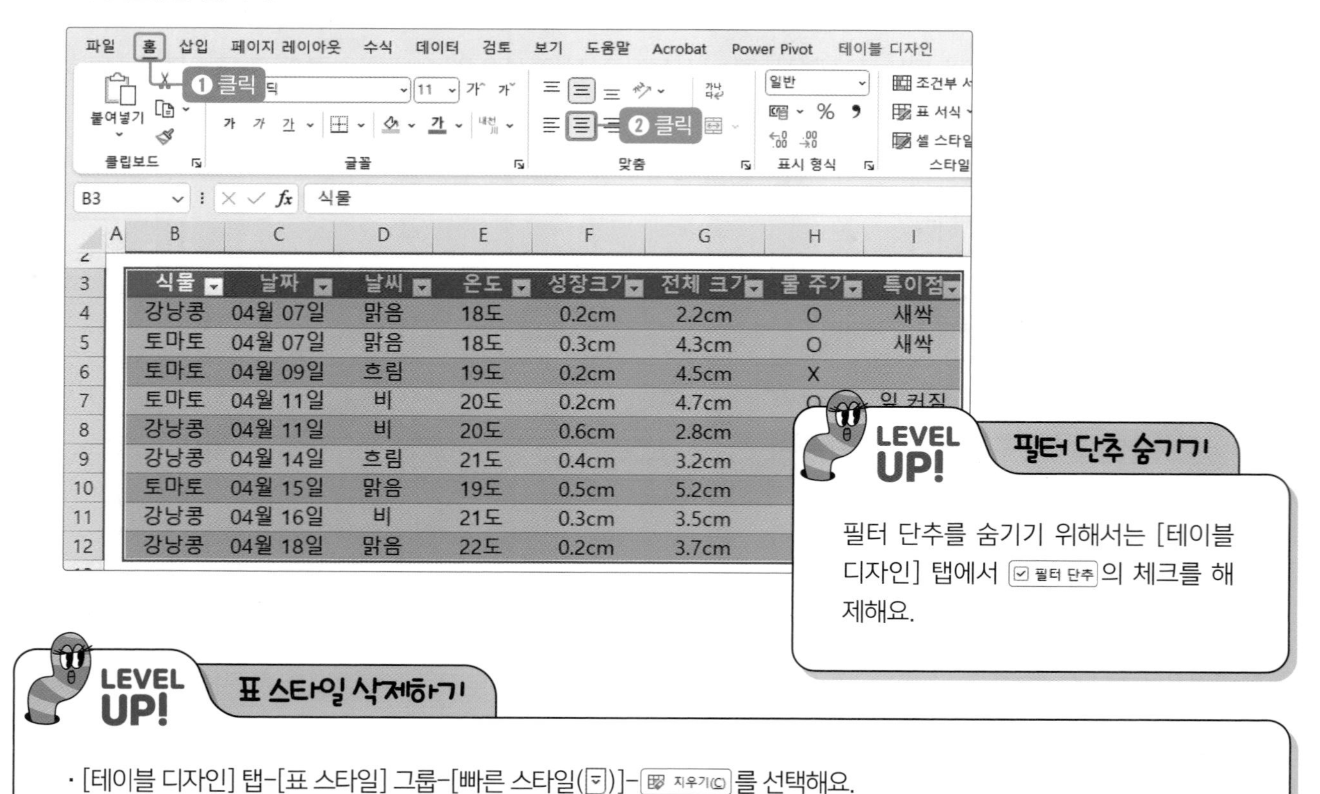

LEVEL UP! **필터 단추 숨기기**

필터 단추를 숨기기 위해서는 [테이블 디자인] 탭에서 [필터 단추]의 체크를 해제해요.

LEVEL UP! **표 스타일 삭제하기**

- [테이블 디자인] 탭-[표 스타일] 그룹-[빠른 스타일( )]-[지우기(C)]를 선택해요.
- [테이블 디자인] 탭-[도구] 그룹-[범위로 변환]을 선택하면 일반 데이터로 변환돼요.

3 ▸ 표 스타일을 변경하기 위해 표 안의 셀을 선택하고 [테이블 디자인] 탭에서 [빠른 스타일(▽)]-**황금색, 표 스타일 보통 19**를 선택해요.

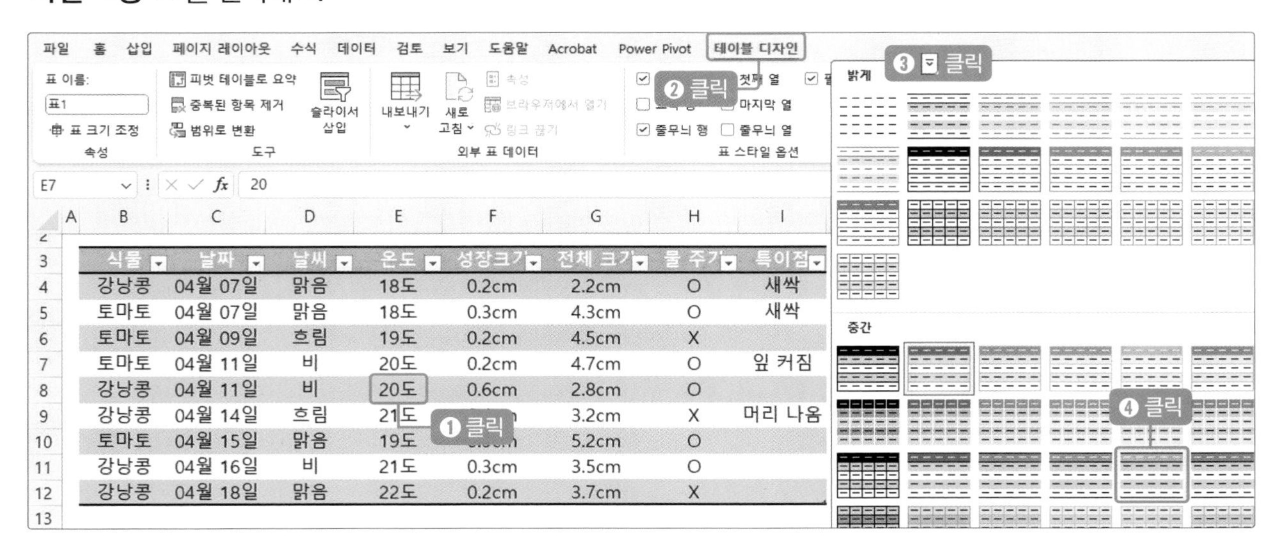

STEP 03 데이터 필터 및 정렬

1 ▸ 식물 중에서 **강남콩** 데이터만 확인하기 위해 **[B3]** 셀의 필터 단추(▼)를 클릭해요. 이어서, **토마토**의 체크를 해제한 후 <확인>을 클릭해요.

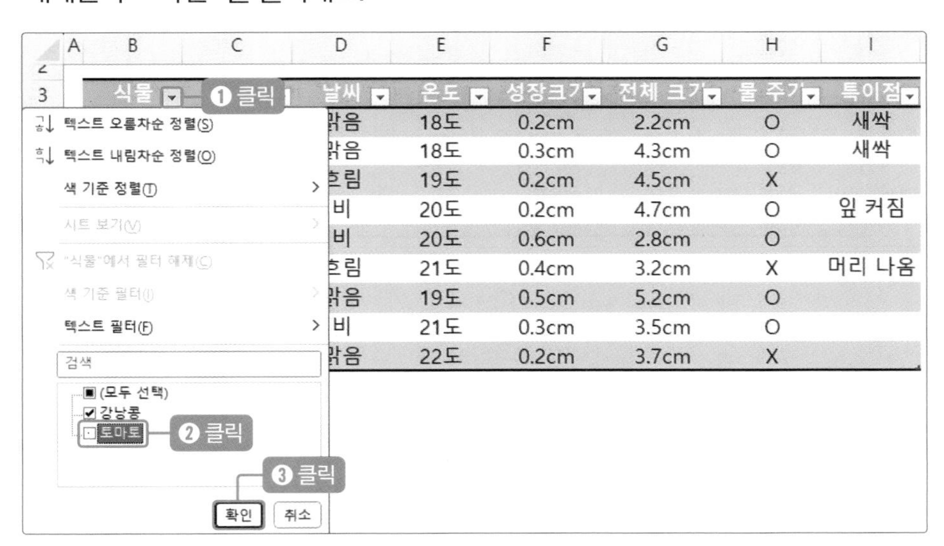

2 ▸ 필터가 적용되어 표에 강남콩만 표시되는 것을 확인해요.

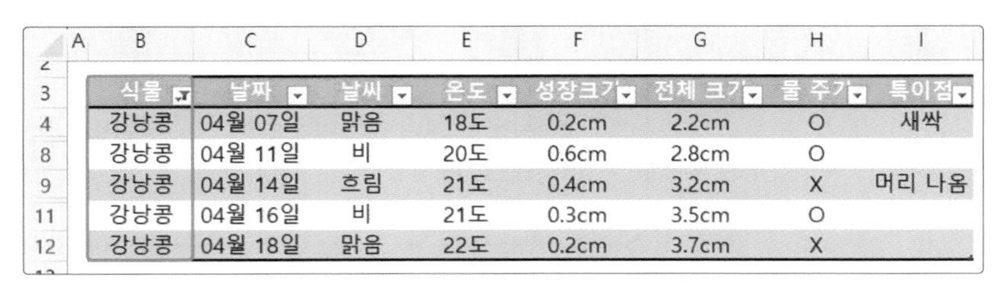

필터 적용

필터가 적용되면 필터 단추 모양(⊻)이 변경되고, 행 번호가 파란색으로 변경돼요.

3 ▸ 필터를 해제하기 위해 [B3] 셀의 필터 단추( )를 클릭한 후 **"식물"에서 필터 해제**를 선택해요.

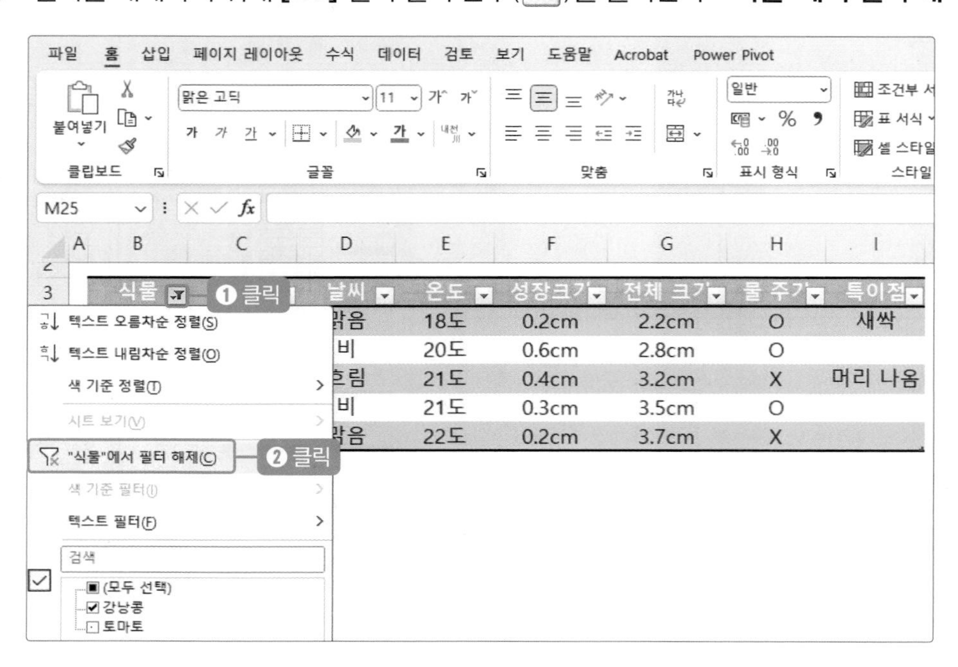

4 ▸ 최근 날짜가 먼저 나오도록 순서를 변경하기 위해 [C3] 셀의 필터 단추( )를 클릭한 후 **날짜/시간 내림차순 정렬**을 선택해요.

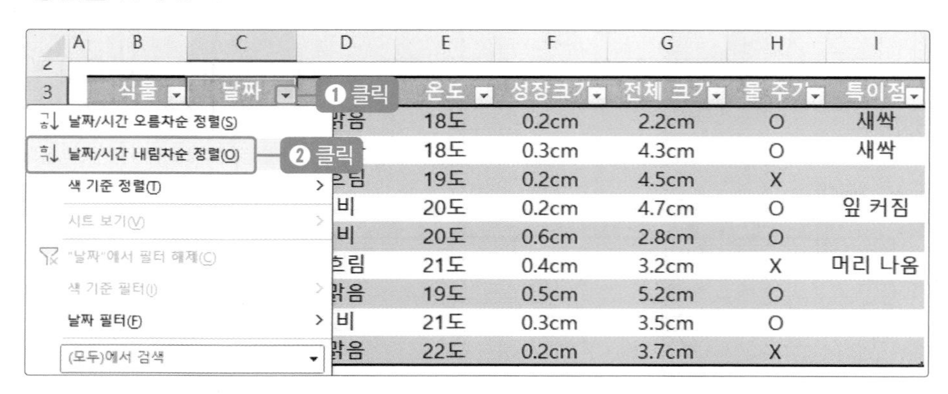

5 ▸ 날짜에 내림차순 정렬이 적용되어 최근 날짜가 맨 위에 표시되는 것을 확인해요.

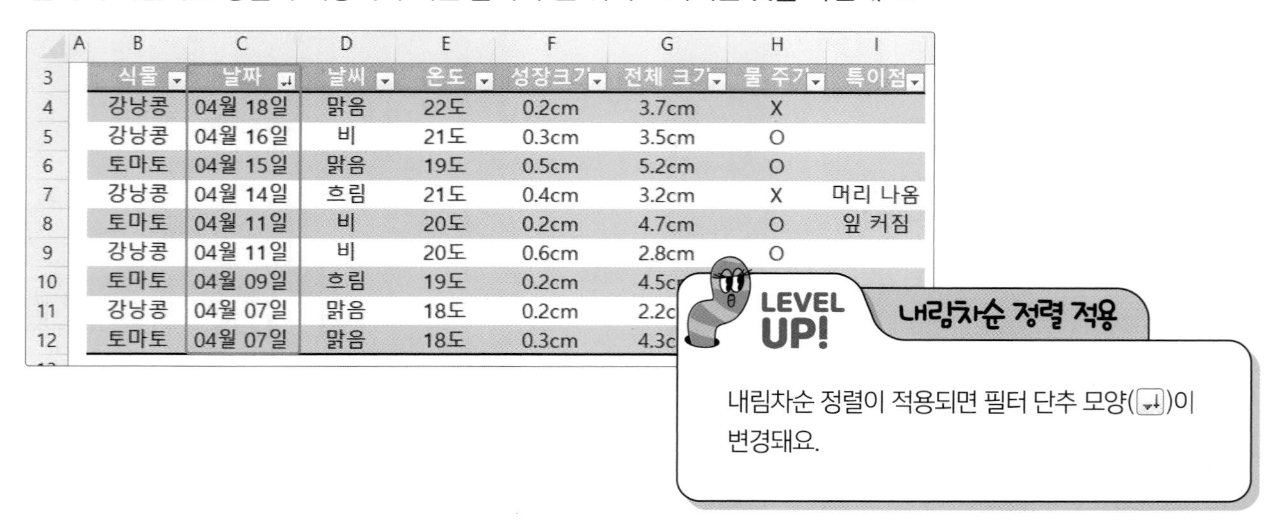

LEVEL UP! 내림차순 정렬 적용

내림차순 정렬이 적용되면 필터 단추 모양( )이 변경돼요.

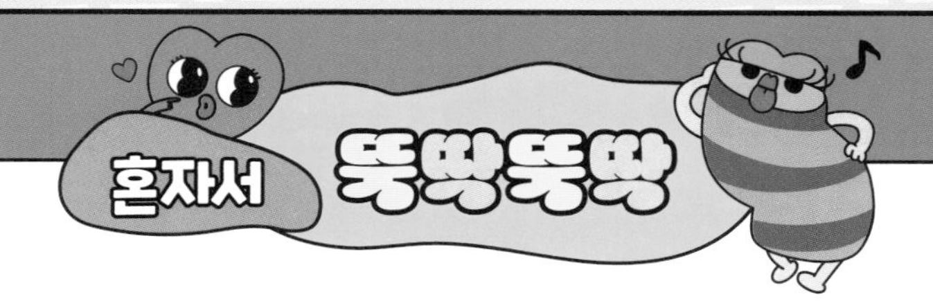

1 내친구(예제).xlsx 파일을 불러와 작성 조건에 맞게 시트를 완성해 보세요.

• 실습파일 : 내친구(예제).xlsx • 완성파일 : 내친구(완성).xlsx

내 친구를 알아봐요.

이름	생일	취미	좋아하는 음식	좋아하는 운동	좋아하는 유명인	장래희망
박서준	7월 8일	야구	치킨	야구	대통령	선생님
김시우	7월 24일	색칠하기	피자	배드민턴	방탄소년단	유튜버
이도윤	1월 25일	피아노	떡볶이	피구	도티	의사
윤시연	8월 11일	그림그리기	아이스크림	피구	펭수	선생님
박시윤	3월 9일	그림그리기	분식	축구	아이유	가수
우지윤	5월 5일	게임	치킨	인라인	김연아	프로게이머
홍예은	6월 7일	게임	햄버거	인라인	트와이스	변호사
이하준	12월 31일	책읽기	짜장면	태권도	펭수	경찰
박지아	11월 3일	색칠하기	파스타	배드민턴	펭수	요리사
김하윤	2월 15일	음악듣기	돈까스	축구	유재석	운동선수
최윤우	3월 2일	공부	치킨	축구	임영웅	연예인
박건우	9월 9일	책읽기	짜장면	야구	흔한남매	유튜버

작성 조건
- 표 만들기 : 머리글 포함, 표 스타일 지정
- [3:15] : 행 높이 변경
- [B4:B15] : 날짜 표시 형식 지정

2 정렬과 필터 기능을 이용하여 정답을 확인해 보세요.

- 정렬 : 생일 필터 단추를 이용하여 생일이 1월 달인 친구가 맨 위에 오도록 정렬을 지정해요.
- 필터 : '좋아하는 운동'이 '축구'이면서 '장래희망'이 '운동선수'인 친구는 몇 명이고 누구일까요?

정답 : [ ] 명, 이름 [ ]

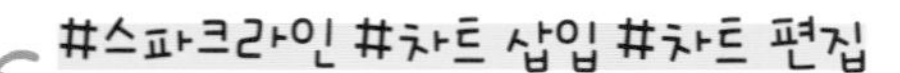

14 차트로 인기 있는 그리스 신화의 신 알아보기

학습목표

- 입력한 데이터로 스파크라인을 추가할 수 있어요.
- 입력한 데이터를 이용하여 차트를 삽입할 수 있어요.
- 차트의 구성 요소에 서식을 지정할 수 있어요.

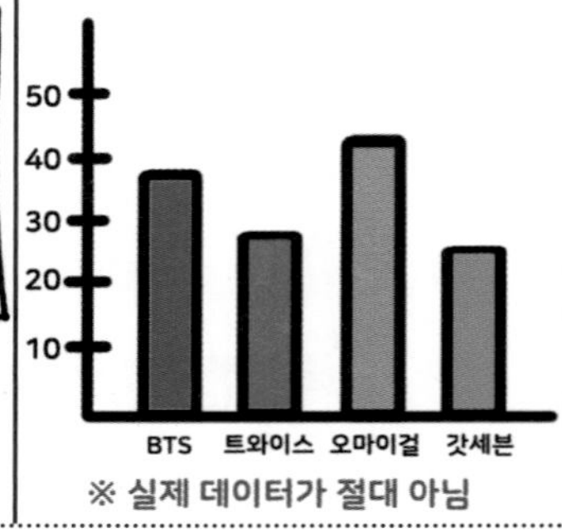

차트 차트(chart)는 표의 내용을 그림으로 나타낸 것으로 그래프(graph)라고도 해요. 표의 내용을 데이터로 사용하여 차트를 만들면 전체적인 내용을 한눈에 알아볼 수 있기 때문에 편리해요.

미리보기

실습파일 : 그리스신화(예제).xlsx 완성파일 : 그리스신화(완성).xlsx

학년	제우스	포세이돈	아테나	아프로디테	투표 분석
1학년	121	84	57	34	
2학년	108	111	68	59	
3학년	103	95	66	73	
4학년	109	103	72	68	
5학년	111	99	69	79	
6학년	127	94	80	73	

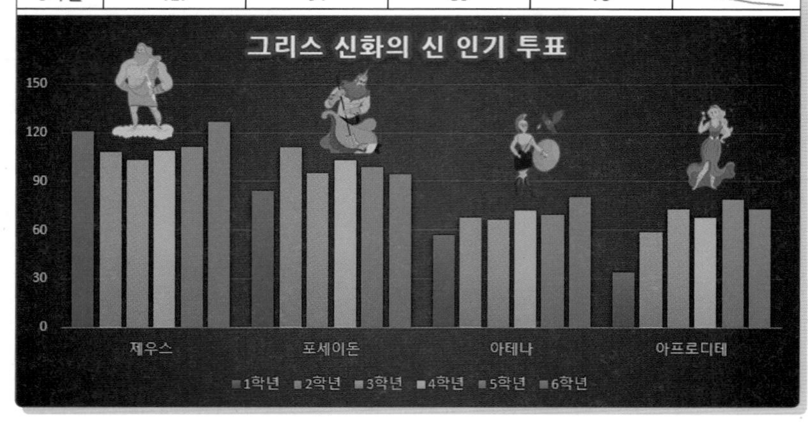

STEP 01 스파크라인 추가하기

1 ▸ **그리스신화(예제).xlsx** 파일을 불러와 스파크라인을 추가하기 위해 **[C4:F9]** 셀을 선택하고 [삽입] 탭에서 **[꺾은선형( )]**을 선택해요.

파일 홈 삽입 페이지 레이아웃 수식 데이터 검토 보기 도움말 Acrobat Power Pivot

❷ 클릭 ❸ 클릭 꺾은선형 열 승패(W) 스파크라인

C4 121

학년	제우스	포세이돈	아테나	아프로디테	투표 분석
1학년	121	84	57	34	
2학년	108	111	68	59	
3학년	103	95	[illegible]	73	
4학년	109	103	72	68	
5학년	111	99	69	79	
6학년	127	94	80	73	

❶ 드래그

2 ▸ [스파크라인 만들기] 대화상자가 나타나면 **[G4:G9]** 셀을 선택하고 <확인>을 클릭해요.

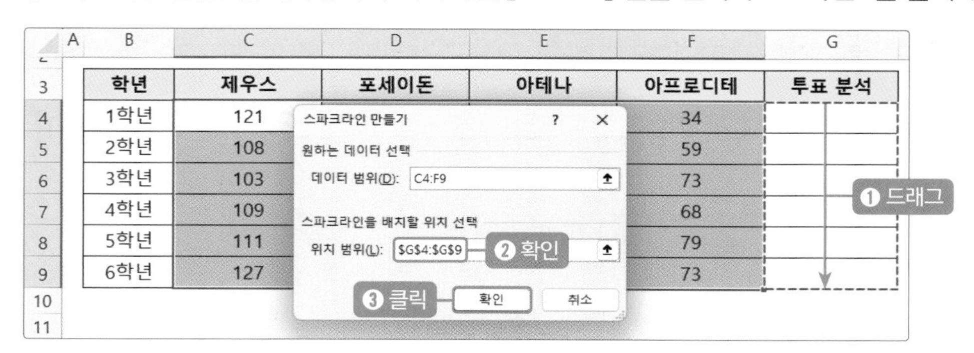

3 ▸ 행([C4:F4])에 대한 데이터 값을 기준으로 셀 안에 차트가 표시되는 것을 확인할 수 있어요.

학년	제우스	포세이돈	아테나	아프로디테	투표 분석
1학년	121	84	57	34	
2학년	108	111	68	59	
3학년	103	95	66	73	
4학년	109	103	72	68	
5학년	111	99	69	79	
6학년	127	94	80	73	

LEVEL UP! 스파크라인이란?

스파크라인은 워크시트 셀 안의 작은 차트로서, 데이터의 추세(계절 변화, 강수량 등)를 시각적으로 표현하는 데 사용돼요. 스파크라인을 삭제하려면 스파크라인이 삽입된 셀을 블록으로 지정하고 [스파크라인] 탭-[그룹] 그룹-[지우기]를 선택해요.

STEP 02 차트 삽입하고 서식 지정하기

1 ▸ 차트를 만들기 위해 **[B3:F9]** 셀을 선택하고 [삽입] 탭에서 [세로 또는 가로 막대형 차트 삽입( )]-**묶은 세로 막대형**을 선택해요.

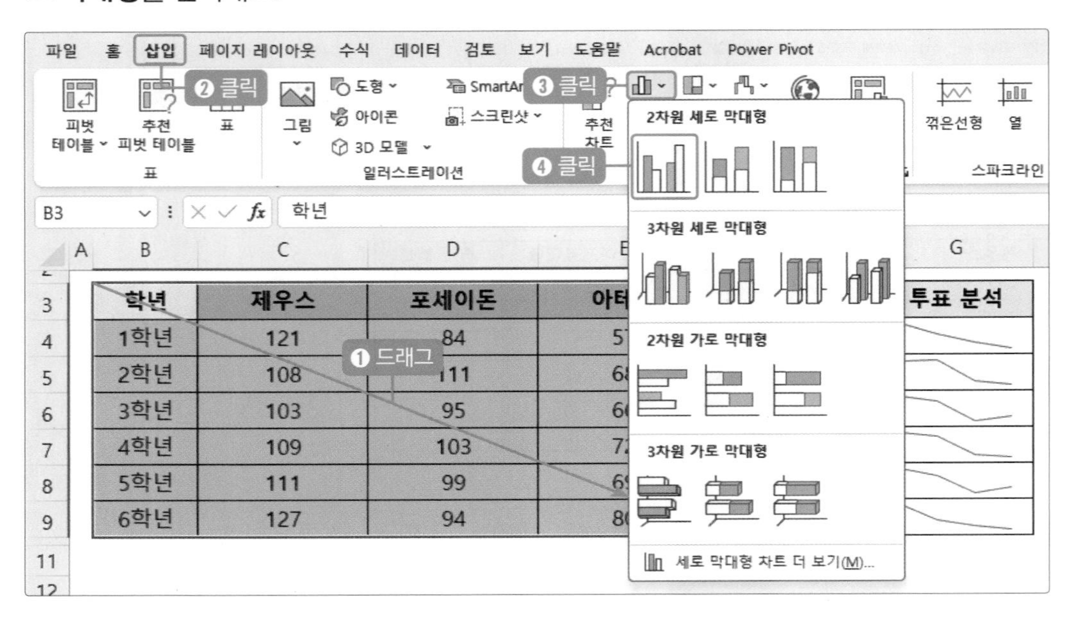

2 ▸ 차트가 삽입되면 Alt를 누른 채 **[B11]** 셀로 이동시킨 후 조절점을 드래그하여 **[G25]** 셀에 맞춰 크기를 변경해요.

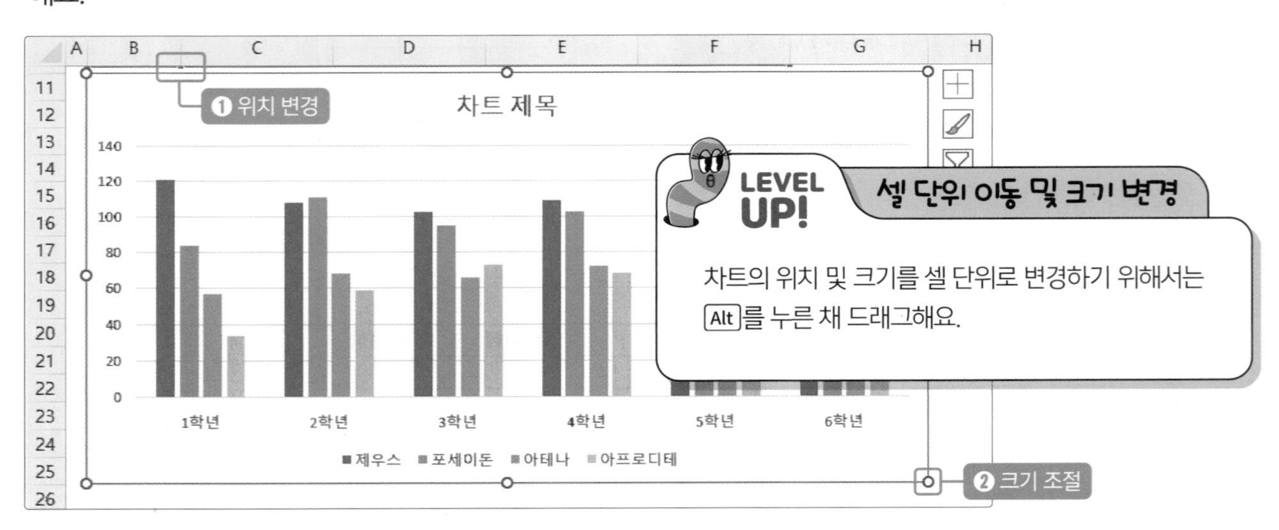

LEVEL UP! **셀 단위 이동 및 크기 변경**

차트의 위치 및 크기를 셀 단위로 변경하기 위해서는 Alt를 누른 채 드래그해요.

3 ▸ 차트의 행/열을 전환하기 위해 차트를 선택하고 [차트 디자인] 탭에서 **[행/열 전환( )]**을 선택해요.

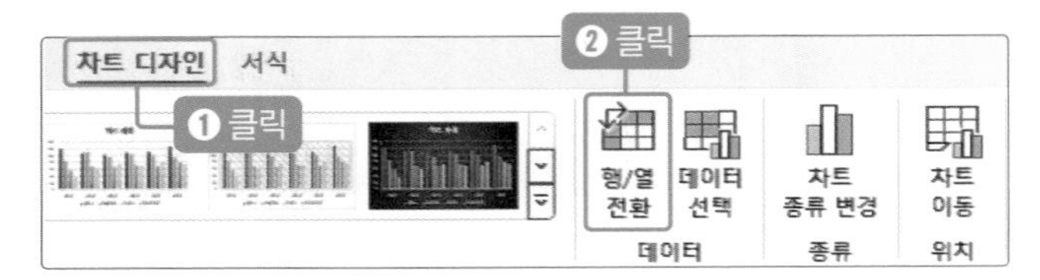

4 ▸ 차트 스타일을 변경하기 위해 차트를 선택하고 [차트 디자인] 탭에서 [빠른 스타일( )]-**스타일 8**을 선택해요.

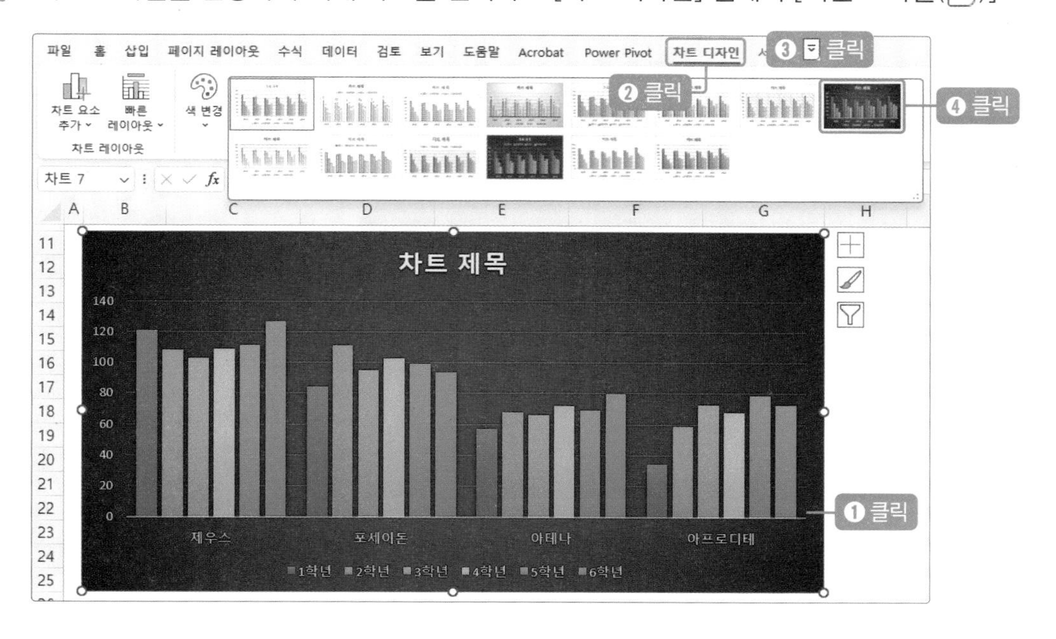

5 ▸ 차트가 선택되어 있는 상태에서 차트 제목을 클릭한 후 **차트 제목**을 드래그해요.

6 ▸ **그리스 신화의 신 인기 투표**를 입력하고 Esc를 누른 후 [홈] 탭에서 글꼴을 **나눔고딕 ExtraBold**로 지정해요.

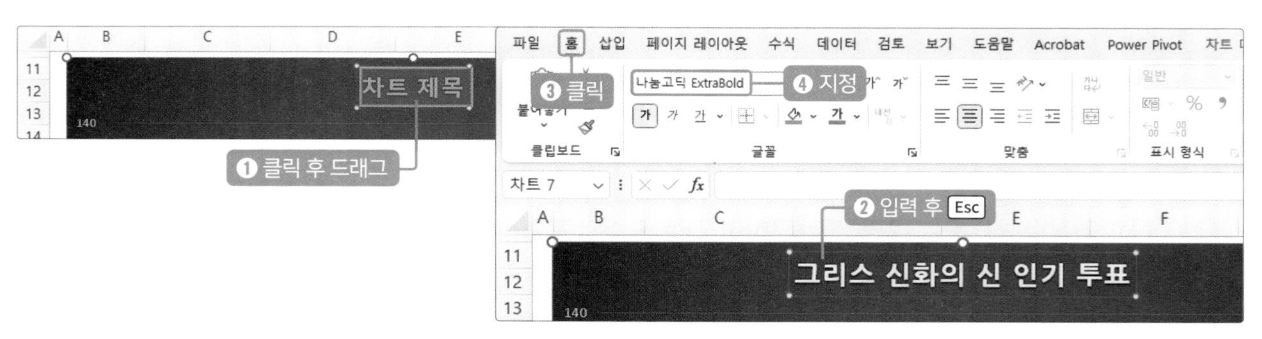

7 ▸ 차트 제목에 서식을 지정하기 위해 차트 제목의 테두리를 더블클릭해요. [차트 제목 서식] 작업 창이 나타나면 [텍스트 옵션] 탭-[텍스트 효과( )]-[네온]-[미리설정]에서 **네온: 11pt, 파랑, 강조색 5**를 선택해요.

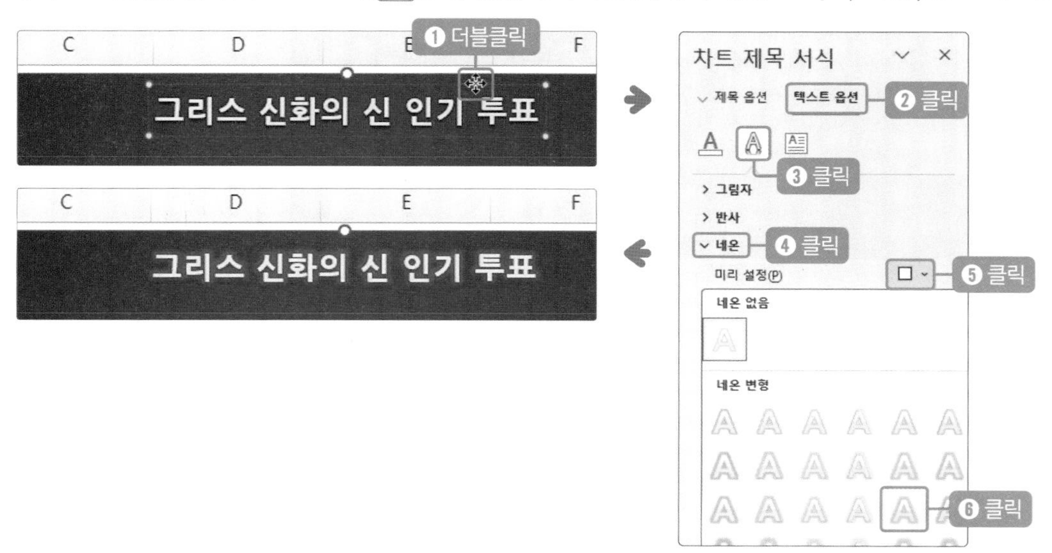

8 ▸ 차트의 세로 (값) 축을 선택하고 [축 서식] 작업 창에서 [축 옵션] 탭-[축 옵션( )]-[축 옵션]에서 '단위'-'기본'을 **30**으로 지정해요.

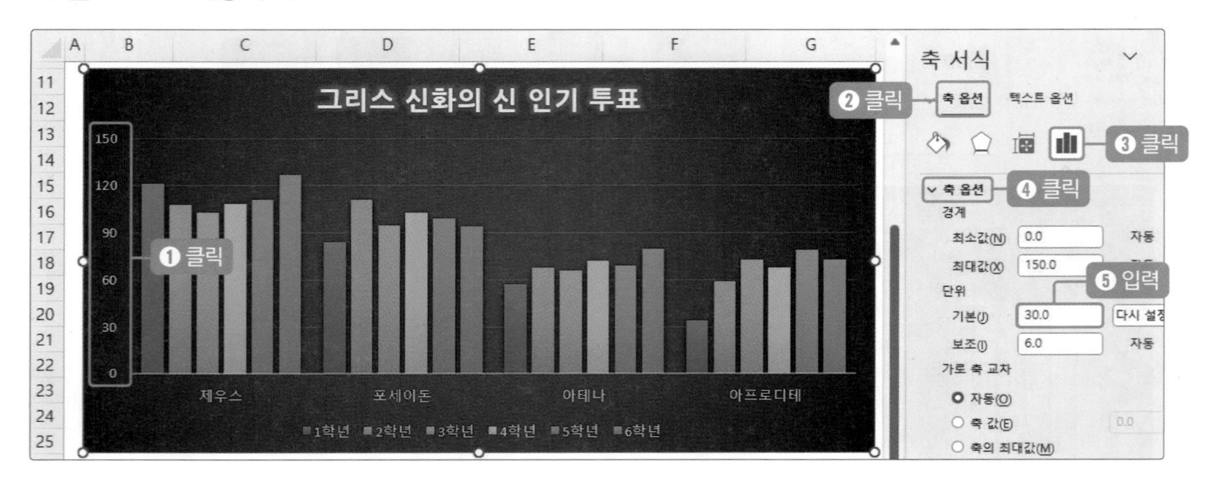

9 ▸ 차트 위에 그림을 배치하기 위해 [서식] 탭에서 [뒤로 보내기]-**맨 뒤로 보내기**를 선택해요.

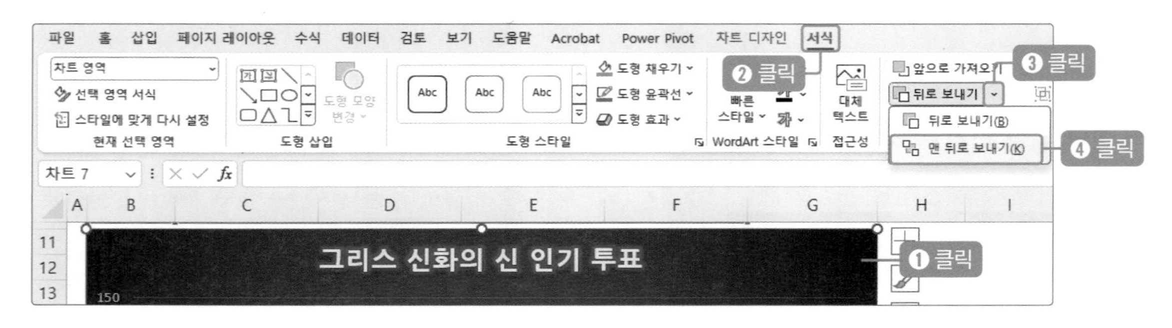

10 ▸ **[1]** 행에 있는 신들의 그림을 드래그하여 가로 (항목) 축 이름에 맞게 배치해요.

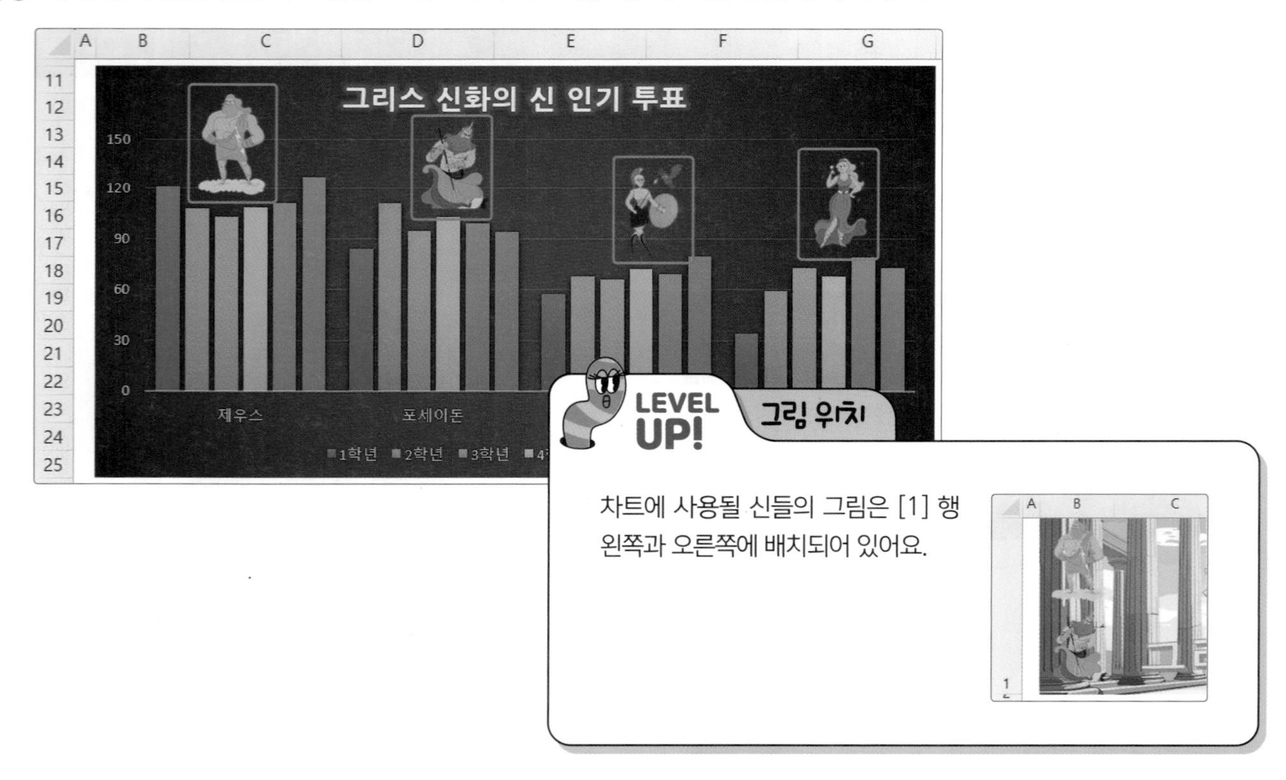

차트에 사용될 신들의 그림은 [1] 행 왼쪽과 오른쪽에 배치되어 있어요.

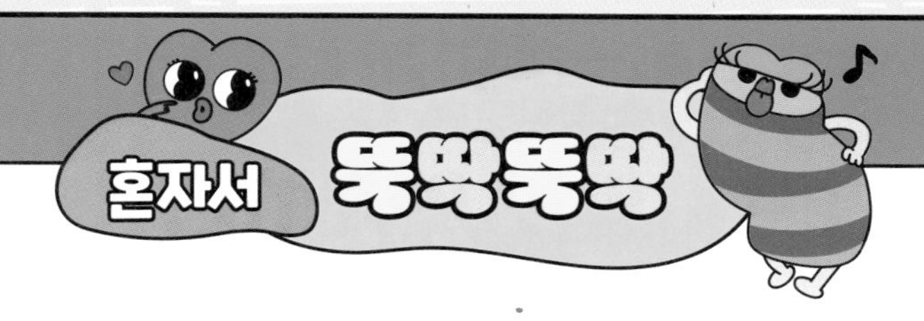

1 타자연습(예제).xlsx 파일을 불러와 작성 조건에 맞게 차트를 만들어 보세요.

• 실습파일 : 타자연습(예제).xlsx • **완성파일** : 타자연습(완성).xlsx

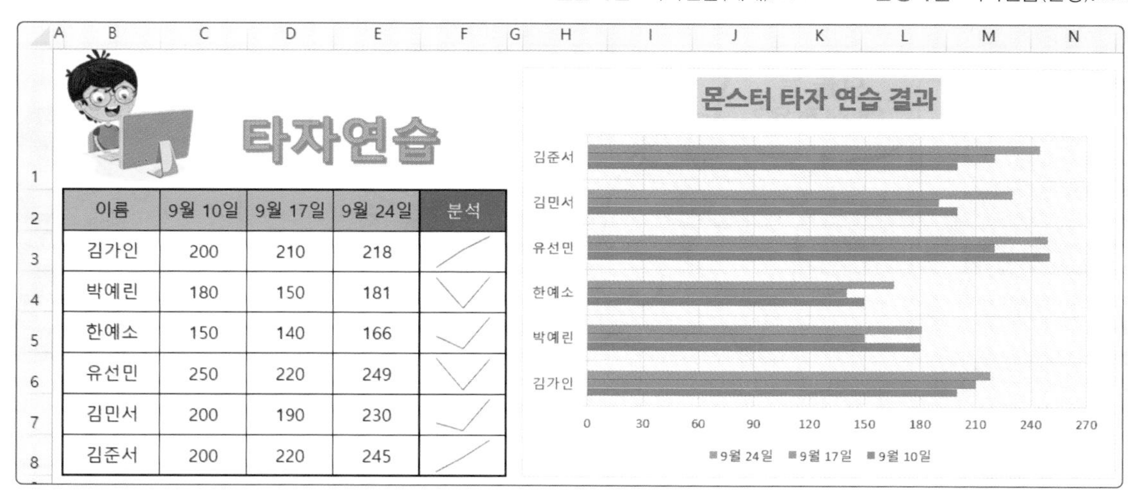

이름	9월 10일	9월 17일	9월 24일	분석
김가인	200	210	218	
박예린	180	150	181	
한예소	150	140	166	
유선민	250	220	249	
김민서	200	190	230	
김준서	200	220	245	

작성 조건

- 스파크라인 : '꺾은선형' 스파크라인을 [F3:F8] 셀에 삽입
- 차트
  - [B2:E8] 영역을 이용해 '묶은 가로 막대형' 차트 삽입, 차트 위치([H1:N8])
  - 차트 스타일 : 스타일 6
  - 차트 제목 : 글꼴 변경, 채우기-단색 채우기
  - 축 서식 : 단위-기본(30)

2 가수순위(예제).xlsx 파일을 불러와 작성 조건에 맞게 차트를 만들어 보세요.

• 실습파일 : 가수순위(예제).xlsx • **완성파일** : 가수순위(완성).xlsx

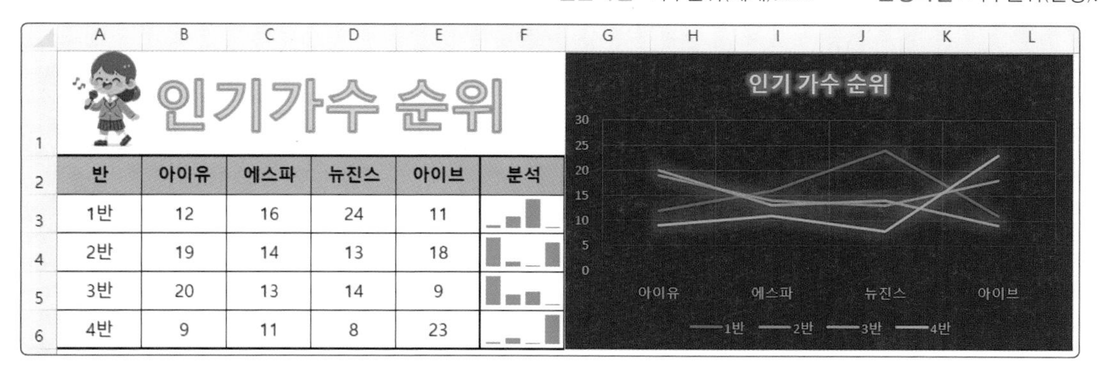

반	아이유	에스파	뉴진스	아이브	분석
1반	12	16	24	11	
2반	19	14	13	18	
3반	20	13	14	9	
4반	9	11	8	23	

작성 조건

- 스파크라인 : '열' 스파크라인을 [F3:F6] 셀에 삽입, 스파크라인 색(주황, 강조 2)
- 차트
  - [A2:E6] 영역을 이용해 '꺾은선형' 차트 삽입, 차트 위치([G1:L6])
  - 차트 스타일 : 스타일 9
  - 차트 제목 : [서식] 탭-[텍스트 효과]-[네온]
  - 범례 : 범례 위치-아래쪽

#예측 시트 #차트 이동

예측 시트로 미래의 내 키 예상하기

- 규칙적으로 바뀌는 데이터를 이용하여 예측 시트를 만들 수 있어요.
- 차트를 다른 워크시트로 이동할 수 있어요.
- 차트 스타일과 서식을 변경할 수 있어요.

예측 시트

엑셀에서는 예측 시트를 이용하여 미래의 값을 예측해 볼 수 있어요. 규칙적인 날짜나 시간 데이터만 있다면 해당 데이터를 기반으로 예측한 값을 추출하여 새로운 시트에 표와 차트로 보여줘요.

미리보기

실습파일 : 키 예측(예제).xlsx 완성파일 : 키 예측(완성).xlsx

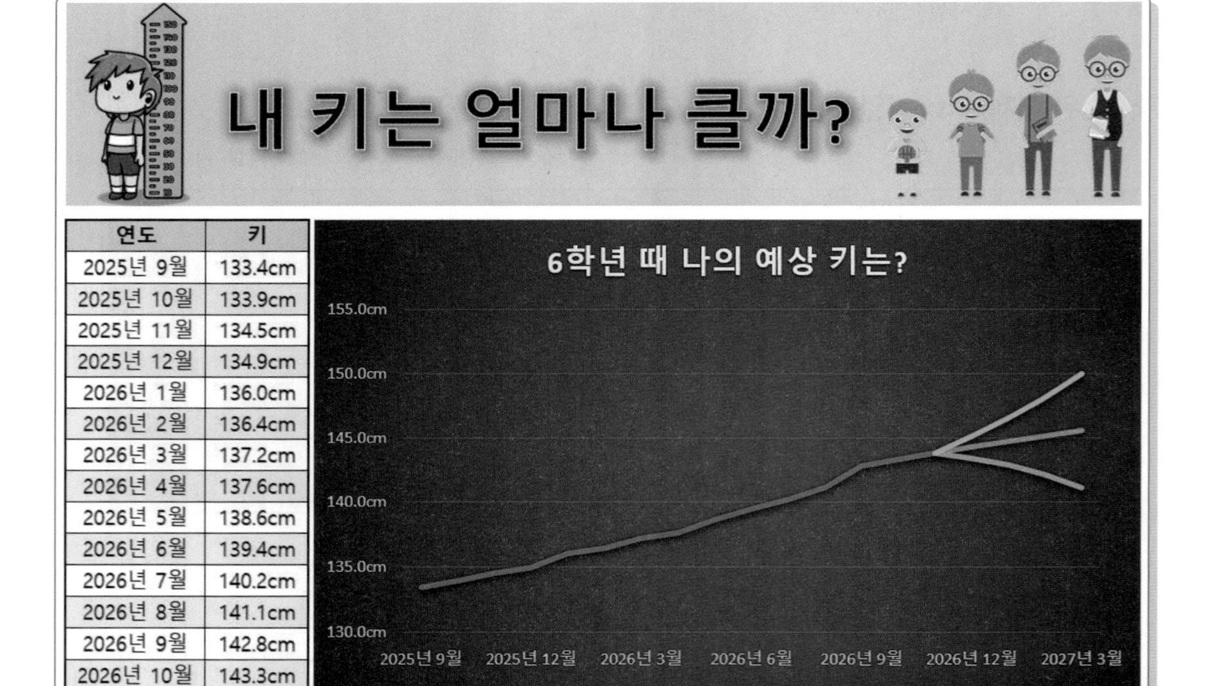

연도	키
2025년 9월	133.4cm
2025년 10월	133.9cm
2025년 11월	134.5cm
2025년 12월	134.9cm
2026년 1월	136.0cm
2026년 2월	136.4cm
2026년 3월	137.2cm
2026년 4월	137.6cm
2026년 5월	138.6cm
2026년 6월	139.4cm
2026년 7월	140.2cm
2026년 8월	141.1cm
2026년 9월	142.8cm
2026년 10월	143.3cm
2026년 11월	143.8cm

STEP 01 표시 형식 지정 후 데이터 입력하기

1 ▸ **키 예측(예제)**.xlsx 파일을 불러와 [B5:B19] 셀을 선택하고 Ctrl+1을 눌러요.

2 ▸ [셀 서식] 대화상자가 나타나면 [표시 형식] 탭-[날짜]에서 **2012년 3월**를 선택하고 <확인>을 클릭해요.

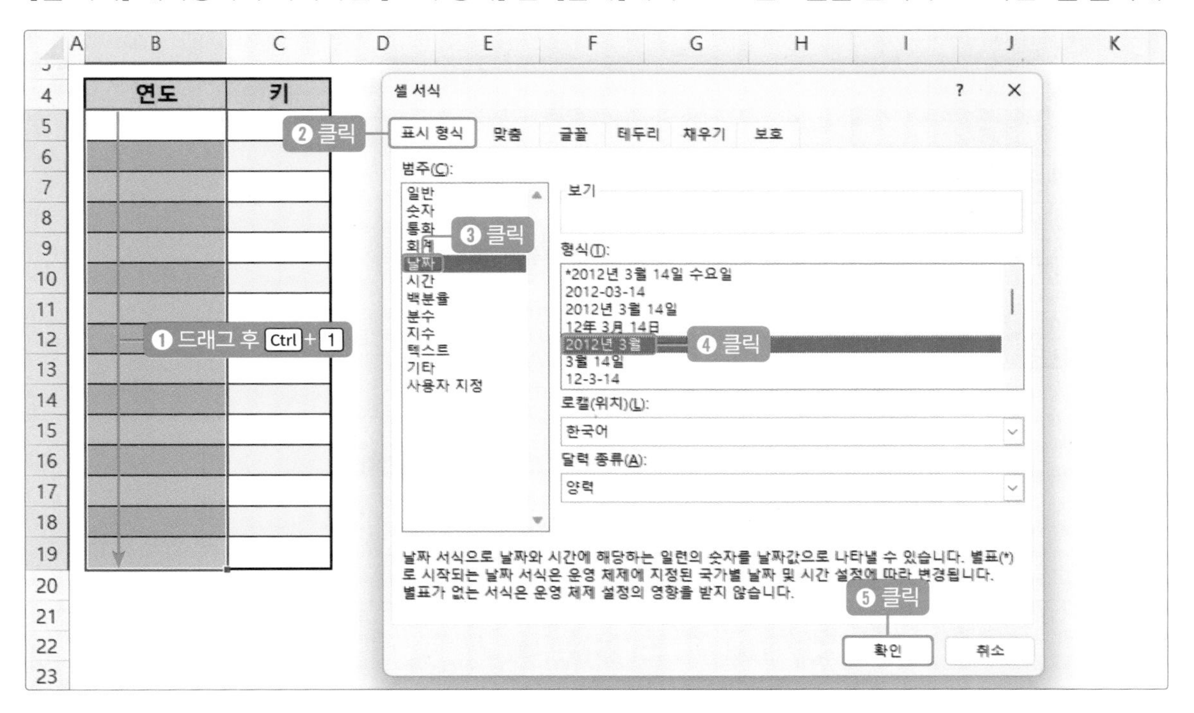

3 ▸ [B5:C19] 셀에 데이터를 입력해요.

연도	키
2025년 9월	133.4
2025년 10월	133.9
2025년 11월	134.5
2025년 12월	134.9
2026년 1월	136
2026년 2월	136.4
2026년 3월	137.2
2026년 4월	137.6
2026년 5월	138.6
2026년 6월	139.4
2026년 7월	140.2
2026년 8월	141.1
2026년 9월	142.8
2026년 10월	143.3
2026년 11월	143.8

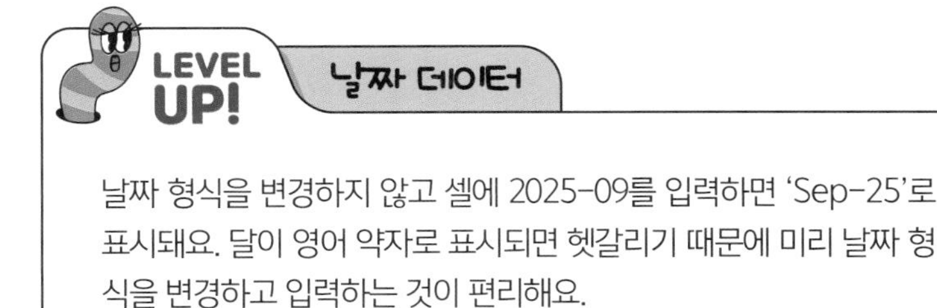

LEVEL UP! 날짜 데이터

날짜 형식을 변경하지 않고 셀에 2025-09를 입력하면 'Sep-25'로 표시돼요. 달이 영어 약자로 표시되면 헷갈리기 때문에 미리 날짜 형식을 변경하고 입력하는 것이 편리해요.

4 ▸ 숫자 뒤에 글자를 표시하기 위해 **[C5:C19]** 셀을 선택하고 Ctrl+1을 눌러요.

5 ▸ [셀 서식] 대화상자가 나타나면 [표시 형식] 탭-[사용자 지정]에서 **#.0"cm"**를 입력하고 <확인>을 클릭해요.

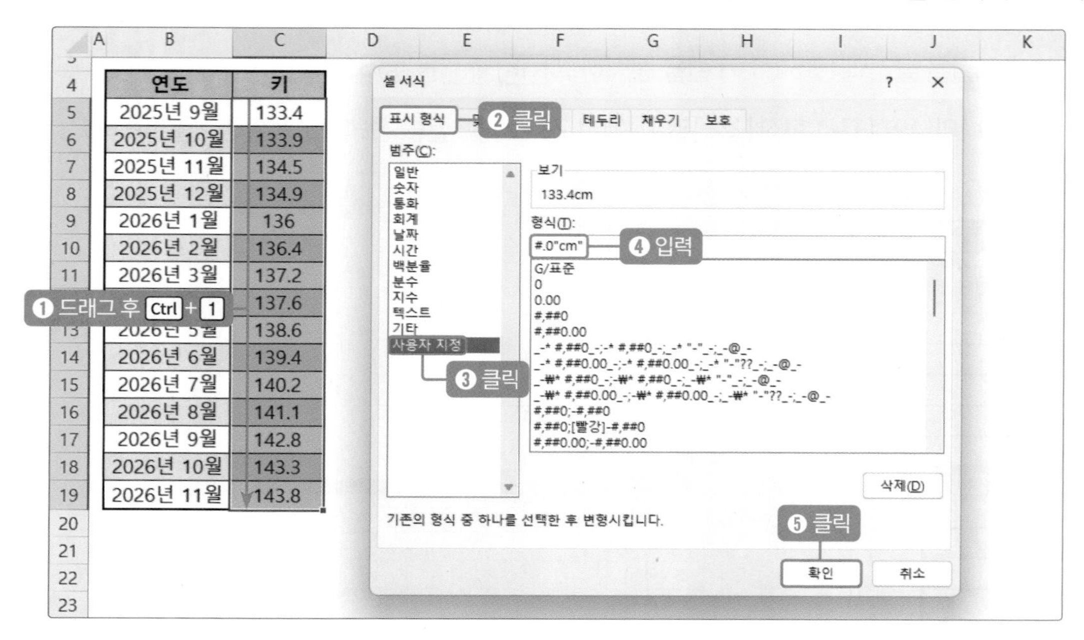

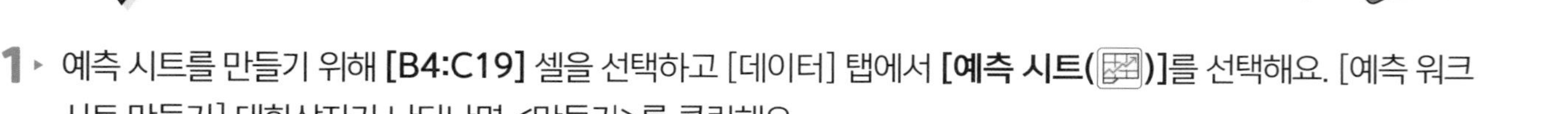

STEP 02 예측 시트 만들고 차트 이동하기

1 ▸ 예측 시트를 만들기 위해 **[B4:C19]** 셀을 선택하고 [데이터] 탭에서 **[예측 시트]**를 선택해요. [예측 워크시트 만들기] 대화상자가 나타나면 <만들기>를 클릭해요.

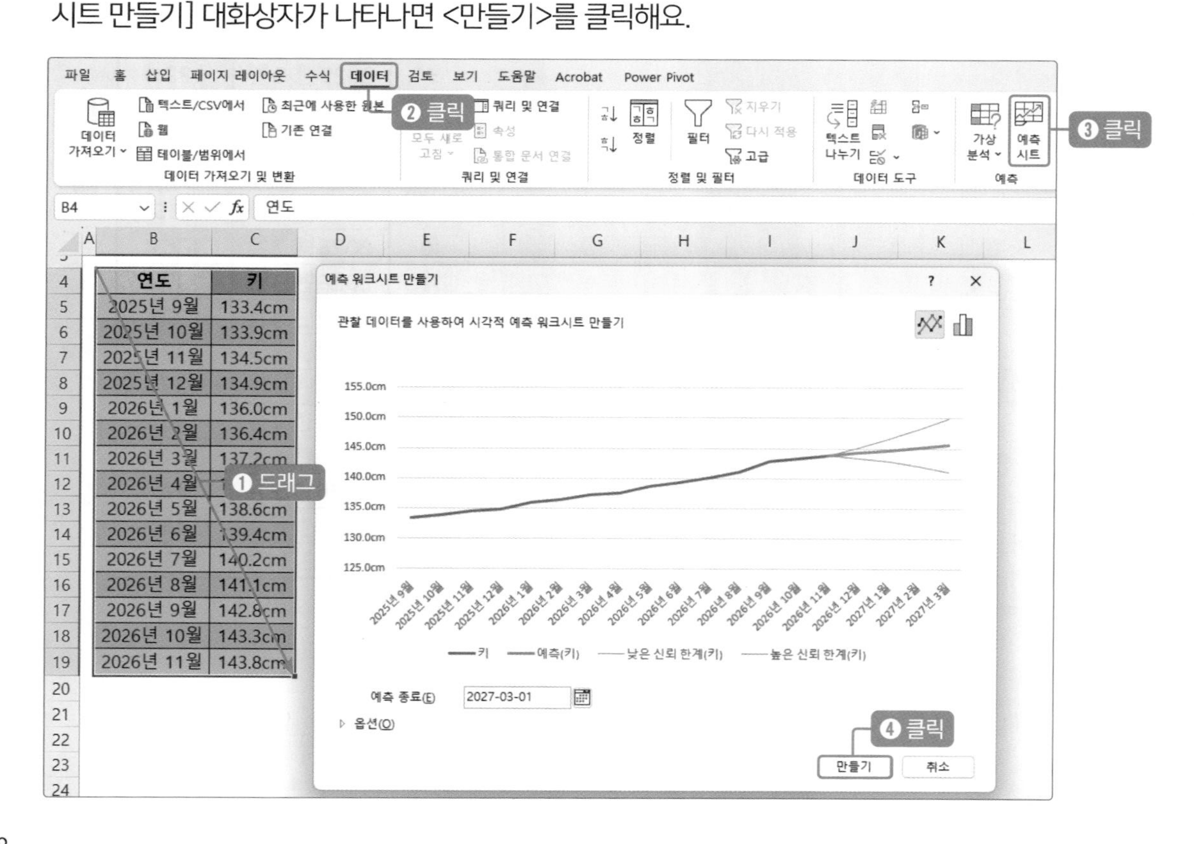

2 ▸ [Sheet2] 시트에 예측 자료와 차트가 추가되면 차트를 이동하기 위해 차트를 선택하고 [차트 디자인] 탭에서 **[차트 이동( )]**을 선택해요.

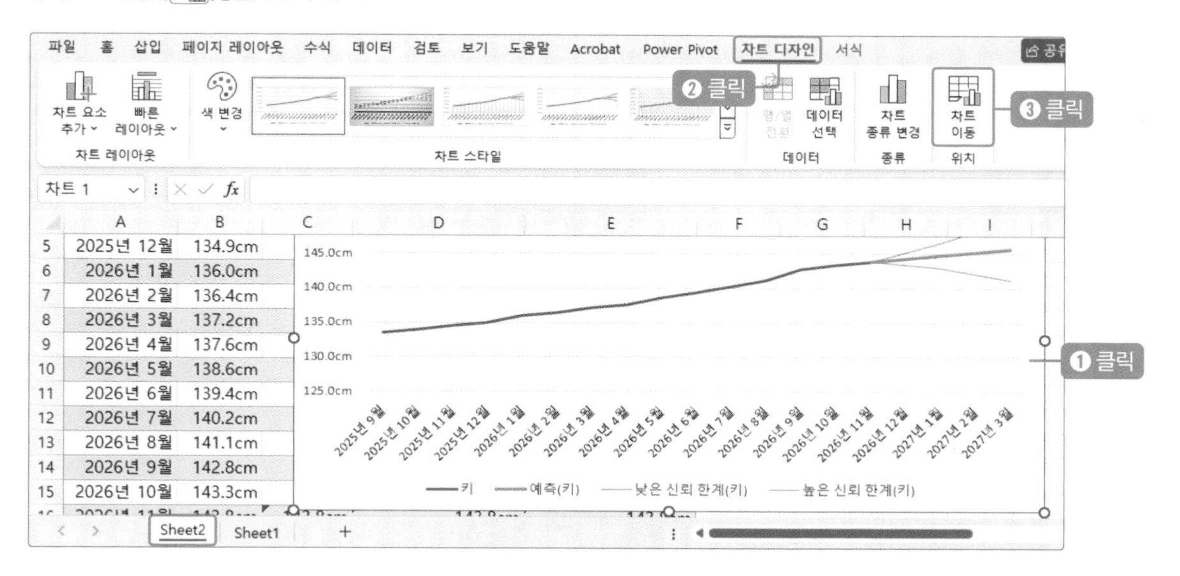

3 ▸ [차트 이동] 대화상자가 나타나면 '워크시트에 삽입' 항목에서 **Sheet1**을 선택하고 <확인>을 클릭해요.

4 ▸ 차트가 [Sheet1]로 이동되면 **[D4]** 셀로 이동시킨 후 조절점을 드래그하여 **[K19]** 셀에 맞춰 크기를 변경해요.

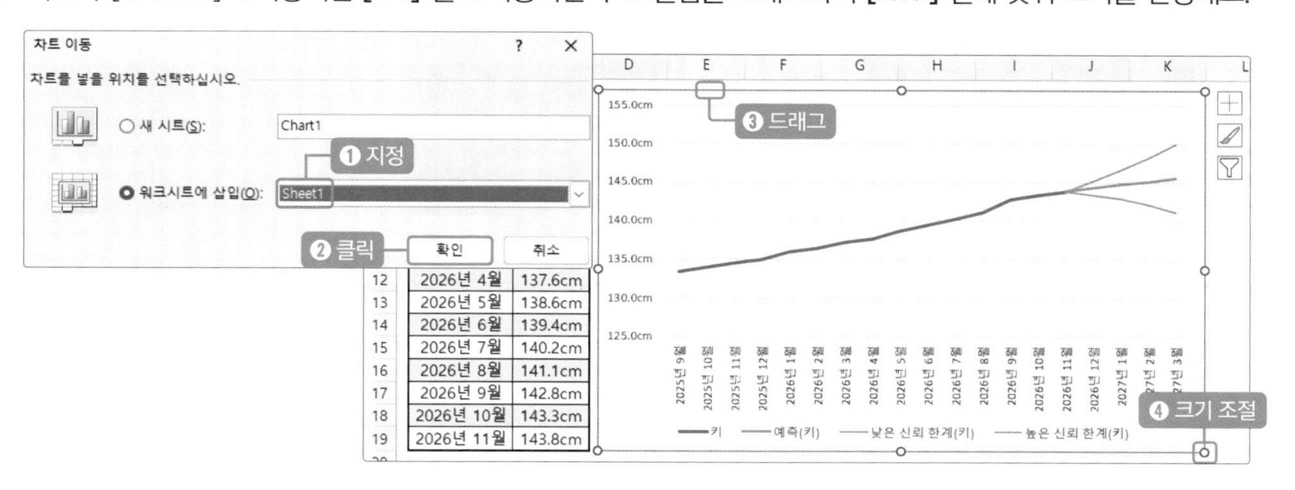

5 ▸ 차트 스타일을 변경하기 위해 차트를 선택하고 [차트 디자인] 탭에서 [빠른 스타일( )]-**스타일 6**을 선택해요.

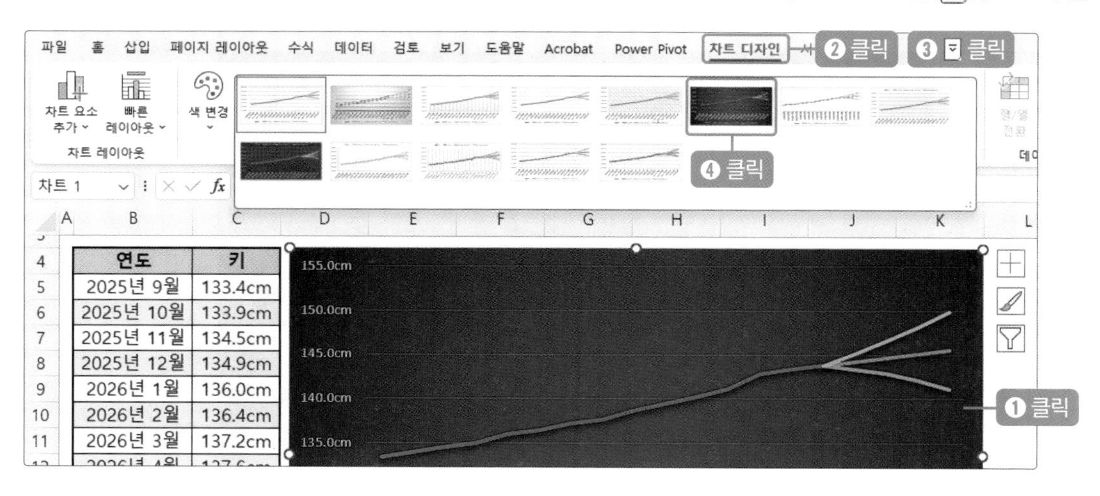

6 ▸ 차트의 **세로 (값) 축**을 더블클릭한 후 [축 서식] 작업 창에서 [축 옵션] 탭-[축 옵션( )]-[축 옵션]에서 '최소값'을 130으로 지정해요. 이번에는 **가로 (항목) 축**을 선택한 후 [레이블]에서 **간격 단위 지정**을 3으로 변경해요.

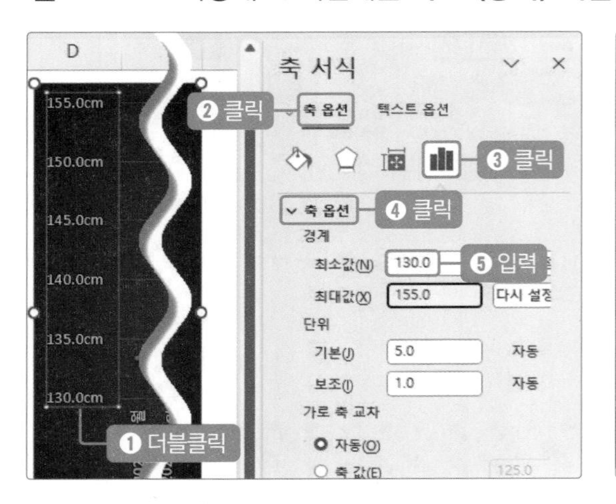

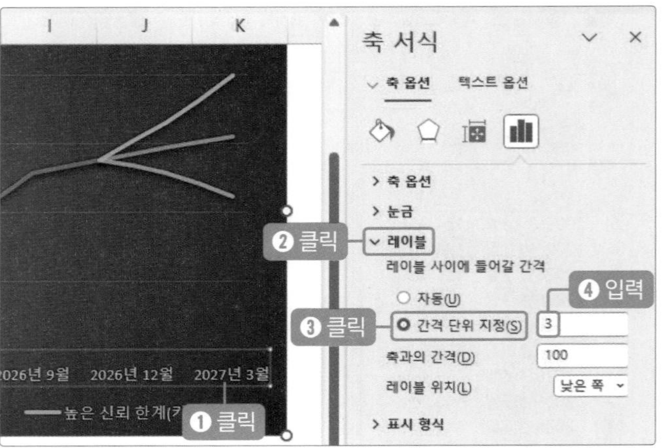

7 ▸ 차트 제목을 추가하기 위해 차트를 선택한 후 [차트 요소( )]를 클릭하고 **차트 제목**을 체크해요.

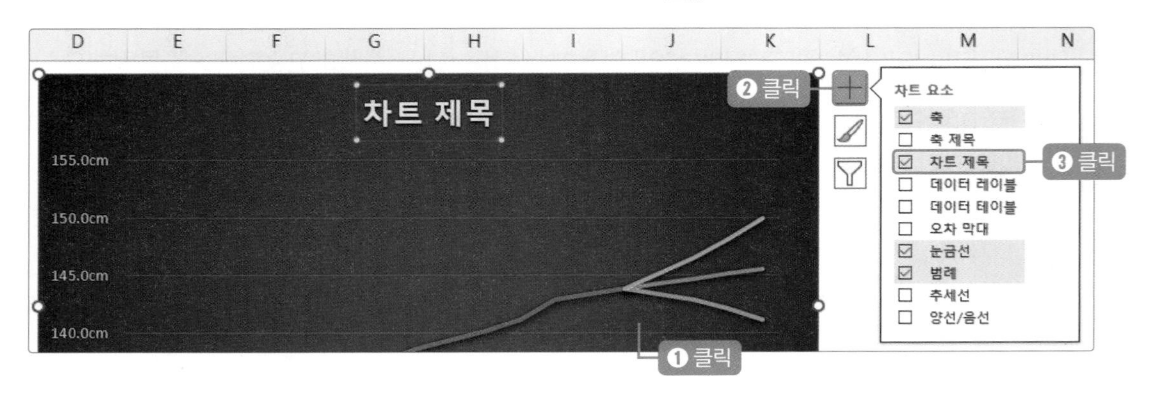

8 ▸ 차트 제목을 드래그하여 **6학년 때 나의 예상 키는?**을 입력하고 2027년에는 키가 얼마나 커지는지 예측값을 확인해 보세요.

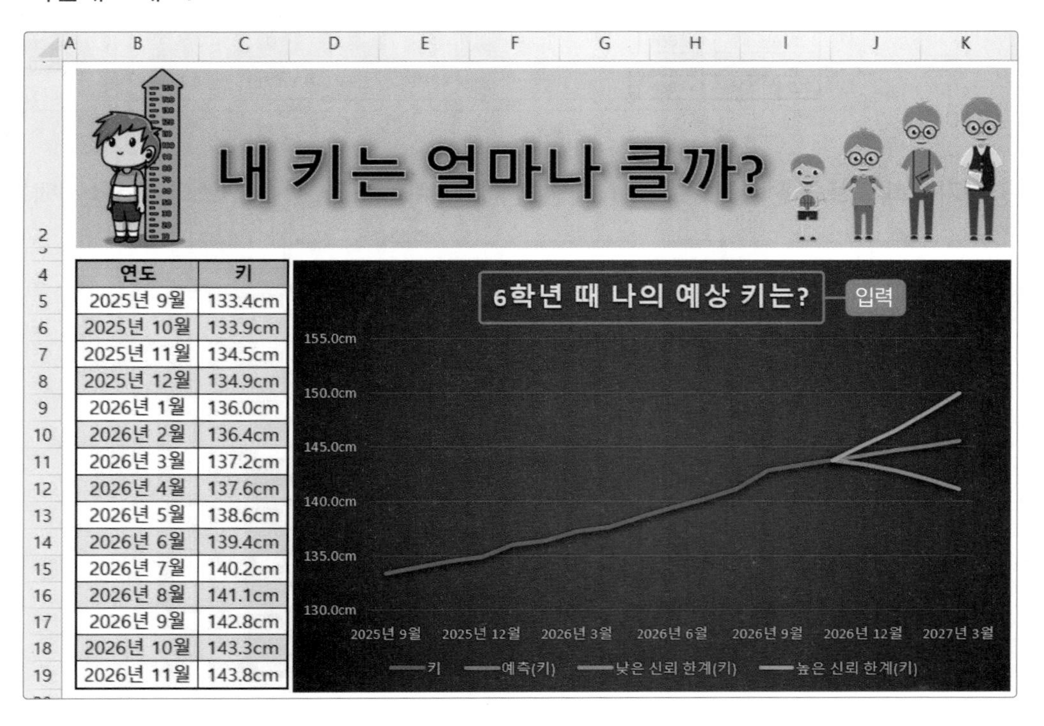

연도	키
2025년 9월	133.4cm
2025년 10월	133.9cm
2025년 11월	134.5cm
2025년 12월	134.9cm
2026년 1월	136.0cm
2026년 2월	136.4cm
2026년 3월	137.2cm
2026년 4월	137.6cm
2026년 5월	138.6cm
2026년 6월	139.4cm
2026년 7월	140.2cm
2026년 8월	141.1cm
2026년 9월	142.8cm
2026년 10월	143.3cm
2026년 11월	143.8cm

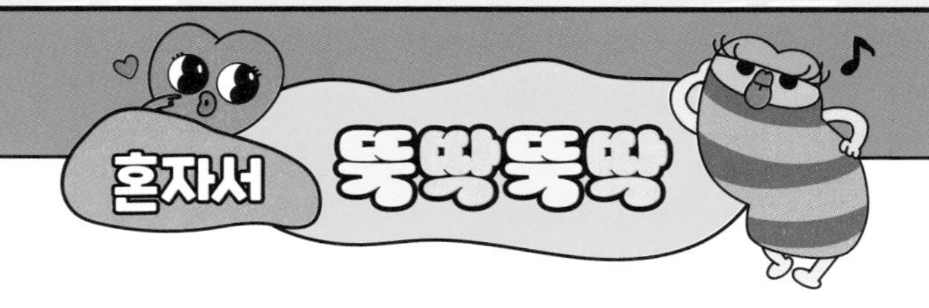

1 점수 예측(예제).xlsx 파일을 불러와 작성 조건에 맞게 예측 시트를 작성해 보세요.

• 실습파일 : 점수 예측(예제).xlsx • 완성파일 : 점수 예측(완성).xlsx

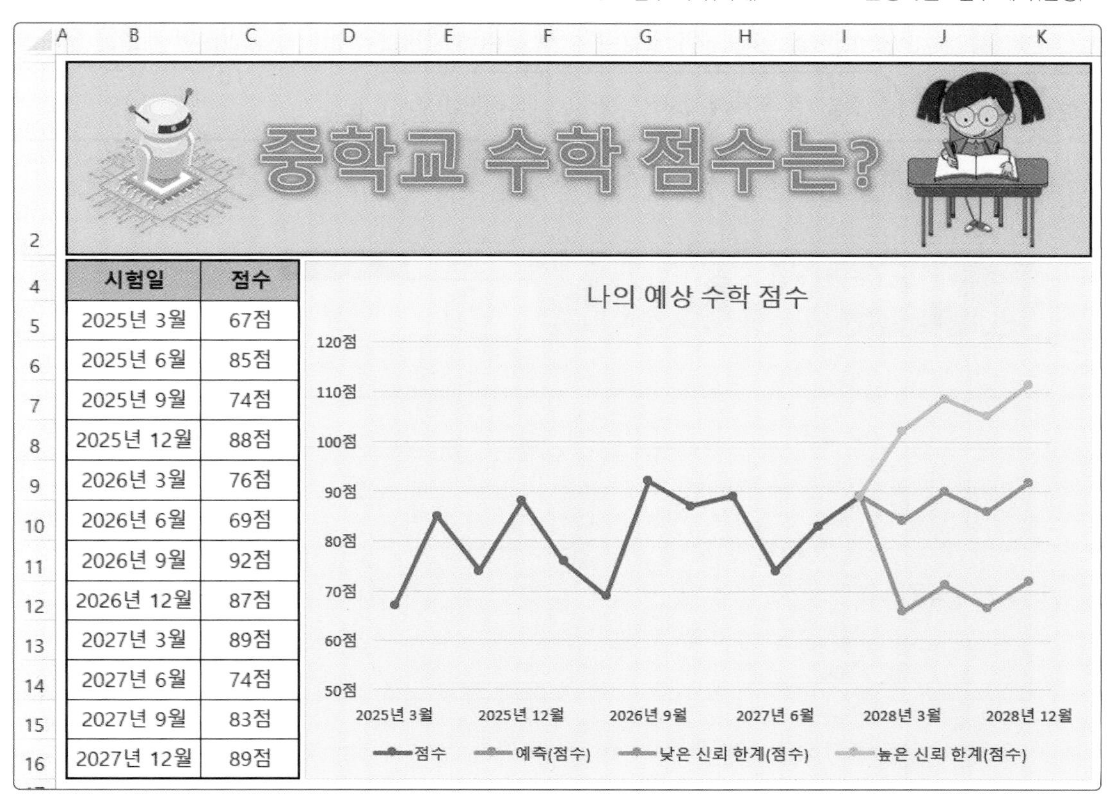

시험일	점수
2025년 3월	67점
2025년 6월	85점
2025년 9월	74점
2025년 12월	88점
2026년 3월	76점
2026년 6월	69점
2026년 9월	92점
2026년 12월	87점
2027년 3월	89점
2027년 6월	74점
2027년 9월	83점
2027년 12월	89점

작성 조건

- [B5:C16] : 표시 형식 지정 후 데이터 입력
  - [B5:B16] : 날짜, [C5:C16] : #"점"
- 예측 시트 삽입 : 차트를 [Sheet1]로 이동시킨 후 [D4:K16]에 배치
- 차트 서식 : 차트 스타일 변경, 차트 제목 추가, 세로 (값) 축의 최소값 및 최대값 변경, 가로 (항목) 축의 간격 단위 지정 변경(3), 차트 배경을 단색으로 채우기([서식] 탭-[도형 채우기])

대결 오목 게임!

☆ 오늘은 오목이라는 재미있는 게임을 한 번 해 볼까요? 오목은 다섯 개의 바둑돌이 가로, 세로, 대각선으로 위치하면 이기는 게임이에요. 친구의 바둑돌이 다섯 개가 되지 못하게 방어하고, 내 바둑돌이 나란히 다섯 개가 놓일 수 있도록 해 보세요. 게임 방법은 아주 쉽지만 게임에 이기기 위해서는 전략을 잘 세워야 한답니다. 자 그러면 바둑판과 바둑돌을 만들어 게임을 즐겨볼까요?

미리보기

실습파일 : 오목(예제).xlsx 완성파일 : 오목(완성).xlsx

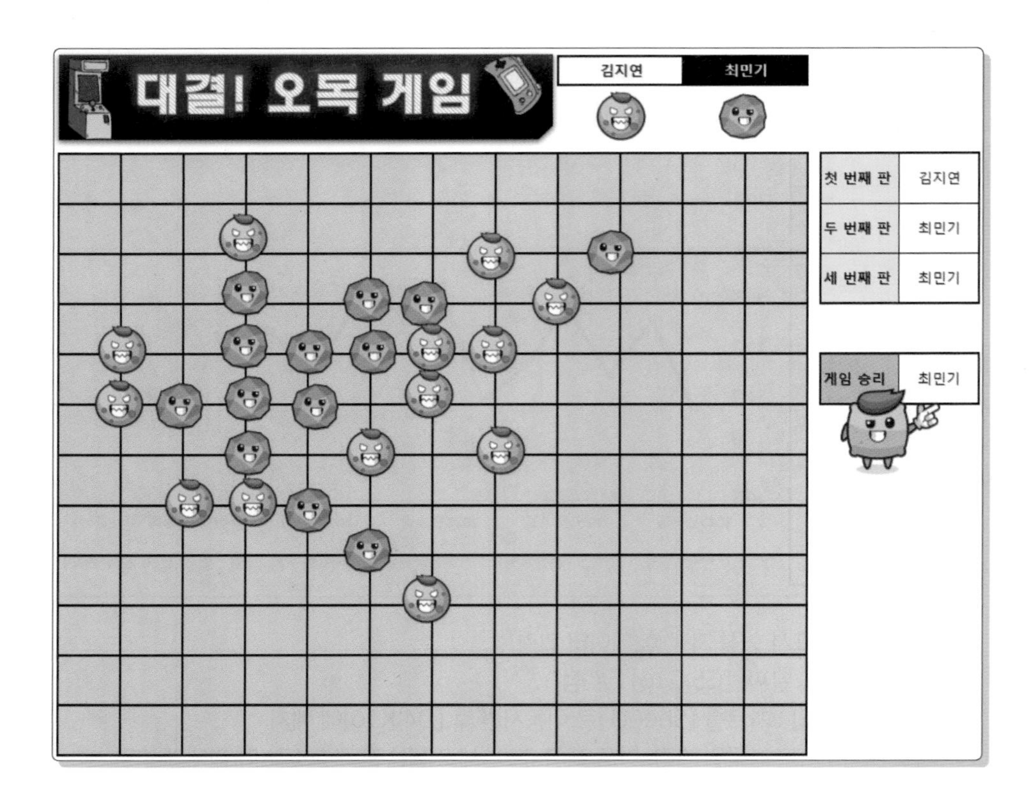

놀이 인원 개인전

놀이 시간 20분

놀이 방법

1. 바둑돌 위에 이름을 입력해요.
2. 시작은 Ctrl을 누른 채 흑돌을 드래그하여 원하는 위치에 두어요.
3. 가로, 세로, 대각선으로 5개의 돌이 나란히 위치하면 승리할 수 있어요.
4. 3전 2선승제로 게임을 진행하며 판을 이긴 사람의 이름을 우측 셀에 입력하여 최종적으로 누가 승리했는지 확인해요.

STEP 01 바둑판 모양 만들기

1 ▸ **오목(예제).xlsx** 파일을 불러와 바둑판 모양을 만들기 위해 **[B5:M16]** 셀을 선택하고 [홈] 탭에서 [채우기 색]-**황금색, 강조 4, 40% 더 밝게**를 선택해요.

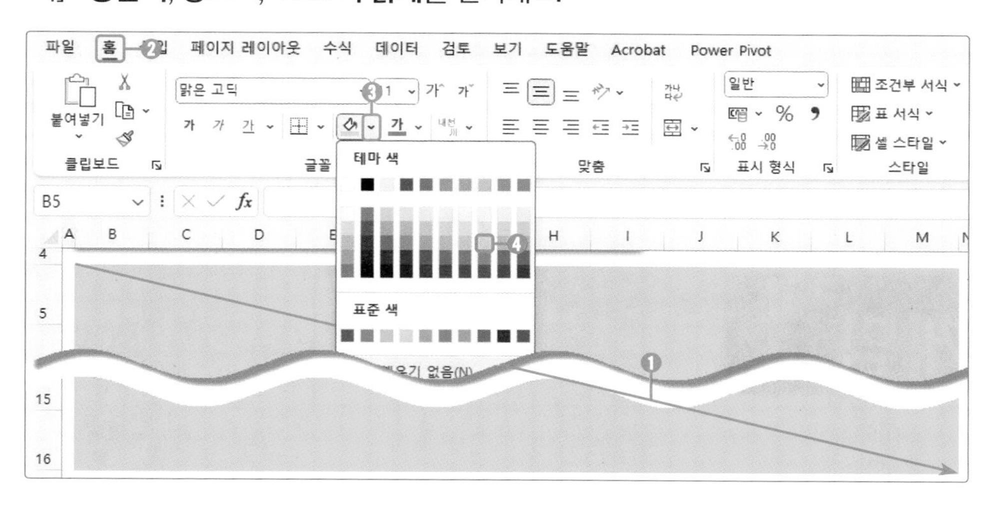

2 ▸ 테두리를 만들기 위해 [홈] 탭에서 [테두리]-**[다른 테두리]**를 선택해요. [셀 서식] 대화상자가 나타나면 [테두리] 탭에서 **스타일(굵은 실선)과 미리 설정(윤곽선, 안쪽)**을 지정한 후 <확인>을 클릭해요.

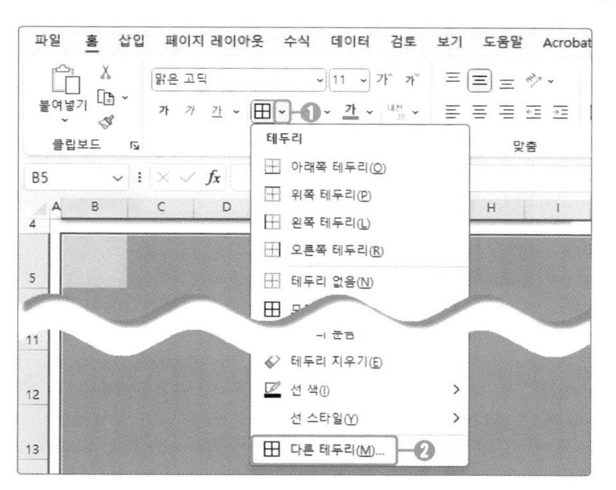

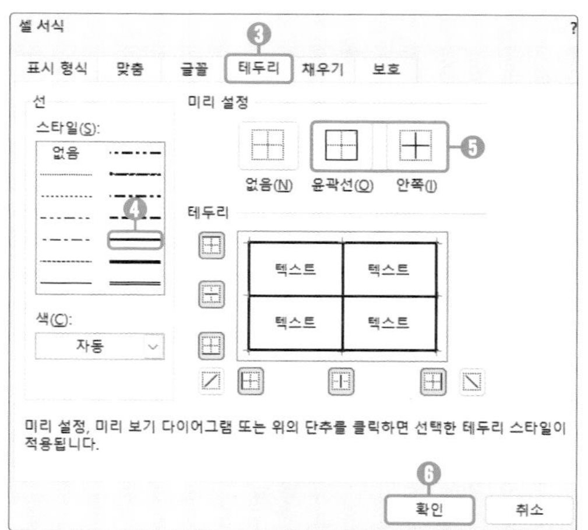

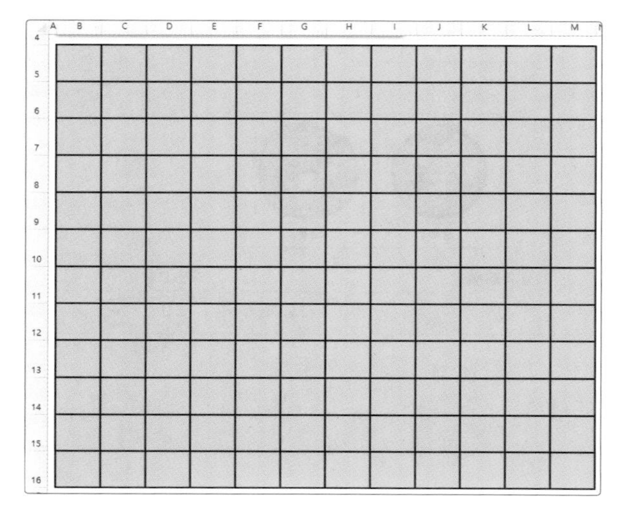

STEP 02 바둑돌 이름 및 승자 입력 칸 만들기

1 ▸ 바둑돌의 이름을 입력하는 칸을 만들기 위해 **[J2:K2]** 셀을 선택하고 Ctrl을 누른 채 **[L2:M2]** 셀을 추가로 선택해요. 이어서, [홈] 탭에서 **[병합하고 가운데 맞춤( )]**을 선택해요.

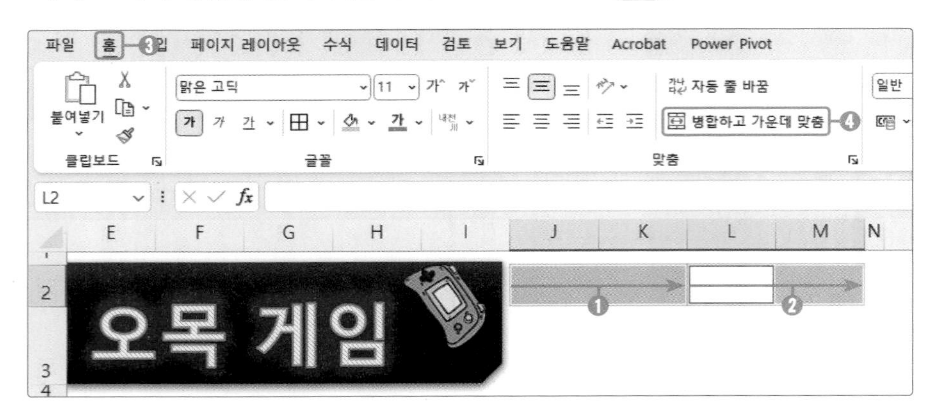

2 ▸ 블록이 지정된 상태에서 [홈] 탭의 **굵게**와 **굵은 바깥쪽 테두리**를 지정해요. 이어서, **[L2]** 셀을 선택하여 **글꼴 색(흰색, 배경 1)**과 **채우기 색(검정, 텍스트1)**을 지정해요.

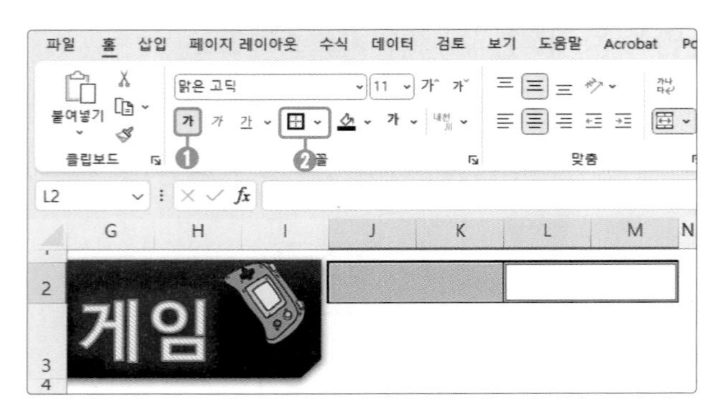

3 ▸ 바둑돌 그림을 삽입하기 위해 [삽입] 탭에서 [그림]-**[이 디바이스]**를 선택해요. [그림 삽입] 대화상자가 나타나면 [16차시] 폴더에서 **오목1**, **오목2**을 선택하고 <삽입>을 클릭해요.

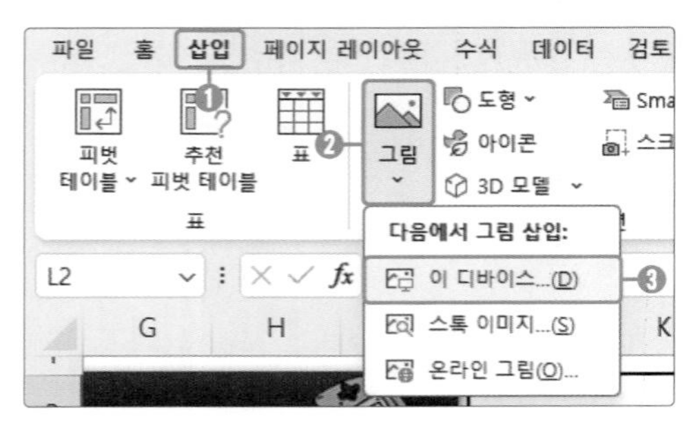

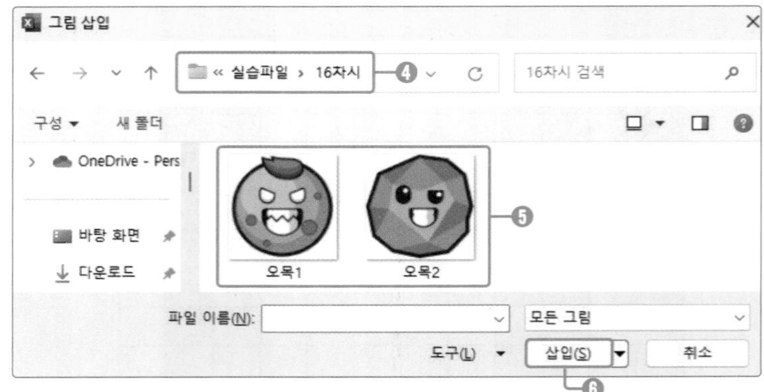

4 ▸ 그림이 삽입되면 [그림 서식] 탭에서 [도형 높이]와 [도형 너비]를 **1.45cm**로 지정한 후 크기와 위치를 변경해요.

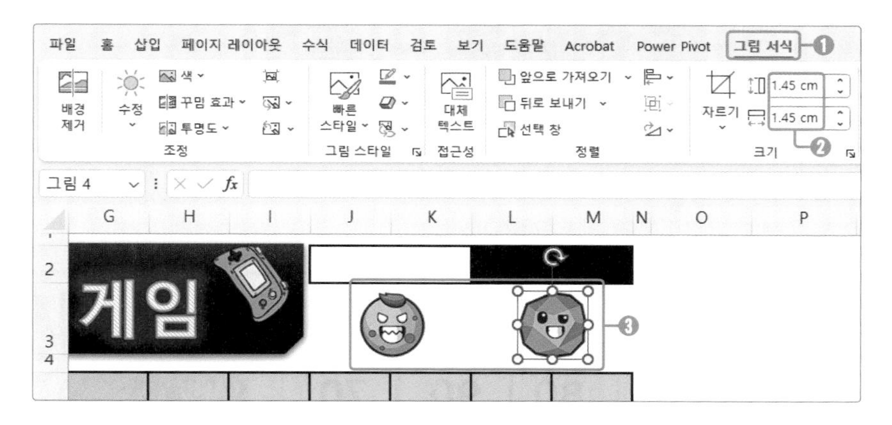

5 ▸ 게임의 승자를 입력하는 칸을 만들기 위해 **[O5:P7]** 셀을 선택하고 [홈] 탭에서 **테두리(모든 테두리, 굵은 바깥쪽 테두리)와 가운데 맞춤**을 지정해요. 이어서, **[O5:O7]** 셀을 선택하고 **채우기 색(파랑, 강조 1, 80% 더 밝게)**을 지정해요.

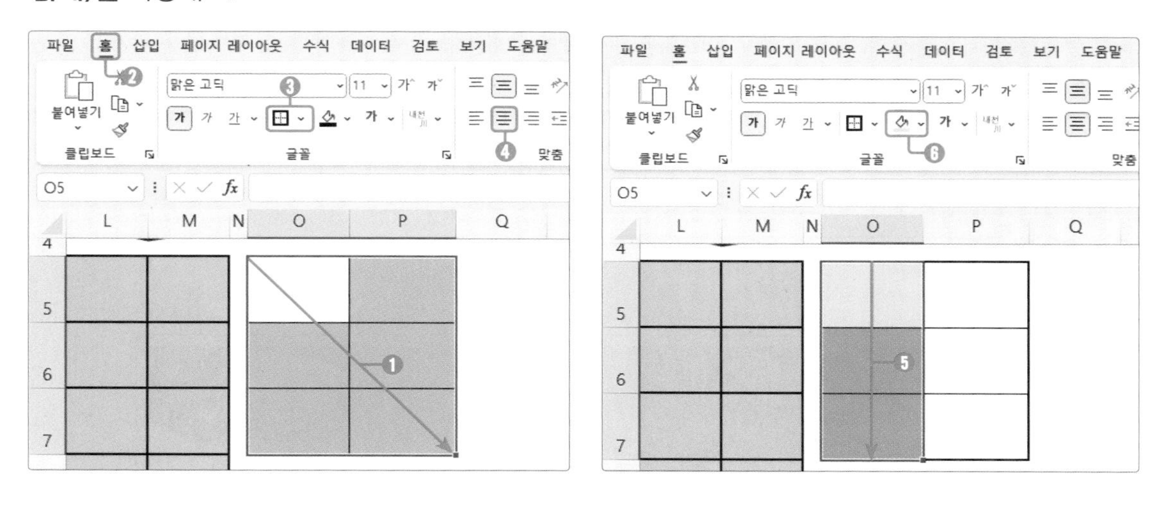

6 ▸ 바둑돌 그림 위에 이름을 입력한 후 Ctrl을 누른 채 바둑돌 그림을 드래그하여 오목 게임을 시작해요. 각 판마다 이긴 사람의 이름을 입력하면 자동으로 게임 승리 칸에 최종 승자 이름이 표시돼요.

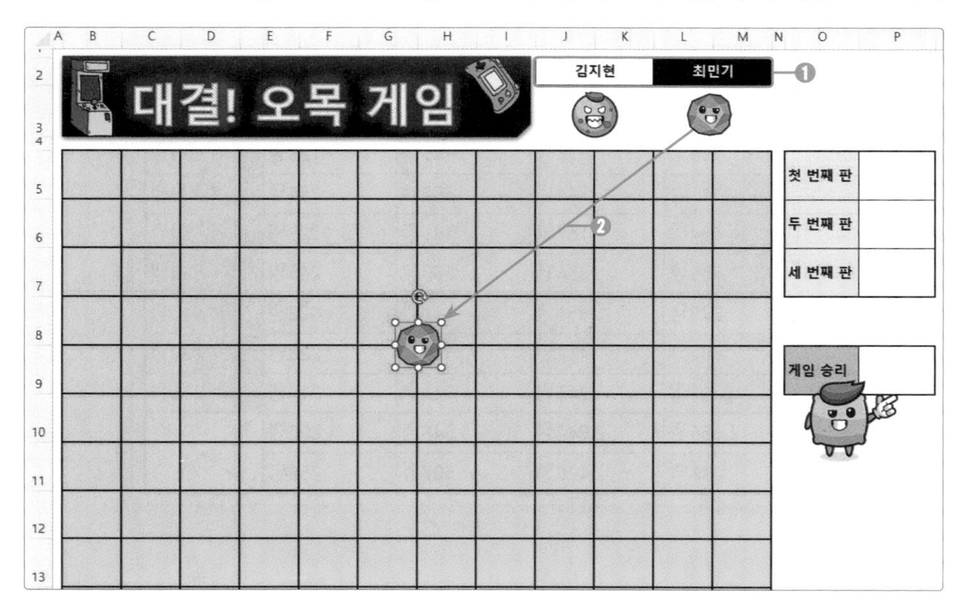

17

SUM&AVERAGE 함수로 물놀이 캠프 현황표 만들기

학습목표

- SUM 함수를 사용하여 합계를 계산할 수 있어요.
- AVERAGE 함수를 사용하여 평균을 계산할 수 있어요.
- 조건에 만족하는 셀에 서식을 지정할 수 있어요.

- SUM 함수 셀에 입력되어 있는 값의 합계를 구하는 함수로 마우스로 셀 범위를 지정하거 값을 직접 입력할 수 있어요.
- AVERAGE 함수 셀에 입력되어 있는 값의 평균을 구하는 함수로 마우스로 셀 범위를 지정하거 값을 직접 입력할 수 있어요.

미리보기

실습파일 : 물놀이 캠프(예제).xlsx 완성파일 : 물놀이 캠프(완성).xlsx

날짜						합계
7월 30일	295명	158명	354명	685명	123명	1,615명
7월 31일	321명	311명	341명	562명	254명	1,789명
8월 1일	247명	354명	187명	541명	325명	1,654명
8월 2일	554명	565명	654명	565명	245명	2,583명
8월 3일	321명	225명	651명	321명	422명	1,940명
8월 4일	214명	332명	412명	551명	223명	1,732명
8월 5일	115명	421명	245명	321명	214명	1,316명
합계	2,067명	2,366명	2,844명	3,546명	1,806명	
평균	295명	338명	406명	507명	258명	

STEP 01 SUM 함수로 합계 구하기

1 ▸ **물놀이 캠프(예제).xlsx** 파일을 불러와 날짜별 이용객 수의 합계를 구하기 위해 **[H12]** 셀을 선택해요. 이어서, [수식] 탭에서 [수학/삼각(θ)]-**SUM**을 선택해요.

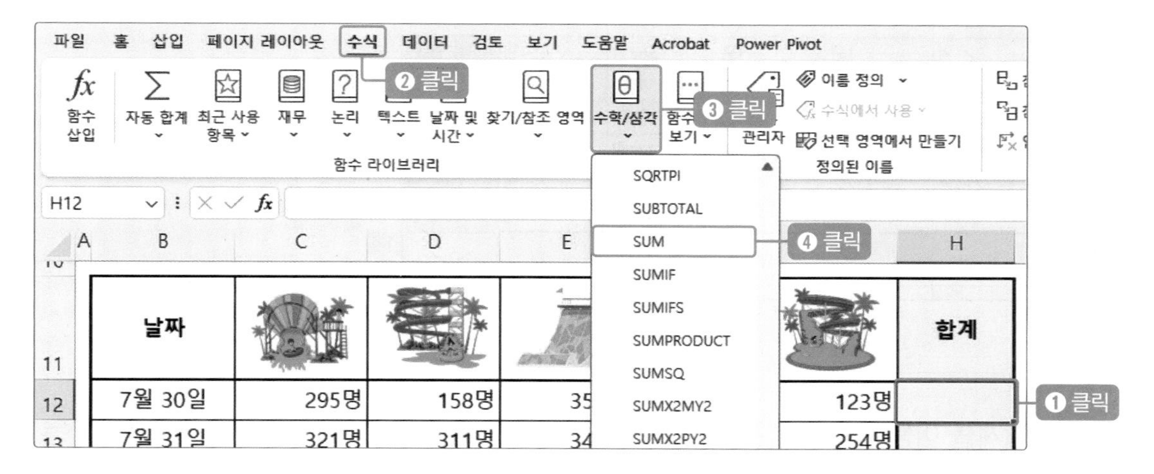

2 ▸ [함수 인수] 대화상자가 나타나면 'Number1'에 합계를 구할 범위(**[C12:G12]**)를 드래그한 후 <확인>을 클릭해요.

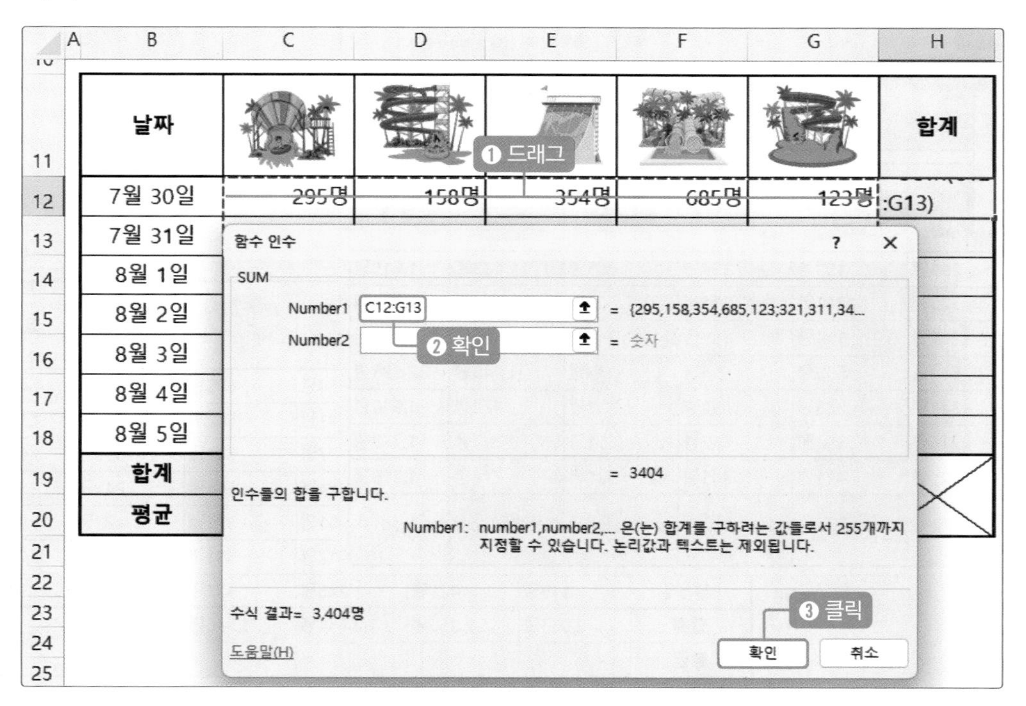

LEVEL UP! 인수

- 인수란 함수 계산에 필요한 값을 전달하는 것으로 '숫자, 셀 범위, 텍스트, 함수' 등이 포함되며 각각의 인수는 쉼표(,)로 구분해요.
- 텍스트를 인수로 사용할 때는 큰 따옴표("")로 묶어줘요.

3 ▸ 합계가 구해지면 **[H12]** 셀의 채우기 핸들을 **[H18]** 셀까지 드래그여 함수식을 복사해요. 단, 테두리까지 복사되지 않게 하기 위해 [자동 채우기 옵션( )]-**서식 없이 채우기**를 선택해요.

날짜						합계
7월 30일	295명	158명	354명	685명	123명	1,615명
7월 31일	321명	311명	341명	562명	254명	1,789명
8월 1일	247명	354명	187명	541명	325명	1,654명
8월 2일	554명	565명	654명	565명	245명	2,583명
8월 3일	321명	225명	651명	321명	422명	1,940명
8월 4일	214명	332명	412명	551명	223명	1,732명
8월 5일	115명	421명	245명	321명	214명	1,316명
합계						
평균						

① 드래그
② 클릭
셀 복사(C)
서식만 채우기(F)
서식 없이 채우기(O)
빠른 채우기(F)
③ 클릭

4 ▸ 이번에는 자동 합계를 이용해 합계를 구해볼게요. **[C12:G19]** 셀을 선택하고 [수식] 탭에서 [자동 합계( )]-**합계**를 선택해요.

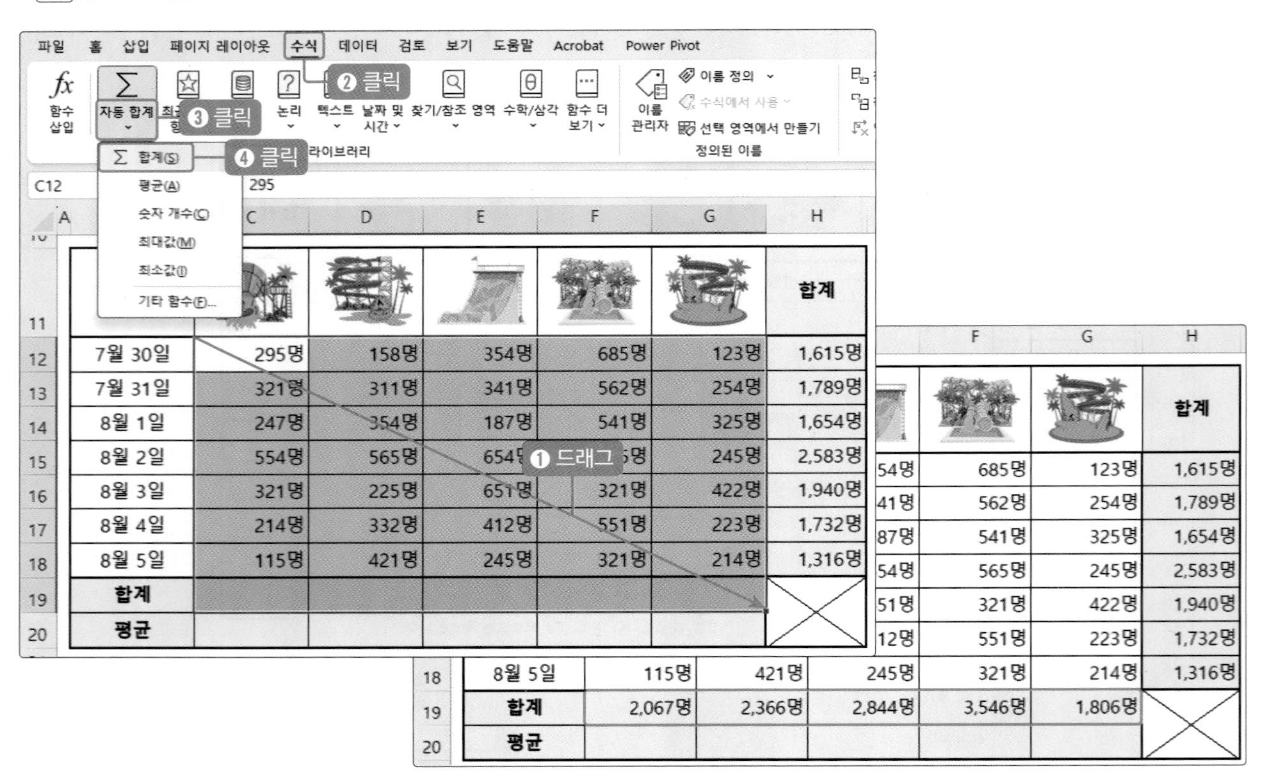

· 자주 사용하는 함수(합계, 평균, 숫자 개수, 최대값, 최소값)를 클릭 한 번만으로 계산할 수 있어요.
· 자동 합계를 이용할 때는 인수로 사용될 범위가 연속으로 선택되어야 해요.

STEP 02 AVERAGE 함수로 평균 구하기

1 ▸ 평균을 구하기 위해 **[C20]** 셀을 선택하고 [수식] 탭에서 [함수 더 보기(⋯)]-[통계]-**AVERAGE**를 선택해요.

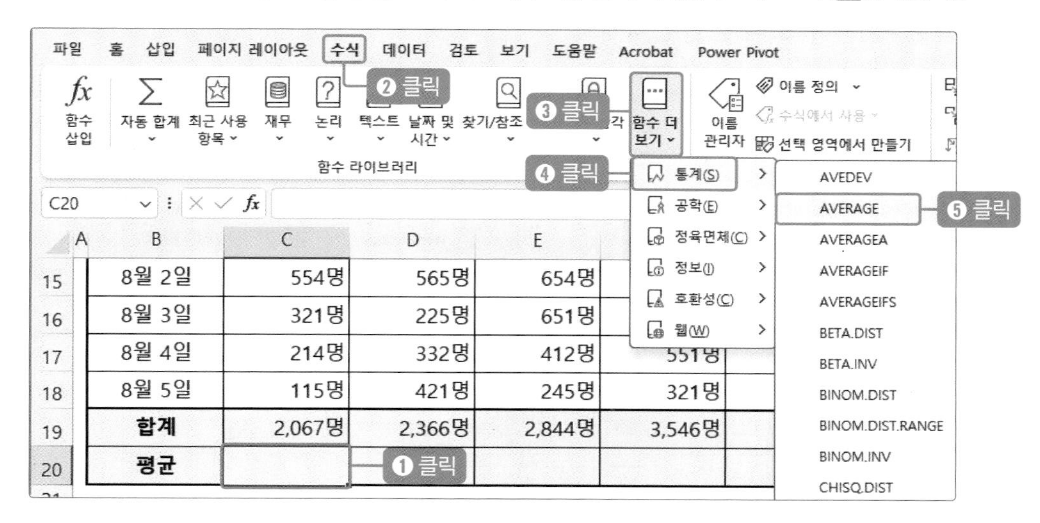

2 ▸ [함수 인수] 대화상자가 나타나면 'Number1'에 평균을 구할 범위(**[C12:C18]**)를 드래그한 후 <확인>을 클릭해요.

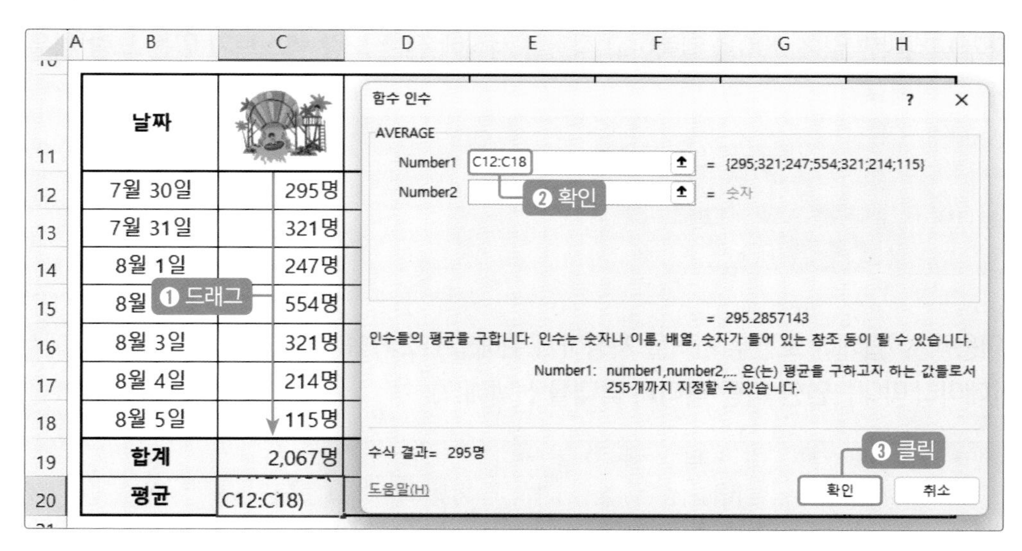

3 ▸ 평균이 구해지면 **[C20]** 셀의 채우기 핸들을 **[G20]** 셀까지 드래그여 함수식을 복사해요.

	A	B	C	D	E	F	G	H
16		8월 3일	321명	225명	651명	321명	422명	1,940명
17		8월 4일	214명	332명	412명	551명	223명	1,732명
18		8월 5일	115명	421명	245명	321명	214명	1,316명
19		합계	2,067명	2,366명	2,844명	3,546명	1,806명	
20		평균	295명	338명	406명	507명	258명	
21								

드래그

STEP 03 조건부 서식 지정하기

1 ▸ 이용객이 300명을 초과한 놀이 기구에 조건부 서식을 지정하기 위해 **[C12:G18]** 셀을 선택하고 [홈] 탭에서 [조건부 서식( )]–[셀 강조 규칙]–**보다 큼**을 선택해요.

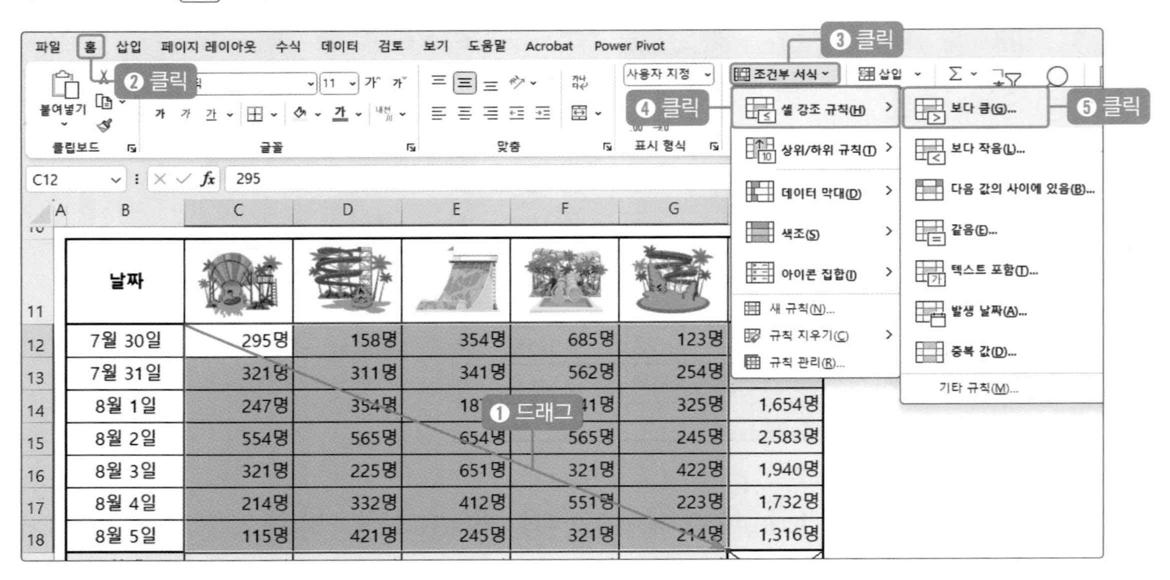

2 ▸ [보다 큼] 대화상자가 나타나면 값에 **300**을 입력하고 적용할 서식에 **진한 노랑 텍스트가 있는 노랑 채우기**로 지정한 후 <확인>을 클릭해요.

3 ▸ 이번에는 날짜별 이용객 수 합계에 조건부 서식을 지정하기 위해 **[H12:H18]** 셀을 선택하고 [홈] 탭에서 [조건부 서식( )]–[데이터 막대]–**연한 파랑 데이터 막대**를 선택해요.

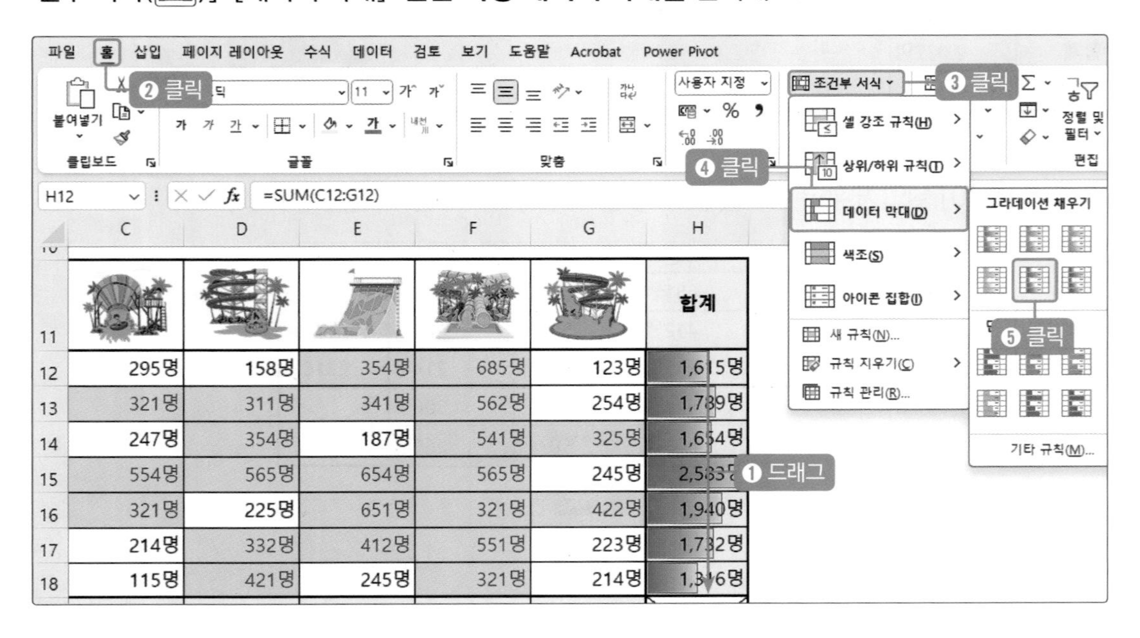

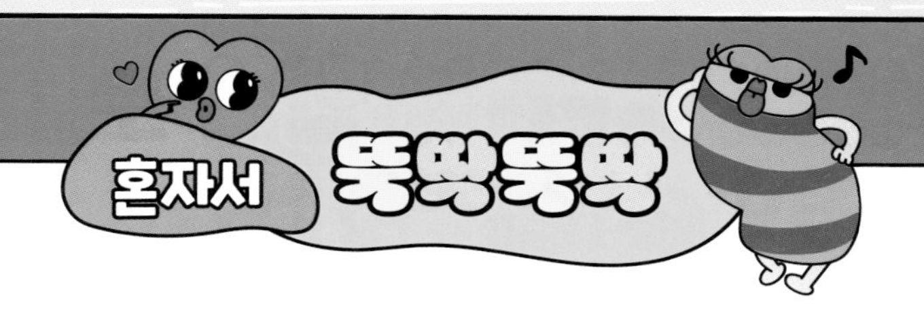

1 동전 모으기(예제).xlsx 파일을 불러와 작성 조건에 맞게 시트를 완성해 보세요.

• 실습파일 : 동전 모으기(예제).xlsx • 완성파일 : 동전 모으기(완성).xlsx

동전 모으기왕 대회

일차	1일	2일	3일	4일	5일	6일	7일	합계
금액	1,200	900	500	600	1,800		300	5,300
일차	8일	9일	10일	11일	12일	13일	14일	합계
금액	600	1,800	800		350	1,900		5,450
일차	15일	16일	17일	18일	19일	20일	21일	합계
금액	2,000	150	600	500		1,100	1,300	5,650
일차	22일	23일	24일	25일	26일	27일	28일	합계
금액	400	900	1,600		300	900	1,300	5,400
일차	29일	30일	31일					합계
금액	800	500	1,400					2,700
총합계			24,500	일 평균 저금액				790

작성 조건

• 수식 입력
- SUM 함수로 주별 합계 구하기 : [J4], [J6], [J8], [J10], [J12]
- SUM 함수로 주별 총 합계 구하기 : [C13] → 인수는 쉼표(,)로 구분(J4,J6,J8…)
- 일 평균 구하기 : [H13] → 총 합계 값을 31로 나눔(C13/31)

2 월별 독서량(예제).xlsx 파일을 불러와 작성 조건에 맞게 시트를 완성해 보세요.

• 실습파일 : 월별 독서량(예제).xlsx • 완성파일 : 월별 독서량(완성).xlsx

독서 모임 월별 독서량

월	김지연	황미경	박성대	이진수	최은정	합계	평균
1월	5권	2권	5권	4권	2권	18권	4권
2월	2권	1권	6권	3권	5권	17권	3권
3월	3권	3권	4권	2권	3권	15권	3권
4월	4권	2권	3권	6권	6권	21권	4권
5월	2권	2권	5권	4권	4권	17권	3권
6월	3권	1권	4권	2권	1권	11권	2권
7월	1권	2권	6권	4권	7권	20권	4권
8월	5권	1권	3권	3권	3권	15권	3권
9월	4권	2권	5권	1권	2권	14권	3권
10월	3권	3권	1권	6권	4권	17권	3권
11월	2권	2권	3권	3권	5권	15권	3권
12월	3권	2권	4권	2권	6권	17권	3권
합계	37권	23권	49권	40권	48권		

작성 조건

• 수식 입력
- 자동 합계로 합계 구하기 : [H4:H15], [C16:G16]
- AVERAGE 함수로 평균 구하기 : [I4:I15]

• 조건부 서식
- [C4:G15] : 독서량이 1권이면(같으면) 연한 빨강 채우기 지정(셀 강조 규칙)
- [H4:H15] : 주황 데이터 막대 지정

#MAX #MIN #조건부 서식

18 MAX&MIN 함수로 운동회 선수 뽑기

학습목표

- MAX 함수를 사용하여 최대값을 계산할 수 있어요.
- MIN 함수를 사용하여 최소값을 계산할 수 있어요.

- **MAX 함수** 여러 개의 값 중에서 최대값(가장 큰 값)을 구할 때 사용하는 함수예요.
- **MIN 함수** 여러 개의 값 중에서 최소값(가장 작은 값)을 구할 때 사용하는 함수예요.

실습파일 : 운동회(예제).xlsx 완성파일 : 운동회(완성).xlsx

이름	50M	T ball	멀리 던지기	줄넘기	멀리뛰기
박지호	8.9초	21m	29m	132회	171cm
김선수	9.3초	30m	35m	98회	156cm
나부자	10.2초	29m	33m	79회	149cm
최선호	9.5초	28m	34m	106회	155cm
이기자	9.1초	26m	32m	109회	161cm
김기범	8.8초	24m	28m	145회	168cm
평균	9.3초	26m	32m	112회	160cm
최대값	10.2초	30m	35m	145회	171cm
최소값	8.8초	21m	28m	79회	149cm

STEP 01 ⋮ 자동 합계로 평균 구하기

1 ▸ **운동회(예제).xlsx** 파일을 불러와 종목별 평균을 구하기 위해 **[C4:G10]** 셀을 선택하고 [수식] 탭에서 [자동 합계(∑)]-**평균**을 선택해요.

파일 홈 삽입 페이지 레이아웃 수식 데이터 검토 보기 도움말 Acrobat Power Pivot

함수 삽입 / 자동 합계 / 최근 사용 항목 / 재무 / 논리 / 텍스트 / 날짜 및 시간 / 찾기/참조 영역 / 수학/삼각 / 함수 더 보기 — 함수 라이브러리

이름 관리자 / 이름 정의 / 수식에서 사용 / 선택 영역에서 만들기 — 정의된 이름

∑ 합계(S) / 평균(A) / 숫자 개수(C) / 최대값(M) / 최소값(I) / 기타 함수(F)...

❶ 드래그 ❷ 클릭 ❸ 클릭 ❹ 클릭

	B	C	D	E	F	G
3			T ball	멀리 던지기	줄넘기	멀리뛰기
4			21m	29m	132회	171cm
5			30m	35	98회	156cm
6	나부자	10.2초	29m	33m	79회	149cm
7	최선호	9.5초	28m	34m	106회	155cm
8	이기자	9.1초	26m	32m	109회	161cm
9	김기범	8.8초	24m	28m	145회	168cm
10	평균					

STEP 02 ⋮ MAX 함수로 최대값 구하기

1 ▸ 각 종목의 최대값을 구하기 위해 **[C11]** 셀을 선택하고 [수식] 탭에서 [함수 더 보기(⋯)]-[통계]-**MAX**를 선택해요.

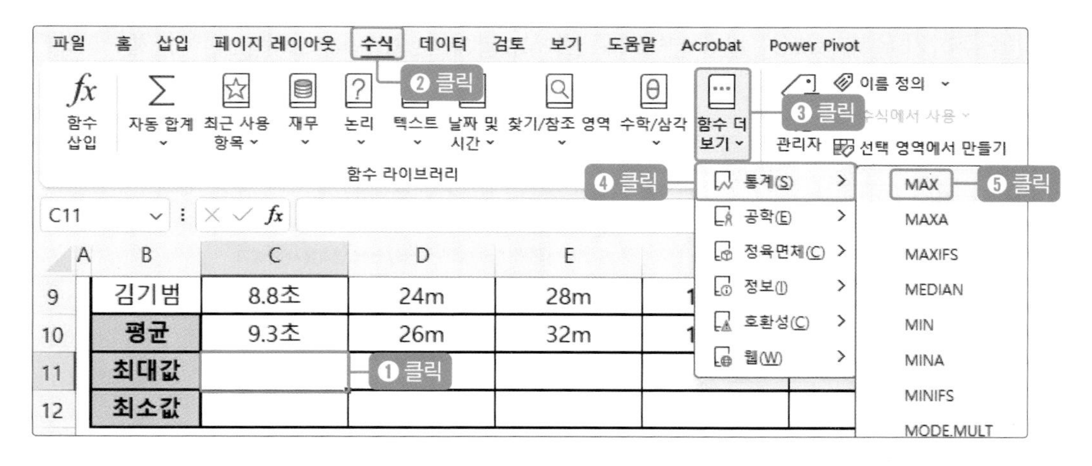

2 [함수 인수] 대화상자가 나타나면 'Number1'에 최대값을 구할 범위(**[C4:C9]**)를 드래그한 후 <확인>을 클릭해요.

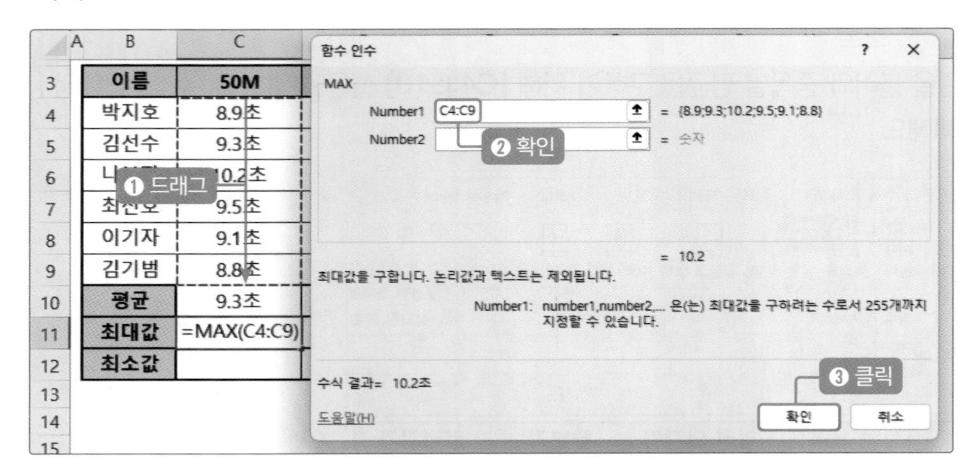

3 최대값이 구해지면 **[C11]** 셀의 채우기 핸들을 **[G11]** 셀까지 드래그하여 함수식을 복사해요. 단, 테두리까지 복사되지 않게 하기 위해 [자동 채우기 옵션()]-**서식 없이 채우기**를 선택해요.

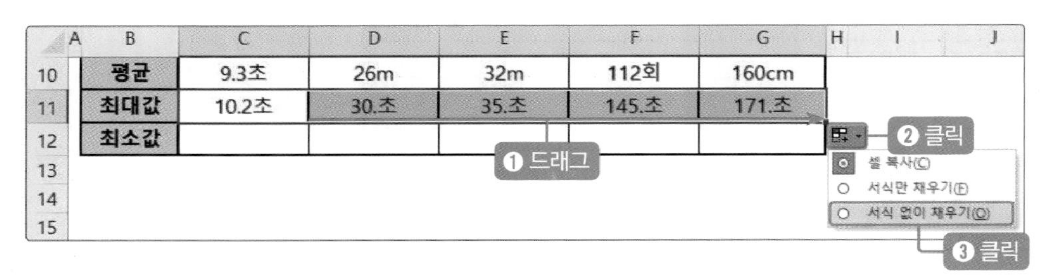

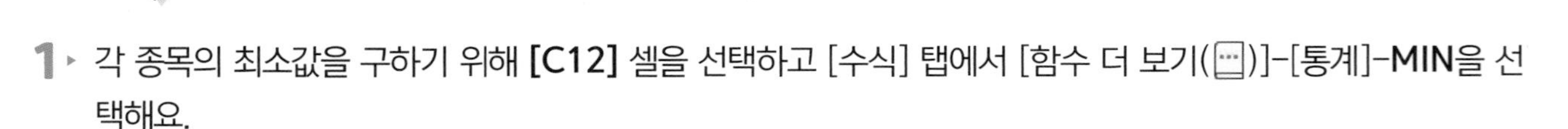

STEP 03 MIN 함수로 최소값 구하기

1 각 종목의 최소값을 구하기 위해 **[C12]** 셀을 선택하고 [수식] 탭에서 [함수 더 보기()]-[통계]-**MIN**을 선택해요.

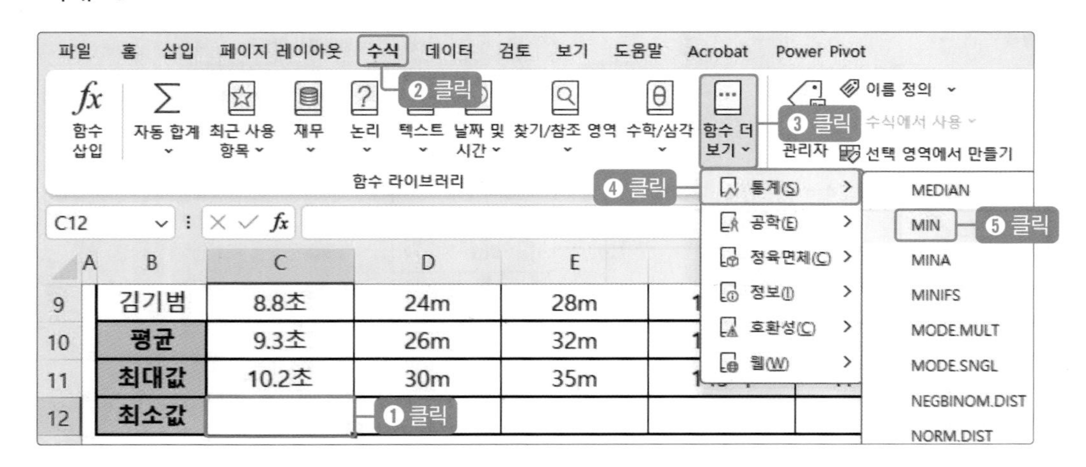

2 ▸ [함수 인수] 대화상자가 나타나면 'Number1'에 최소값을 구할 범위(**[C4:C9]**)를 드래그한 후 <확인>을 클릭해요.

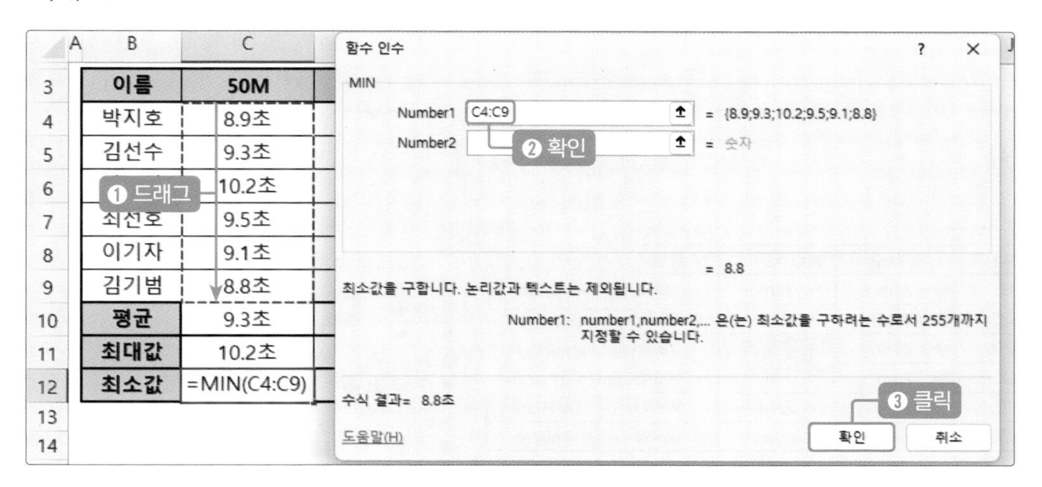

3 ▸ 최소값이 구해지면 **[C12]** 셀의 채우기 핸들을 **[G12]** 셀까지 드래그여 함수식을 복사한 후 [자동 채우기 옵션( )]–**서식 없이 채우기**를 선택해요.

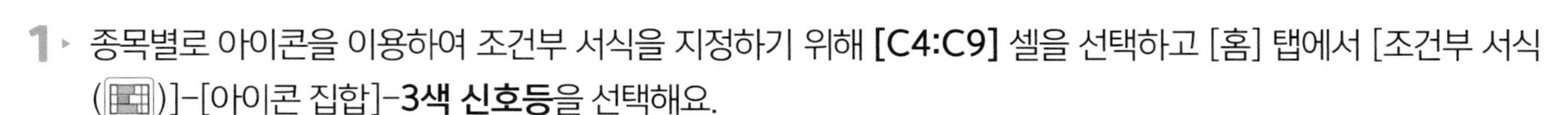

조건부 서식 지정하기

1 ▸ 종목별로 아이콘을 이용하여 조건부 서식을 지정하기 위해 **[C4:C9]** 셀을 선택하고 [홈] 탭에서 [조건부 서식( )]–[아이콘 집합]–**3색 신호등**을 선택해요.

2 ▸ T ball 종목에 조건부 서식을 지정하기 위해 **[D4:D9]** 셀을 선택하고 [홈] 탭에서 [조건부 서식(▦)]-[아이콘 집합]-**3방향 화살표**를 선택해요.

3 ▸ 멀리 던지기 종목에 조건부 서식을 지정하기 위해 **[E4:E9]** 셀을 선택하고 [홈] 탭에서 [조건부 서식(▦)]-[아이콘 집합]-**삼각형 3개**를 선택해요.

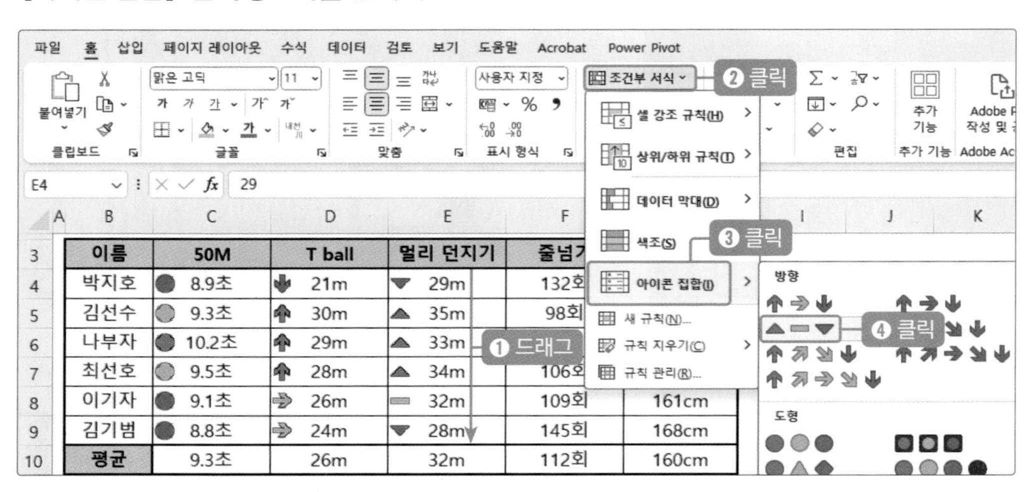

4 ▸ 같은 방법으로 나머지 종목에도 조건부 서식을 지정해 보세요.

이름	50M	T ball	멀리 던지기	줄넘기	멀리뛰기
박지호	8.9초	21m	29m	132회	171cm
김선수	9.3초	30m	35m	98회	156cm
나부자	10.2초	29m	33m	79회	149cm
최선호	9.5초	28m	34m	106회	155cm
이기자	9.1초	26m	32m	109회	161cm
김기범	8.8초	24m	28m	145회	168cm
평균	9.3초	26m	32m	112회	160cm
최대값	10.2초	30m	35m	145회	171cm
최소값	8.8초	21m	28m	79회	149cm

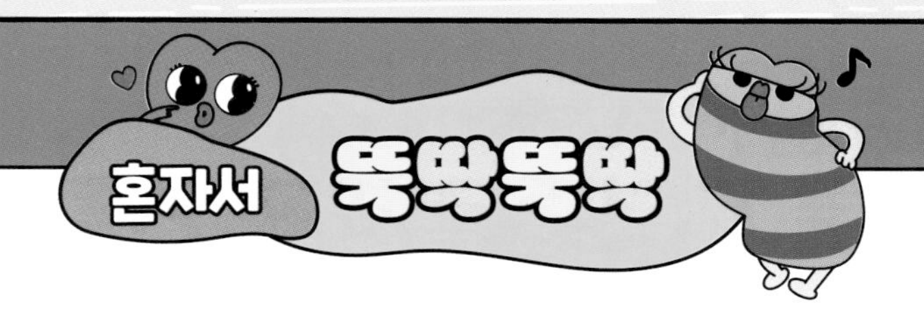

1 스키캠프(예제).xlsx 파일을 불러와 작성 조건에 맞게 시트를 완성해 보세요.

• 실습파일 : 스키캠프(예제).xlsx • 완성파일 : 스키캠프(완성).xlsx

가성비 스키캠프는?

캠프기간	장소	교통비	숙박비	식비	대여비	리프트	합계
2박3일	용평	140,000	150,000	160,000	68,000	128,000	646,000
2박3일	포천	110,000	130,000	150,000	72,000	140,000	602,000
2박3일	양평	130,000	90,000	90,000	34,000	78,000	422,000
2박3일	설악	180,000	80,000	100,000	32,000	82,000	474,000
2박3일	춘천	140,000	160,000	195,000	89,000	169,000	753,000

구분	교통비	숙박비	식비	대여비	리프트	합계
경비 평균	140,000	122,000	139,000	59,000	119,400	579,400
경비 최대값	180,000	160,000	195,000	89,000	169,000	753,000
경비 최소값	110,000	80,000	90,000	32,000	78,000	422,000

작성 조건

- [D4:I8], [D10:I12] : 쉼표 스타일(,) 지정
- 수식 입력
  - 자동 합계로 합계 구하기 : [I4:I8]
  - AVERAGE 함수로 각각의 경비 평균 구하기 : [D10:I10]
  - MAX 함수로 각각의 경비 최대값 구하기 : [D11:I11]
  - MIN 함수로 각각의 경비 최소값 구하기 : [D12:I12]
- 조건부 서식
  - [I4:I8] : 3색 플래그로 지정

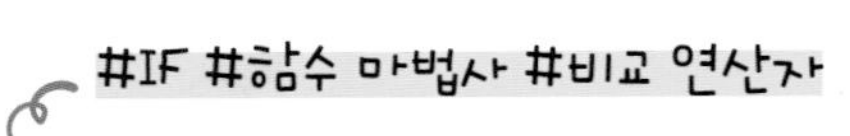

19 IF 함수로 드론 자격증 결과표 만들기

학습목표

- IF 함수의 기능을 이해하고 사용할 수 있어요.
- 함수 마법사를 사용할 수 있어요.

IF 함수 어떤 조건을 만족하는지 여부를 체크하여 맞으면 참의 값을 보여주고, 틀리면 거짓의 값을 보여주는 함수예요.

미리보기

실습파일 : 드론 자격증(예제).xlsx 완성파일 : 드론 자격증(완성).xlsx

회차	이름	급수	과목 점수			총점	평균	합격여부
			이론	안전상식	조종술			
2회	김철수	1급	73	75	68	216	72	합격
2회	박민영	2급	68	65	72	205	68	불합격
2회	최승국	2급	59	79	89	227	76	합격
2회	이지연	2급	80	65	58	203	68	불합격
2회	황은지	2급	64	53	66	183	61	불합격
2회	김승기	1급	75	89	72	236	79	합격
2회	홍해진	2급	66	60	81	207	69	불합격
평균			69	69	72	211		

STEP 01 합계와 평균 구하기

1. **드론 자격증(예제).xlsx** 파일을 불러와 과목 총점을 구하기 위해 **[E5:H11]** 셀을 선택하고 [수식] 탭에서 [자동 합계(∑)]-**합계**를 선택해요.

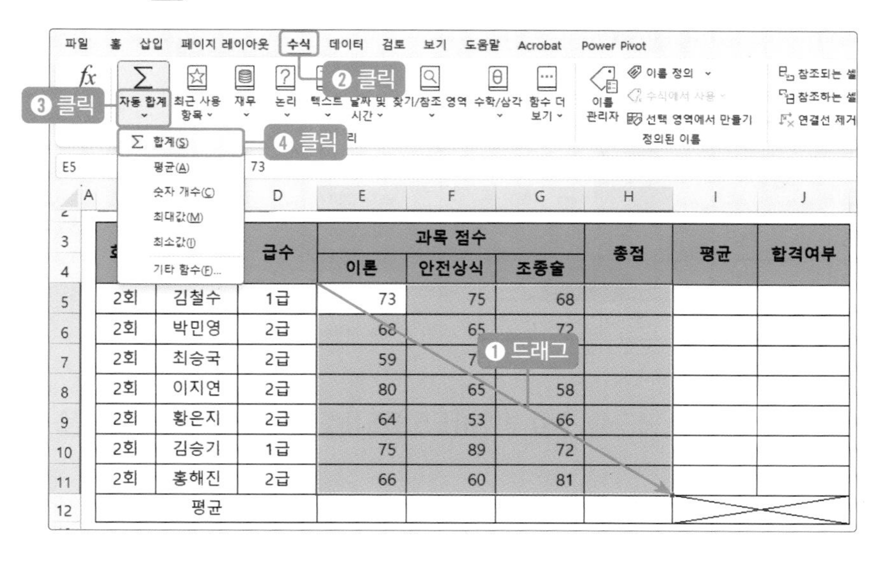

함수 작성 방법

- 자동 합계(∑) : 함수식을 몰라도 셀 범위만 지정하면 자동으로 계산돼요.(합계, 평균, 숫자 개수, 최대값, 최소값)
- 리본 메뉴 이용(⋯) : [함수 라이브러리] 그룹에서 함수가 포함된 메뉴의 위치를 알고 있어야 해요.
- 함수 마법사(fx) : 사용할 함수의 이름만 알고 있으면 검색해서 바로 함수식을 작성할 수 있어요.
- 셀에 함수식을 직접 입력 : 가장 빠른 방법이지만 함수식을 완벽하게 이해하고 있어야 해요.(=SUM(E5:G5))

2. 이번에는 과목과 총점의 평균을 구하기 위해 **[E5:H12]** 셀을 선택하고 [수식] 탭에서 [자동 합계(∑)]-**평균**을 선택해요.

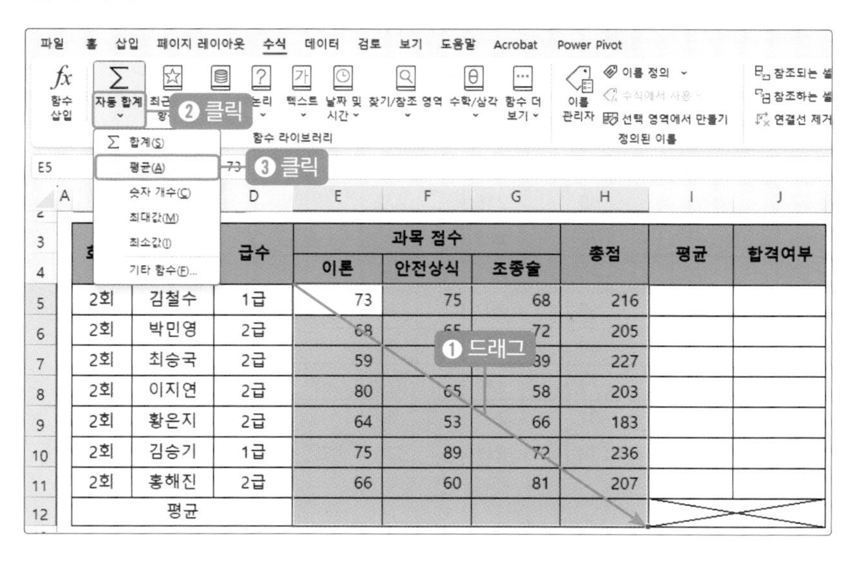

3 ▸ 응시자별 평균 점수를 구하기 위해 **[I5]** 셀을 선택하고 [수식] 탭에서 [함수 더 보기(⋯)]-[통계]-**AVERAGE**를 선택해요.

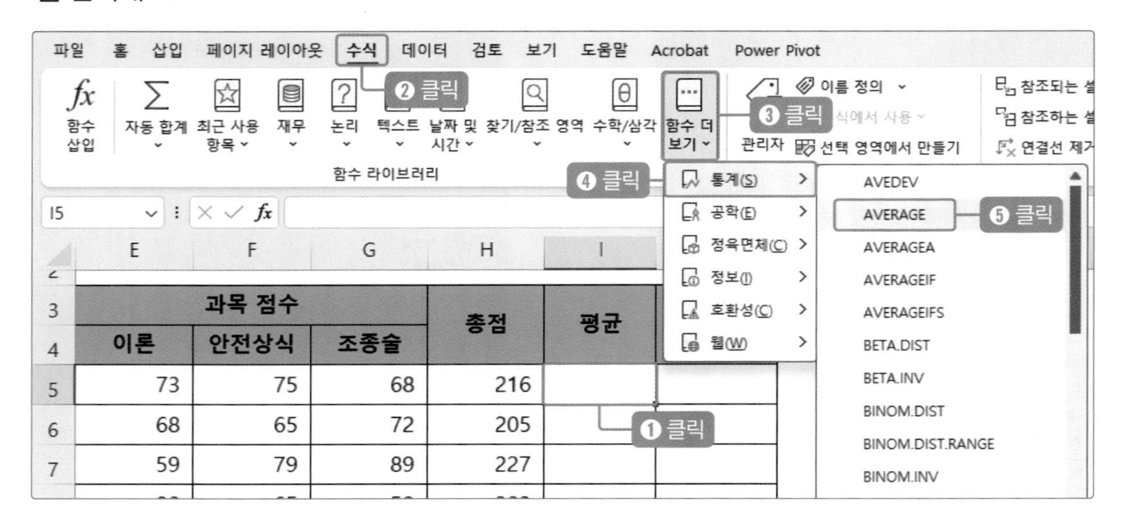

4 ▸ [함수 인수] 대화상자가 나타나면 'Number1'에 평균을 구할 범위(**[E5:G5]**)를 드래그한 후 <확인>을 클릭해요.

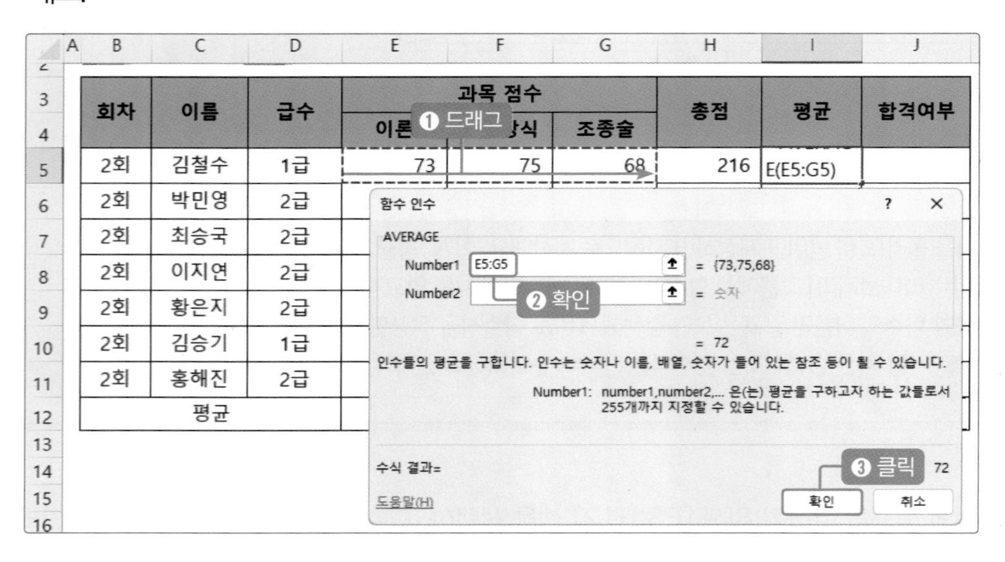

5 ▸ 평균이 구해지면 **[I5]** 셀의 채우기 핸들을 **[I11]** 셀까지 드래그여 함수식을 복사해요.

회차	이름	급수	과목 점수			총점	평균	합격여부
			이론	안전상식	조종술			
2회	김철수	1급	73	75	68	216	72	
2회	박민영	2급	68	65	72	205	68	
2회	최승국	2급	59	79	89	227	76	
2회	이지연	2급	80	65	58	203	68	
2회	황은지	2급	64	53	66	183	61	
2회	김승기	1급	75	89	72	236	79	
2회	홍해진	2급	66	60	81	207	69	
평균			69	69	72	211		

드래그

STEP 02 : 함수 마법사를 이용하여 IF 함수 작성하기

1 ▸ 합격여부를 판단하기 위해 **[J5]** 셀을 선택하고 [수식] 탭에서 **[함수 삽입(fx)]**을 클릭해요.

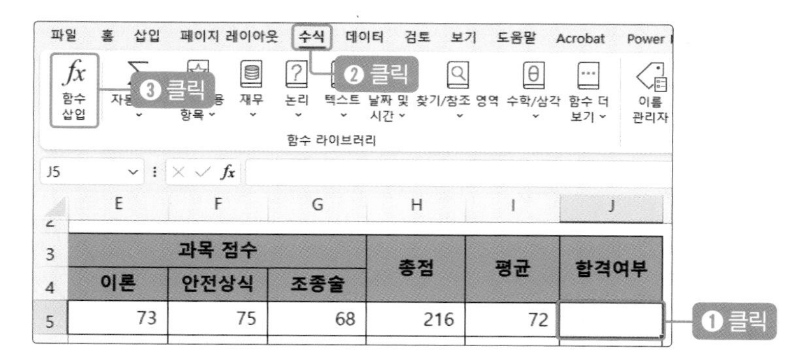

2 ▸ [함수 마법사] 대화상자가 나타나면 **IF**를 입력한 후 <검색>을 클릭해요. 함수 선택에서 'IF'가 선택되어 있으면 어떤 함수인지 확인한 후 <확인>을 클릭해요.

3 ▸ [함수 인수] 대화상자가 나타나면 'Logical_test'가 어떤 인수인지 확인한 후 **평균이 70점 이상인 조건**을 만들기 위해 **I5>=70**을 입력해요.

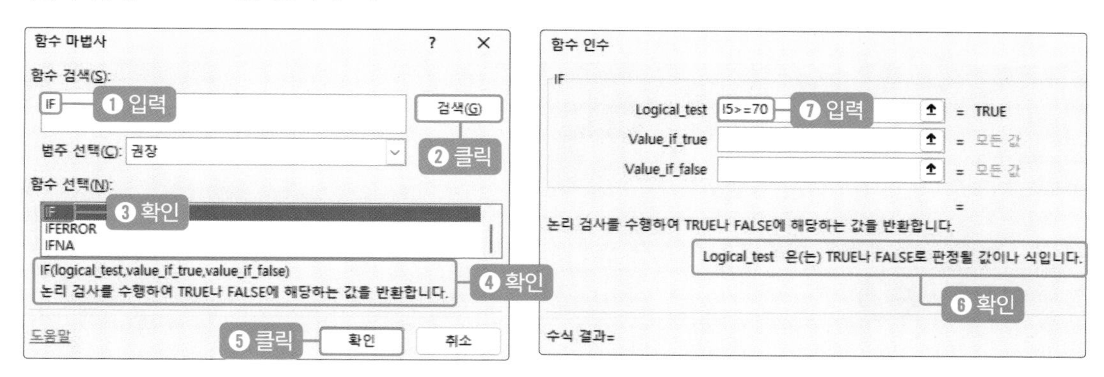

함수 마법사(Shift+F3)

IF 함수에 대해 자세히 모르더라도 [함수 마법사]를 이용하면 해당 함수에 대한 자세한 설명(인수 포함)을 확인하면서 작업할 수 있기 때문에 초보자에게 많은 도움이 돼요.

① IF(함수명) : 논리 검사를 수행하여 TRUE나 FALSE에 해당하는 값을 반환합니다.
② Logical_test(값 또는 식) : TRUE나 FALSE로 판정될 값이나 식입니다.
③ Value_if_true(참 반환값) : Logical_test가 TRUE일 때 돌려주는 값입니다.
④ Value_if_false(거짓 반환값) : Logical_test가 FALSE일 때 돌려주는 값입니다.

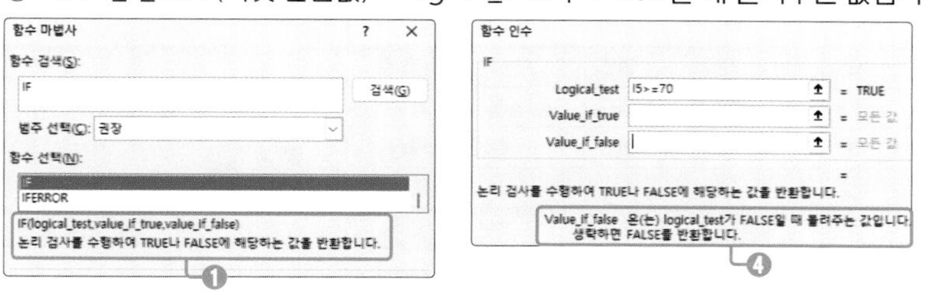

비교 연산자

연산자	의미	사용 예	연산자	의미	사용 예
>	크다(초과)	I5>70	>=	크거나 같다(이상)	I5>=70
<	작다(미만)	I5<70	<=	작거나 같다(이하)	I5<=70
=	같다	I5=70	<>	같지 않다	I5<>70

4 ▸ 시험 평균이 70점 이상이면 "합격"을 그렇지 않으면 "불합격"을 표시하기 위해 'Value_if_true'에 **합격**을, 'Value_if_false'에 **불합격**을 입력한 후 <확인>을 클릭해요.

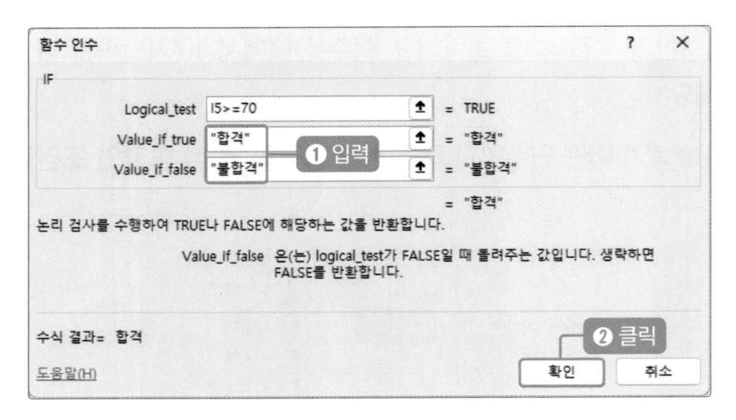

문자열 인수

함수 인수로 텍스트를 입력할 때는 앞뒤에 큰 따옴표("")를 넣어야 하지만 함수 마법사를 사용하는 경우에는 자동으로 입력되기 때문에 텍스트만 입력해요. 단, 셀에 함수식을 직접 입력할 때는 반드시 큰 따옴표를 넣어야 해요.(예 : =IF(I5>=70,"합격","불합격")

5 ▸ 합격여부가 구해지면 **[J5]** 셀의 채우기 핸들을 **[J11]** 셀까지 드래그하여 함수식을 복사해요.

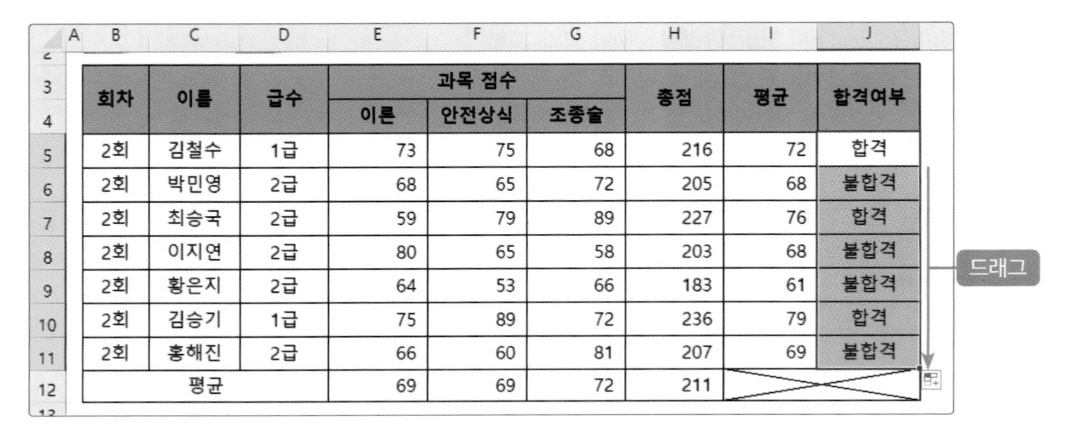

회차	이름	급수	과목 점수			총점	평균	합격여부
			이론	안전상식	조종술			
2회	김철수	1급	73	75	68	216	72	합격
2회	박민영	2급	68	65	72	205	68	불합격
2회	최승국	2급	59	79	89	227	76	합격
2회	이지연	2급	80	65	58	203	68	불합격
2회	황은지	2급	64	53	66	183	61	불합격
2회	김승기	1급	75	89	72	236	79	합격
2회	홍해진	2급	66	60	81	207	69	불합격
평균			69	69	72	211		

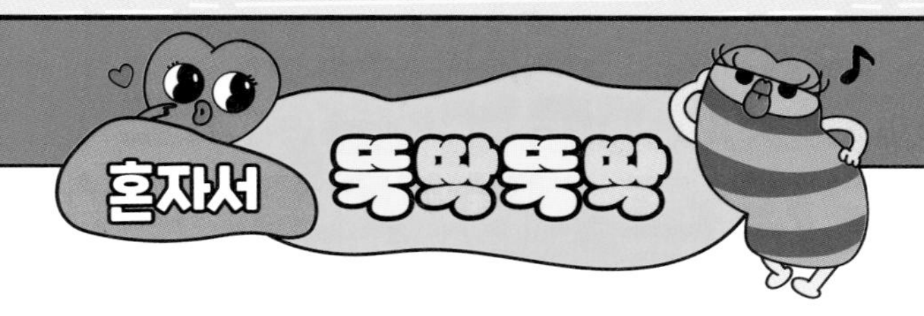

1 신조어퀴즈(예제).xlsx 파일을 불러와 작성 조건에 맞게 시트를 완성해 보세요.

• 실습파일 : 신조어퀴즈(예제).xlsx • 완성파일 : 신조어퀴즈(완성).xlsx

신조어 퀴즈

문제1	매우 지루하거나 재미없는 상황을 표현하는 말은?	
정답	핵노잼	O
문제2	"아니야"의 줄임말로 거절을 나타내는 말은?	
정답	ㄴㄴ	O
문제3	어떤 상황이나 문제에 대해 해결책이 없다는 말은?	
정답	노답	O
문제4	재미 없는 사람을 뜻하는 말은?	
정답	잼민이	O

작성 조건

- 수식 입력
  - IF 함수로 정답과 비교하여 같으면 "O"를, 아니면 "X"를 표시 : [H4], [H6], [H8], [H10]
  - 함수 마법사를 이용하여 함수식 작성

2 영어평가(예제).xlsx 파일을 불러와 작성 조건에 맞게 시트를 완성해 보세요.

• 실습파일 : 영어평가(예제).xlsx • 완성파일 : 영어평가(완성).xlsx

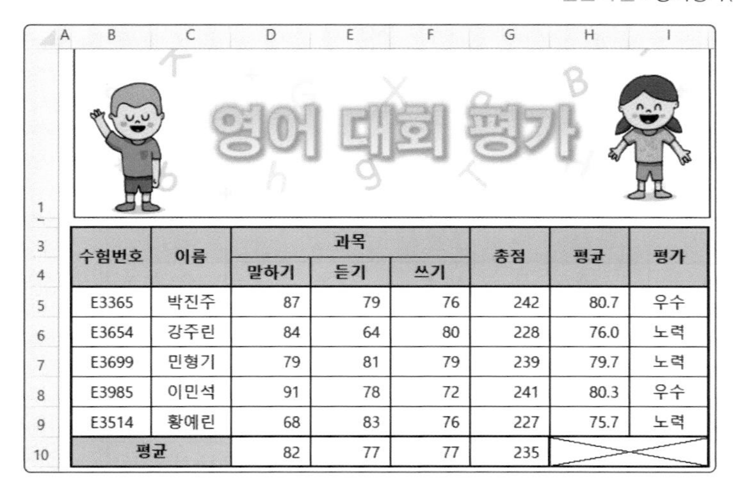
영어 대회 평가

수험번호	이름	과목			총점	평균	평가
		말하기	듣기	쓰기			
E3365	박진주	87	79	76	242	80.7	우수
E3654	강주린	84	64	80	228	76.0	노력
E3699	민형기	79	81	79	239	79.7	노력
E3985	이민석	91	78	72	241	80.3	우수
E3514	황예린	68	83	76	227	75.7	노력
평균		82	77	77	235		

작성 조건

- 수식 입력
  - 자동 합계를 이용하여 총점과 평균 구하기 : [G5:G9], [D10:G10]
  - AVERAGE 함수로 과목별 평균 구하기 : [H5:H9]
  - IF 함수로 평균이 80점 이상이면 "우수", 아니면 "노력"를 표시 : [I5:I9]
  - AVERAGE와 IF는 함수 마법사를 이용하여 함수식 작성

#RANK.EQ #절대 참조 #상대 참조

RANK.EQ 함수로 훌라후프 대회 순위 구하기

- RANK.EQ 함수의 기능을 이해하고 사용할 수 있어요.
- 절대 주소와 상대 주소를 이해할 수 있어요.

좋아하는 꽃 1위

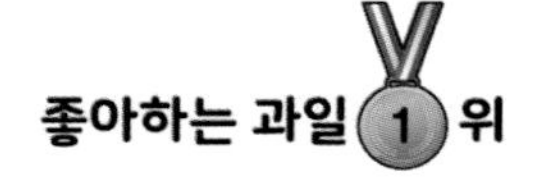

자부심 위

RANK.EQ 함수 게임을 하고 나서 순위를 정하는 것처럼 정해진 범위 안에서 일정한 기준에 따라 순위를 정할 때 사용하는 함수예요.

미리보기

실습파일 : 훌라후프(예제).xlsx 완성파일 : 훌라후프(완성).xlsx

이름	1차	2차	총횟수	평균	순위	참가상품
황은진	152	345	497	248.5	5	학용품 세트
김수영	98	251	349	174.5	7	학용품 세트
박은주	115	153	268	134	8	학용품 세트
이민정	254	195	449	224.5	6	학용품 세트
신철한	226	541	767	383.5	2	스마트워치
최수현	224	332	556	278	4	학용품 세트
김선우	324	426	750	375	3	스마트워치
배철우	645	368	1013	506.5	1	스마트워치

STEP 01 ⋮ 셀에 함수식을 입력하여 합계와 평균 구하기

1 ▸ **훌라후프(예제).xlsx** 파일을 불러와 1차와 2차의 합계를 구하기 위해 **[E4]** 셀을 선택한 후 **=SUM(**를 입력해요.

	A	B	C	D	E	F	G	H
3		이름	1차	2차	총횟수	평균	순위	참가상품
4		황은진	152	345	=sum(	클릭 후 입력		
5		김수영	98	251	SUM(number1, [number2], ...)			
6		박은주	115	153				

2 ▸ 합계를 구할 범위 **[C4:D4]**를 마우스로 드래그한 후 **)**를 입력하고 Enter를 눌러요.

	A	B	C	D	E	F	G	H
3		이름	1차	2차	총횟수	평균	순위	참가상품
4		황은진	152	345	=SUM(C4:D4)	②) 입력 후 Enter		
5		김수영	98	① 드래그				
6		박은주	115	153				

	A	B	C	D	E
3		이름	1차	2차	총횟수
4		황은진	152	345	497
5		김수영	98	251	
6		박은주	115	153	

3 ▸ 1차와 2차의 평균을 구하기 위해 **[F4]** 셀을 선택한 후 **=AVERAGE(**를 입력해요.

	A	B	C	D	E	F	G	H
3		이름	1차	2차	총횟수	평균	순위	참가상품
4		황은진	152	345	497	=AVERAGE(	클릭 후 입력	
5		김수영	98	251		AVERAGE(number1, [number2], ...)		
6		박은주	115	153				

함수 자동 입력

셀에 함수식을 입력할 때 함수 이름 몇 글자를 입력하면 아래쪽에 글자가 포함된 함수 목록이 나와요. 해당 목록에서 입력할 함수를 선택한 후 Tab을 누르면 함수명이 자동으로 입력돼요.

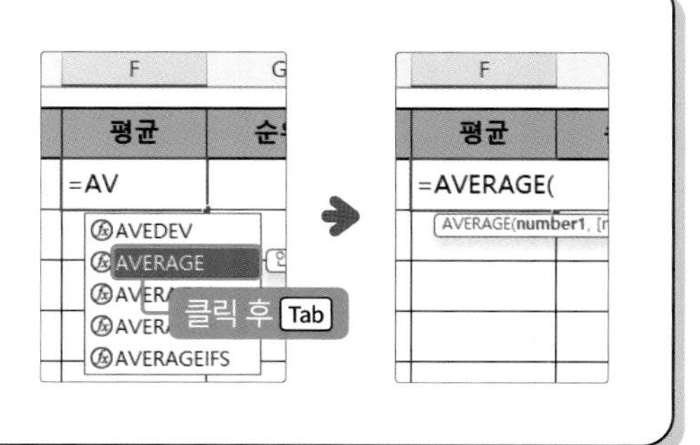

4 ▸ 평균을 구할 범위 **[C4:D4]**를 마우스로 드래그한 후 **)**를 입력하고 Enter를 눌러요.

	A	B	C	D	E	F	G	H
3		이름	1차	2차	총횟수	평균	순위	참가상품
4		황은진	152	345	497	=AVERAGE(C4:D4)		
5		김수영	98	① 드래그		②) 입력 후 Enter		
6		박은주	115	153				

C	D	E	F
1차	2차	총횟수	평균
152	345	497	248.5
98	251		
115	153		

5 ▸ 총횟수와 평균이 구해지면 **[E4:F4]** 셀을 선택하고 채우기 핸들을 **더블클릭**하여 함수식을 복사한 후 [자동 채우기 옵션( )]-**서식 없이 채우기**를 선택해요.

	C	D	E	F	G	H
3	1차	2차	총횟수	평균	순위	참가상품
4	152	345	497	248.5		
5	98	251	349	174.5		
6	115	153	268	134		
7	254	195	449	224.5		
8	226	541	767	383.5		
9	224	332	556	278		
10	324	426	750	375		
11	645	368	1013	506.5		

셀 복사(C)
서식만 채우기(F)
서식 없이 채우기(O) ❹ 클릭
❸ 클릭

STEP 02 함수 마법사를 이용하여 RANK.EQ 함수 작성하기

1 ▸ 평균을 기준으로 순위를 구하기 위해 **[G4]** 셀을 선택하고 [수식] 탭에서 **[함수 삽입(fx)]**을 클릭해요.

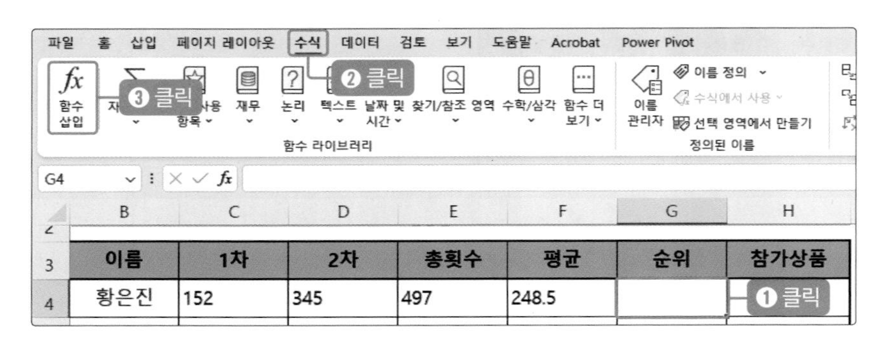

2 ▸ [함수 마법사] 대화상자가 나타나면 **RANK.EQ**를 입력한 후 <검색>을 클릭해요. 함수 선택에서 RANK.EQ가 선택되어 있으면 <확인>을 클릭해요.

3 ▸ [함수 인수] 대화상자가 나타나면 평균을 기준으로 순위를 구하기 위해 'Number'에 **[F4]** 셀을 선택해요.

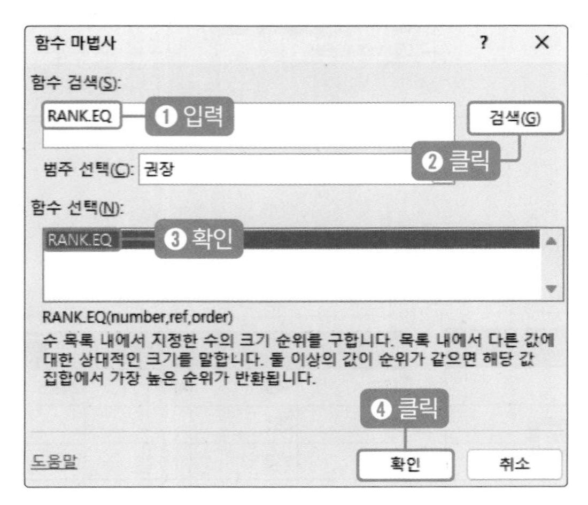

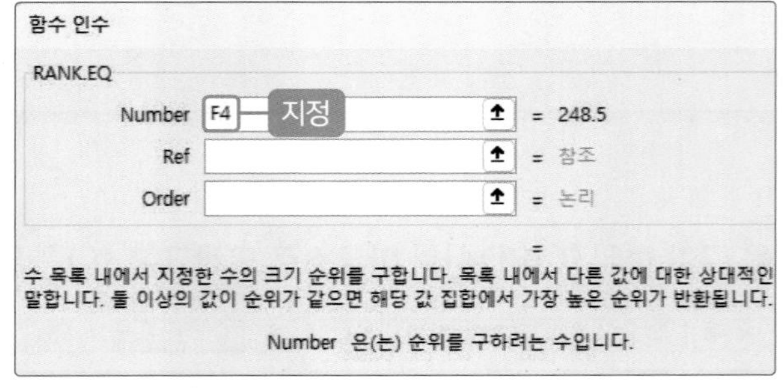

4 ▸ 대회에 참가한 전체 인원을 기준으로 순위를 구하기 위해 'Res'에 **[F4:F11]** 셀을 드래그한 후 [F4]를 눌러 **절대 참조**로 지정해요.

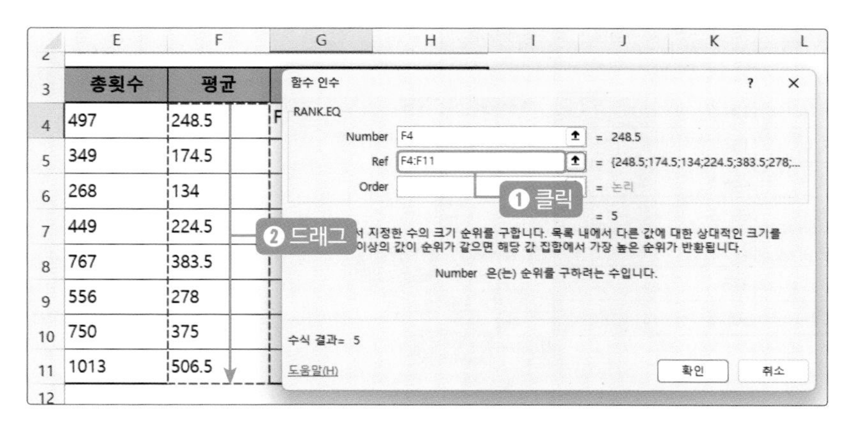

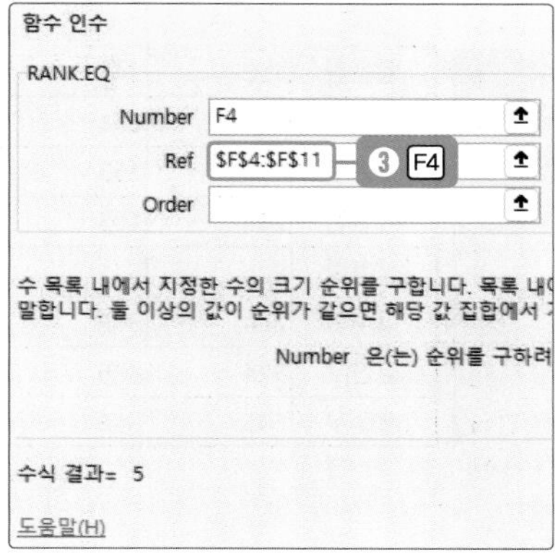

LEVEL UP! 셀 참조([F4])

- 셀 참조는 '상대참조, 절대참조, 혼합참조' 등이 있으며 참조를 변환시키기 위해서는 [F4]를 눌러요. 참조 변환 순서는 [F4]를 누를 때마다 순서에 맞추어 자동으로 변환돼요. (= A1 → $A$1 → A$1 → $A1 → A1)
- 상대참조(A1)는 수식이 복사될 때 참조할 셀의 위치가 자동으로 변경돼요.
- 절대참조($A$1)는 수식이 복사될 때 참조할 셀의 위치가 변경되지 않고 고정돼요.
- 혼합참조(A$1, $A1)는 행과 열 중 하나는 상대, 다른 하나는 절대 참조로 셀을 참조해요.

	K	L	M	N
3	값1	값2	합계	상대참조
4	10	20	30	=K4+L4
5	30	10	40	=K5+L5
6	20	20	40	=K6+L6

	K	L	M	N
3	값1	값2	합계	절대참조
4		20	30	=$K$4+L4
5	10	10	20	=$K$4+L5
6		20	30	=$K$4+L6

5 ▸ 순위를 정할 방법을 지정하기 위해 'Order'에 0을 입력하고 <확인>을 클릭해요.

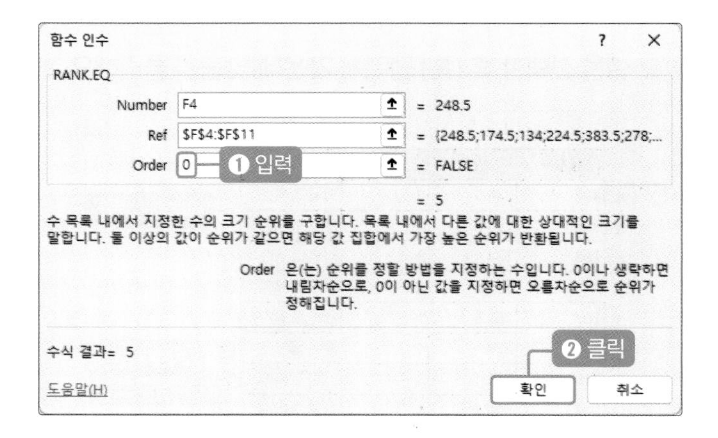

LEVEL UP! 순위 결정 방법(오름차순/내림차순)

'Order'에 '0'을 입력하거나 생략하면 범위 중에서 큰 값(내림차순)이 1등이 되고, '1'을 입력하면 작은 값(오름차순)이 1등이 돼요.

6 ▸ 순위가 구해지면 **[G4]** 셀의 채우기 핸들을 더블클릭하여 서식 없이 함수식을 복사해요.

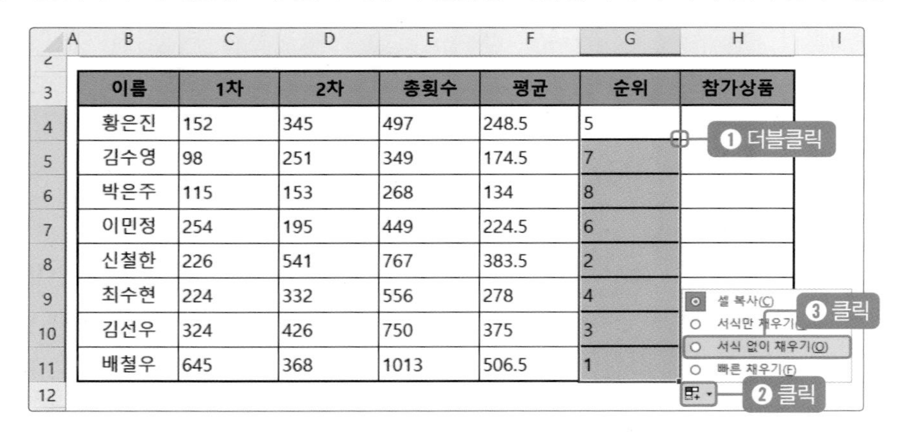

이름	1차	2차	총횟수	평균	순위	참가상품
황은진	152	345	497	248.5	5	
김수영	98	251	349	174.5	7	
박은주	115	153	268	134	8	
이민정	254	195	449	224.5	6	
신철한	226	541	767	383.5	2	
최수현	224	332	556	278	4	
김선우	324	426	750	375	3	
배철우	645	368	1013	506.5	1	

STEP 03 셀에 함수식을 입력하여 IF 함수 작성하기

1 ▸ 순위가 3위 이상일 때 참가상품이 '스마트워치'이고 아니면 '학용품세트'를 주기 위해 **[H4]** 셀을 선택하고 **=IF(G4<=3,"스마트워치","학용품세트")**를 입력한 후 Enter를 눌러요.

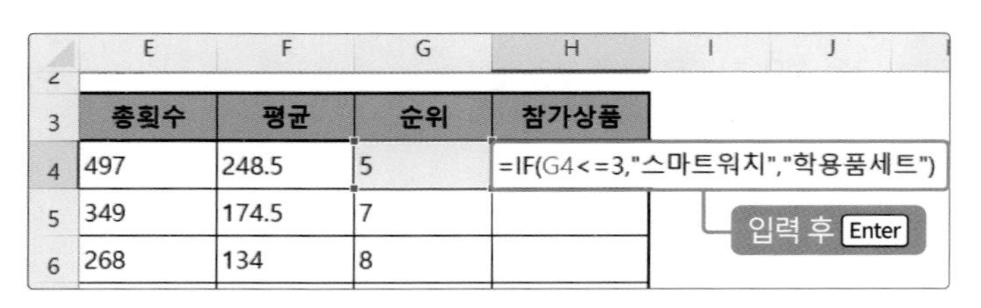

총횟수	평균	순위	참가상품
497	248.5	5	=IF(G4<=3,"스마트워치","학용품세트")
349	174.5	7	
268	134	8	

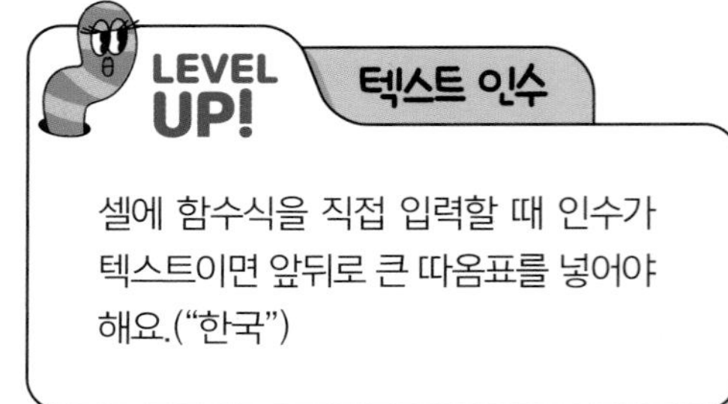

텍스트 인수

셀에 함수식을 직접 입력할 때 인수가 텍스트이면 앞뒤로 큰 따옴표를 넣어야 해요.("한국")

2 ▸ 참가상품이 구해지면 **[H4]** 셀의 채우기 핸들을 더블클릭하여 서식 없이 함수식을 복사해요. 이어서, **[C4:H11]** 셀을 선택한 후 [홈] 탭에서 **가운데 맞춤**을 클릭해요.

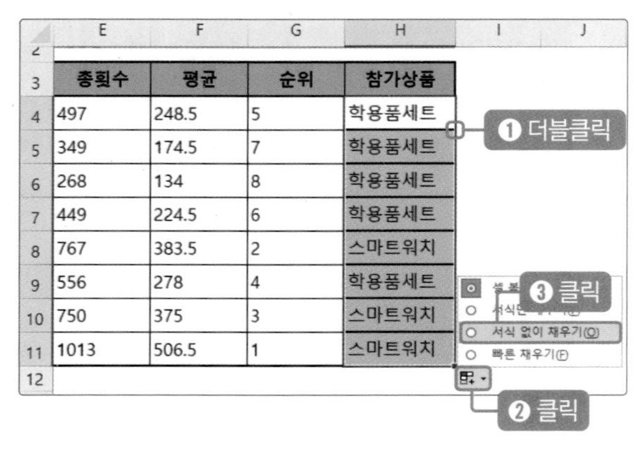

총횟수	평균	순위	참가상품
497	248.5	5	학용품세트
349	174.5	7	학용품세트
268	134	8	학용품세트
449	224.5	6	학용품세트
767	383.5	2	스마트워치
556	278	4	학용품세트
750	375	3	스마트워치
1013	506.5	1	스마트워치

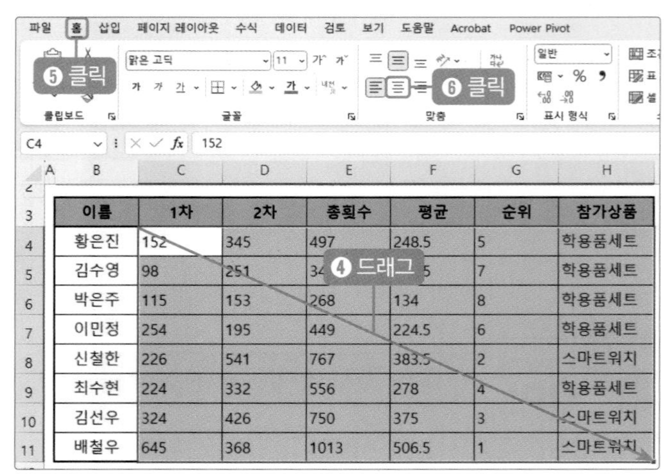

이름	1차	2차	총횟수	평균	순위	참가상품
황은진	152	345	497	248.5	5	학용품세트
김수영	98	251	349	174.5	7	학용품세트
박은주	115	153	268	134	8	학용품세트
이민정	254	195	449	224.5	6	학용품세트
신철한	226	541	767	383.5	2	스마트워치
최수현	224	332	556	278	4	학용품세트
김선우	324	426	750	375	3	스마트워치
배철우	645	368	1013	506.5	1	스마트워치

혼자서 뚝딱뚝딱

1 로켓날리기(예제).xlsx 파일을 불러와 작성 조건에 맞게 시트를 완성해 보세요.

• 실습파일 : 로켓날리기(예제).xlsx • 완성파일 : 로켓날리기(완성).xlsx

물로켓 날리기 대회

순번	이름	1차 시기	2차 시기	3차 시기	총점	순위	상장
1	박진만	37	28	42	107	1	우수상
2	최수경	29	33	37	99	2	우수상
3	민지숙	32	27	38	97	3	참가상
4	함미란	24	26	29	79	6	참가상
5	이우주	19	38	34	91	4	참가상
6	김석진	32	22	36	90	5	참가상

작성 조건

• 수식 입력
- SUM 함수식을 셀에 직접 입력하여 총점 구하기 : [G4:G9]
- RANK.EQ 함수로 총점을 기준으로 내림차순 순위 구하기 : [H4:H9]
- IF 함수로 순위가 2등 이상이면 "우수상", 아니면 "참가상"을 표시 : [I4:I9]
- RANK.EQ와 IF는 함수 마법사를 이용하여 함수식 작성

2 수영대회(예제).xlsx 파일을 불러와 작성 조건에 맞게 시트를 완성해 보세요.

• 실습파일 : 수영대회(예제).xlsx • 완성파일 : 수영대회(완성).xlsx

어린이 수영 대회

이름	자유형	배영	평영	합계	순위	상품
김민서	18.3	22.5	26.3	67.1	5	수영모
천지우	17.6	23.1	24.3	65	3	수영복
조서영	16.9	21.6	25.9	64.4	2	수영복
장은수	18.2	20.9	24.8	63.9	1	수영복
윤병진	18.1	21.7	26.2	66	4	수영모
평균	17.82	21.96	25.5	65.28		

작성 조건

• 수식 입력
- SUM과 AVERAGE 함수식을 셀에 직접 입력하여 합계와 평균 구하기 : [F4:F8], [C9:F9]
- RANK.EQ 함수로 합계를 기준으로 오름차순 순위 구하기 : [G4:G8]
- IF 함수로 순위가 3등 이상이면 "수영복", 아니면 "수영모"를 표시 : [H4:H8]
- RANK.EQ와 IF는 함수 마법사를 이용하여 함수식 작성

#COUNT #COUNTIF #COUNTBLANK

COUNT 함수로 방과후 출석부 만들기

학습목표

- COUNT 함수의 기능을 이해하고 사용할 수 있어요.
- COUNTIF 함수의 기능을 이해하고 사용할 수 있어요.
- COUNTBLANK 함수의 기능을 이해하고 사용할 수 있어요.

출석부

이름	어제	오늘	결석
매옹	O	O	-
찍찍	O	O	-
펭덕	O	O	-
삐약	O	X	1

- **COUNT 함수** 지정된 범위에서 숫자가 포함된 셀의 개수를 구하는 함수예요.
- **COUNTIF 함수** 지정한 범위 내에서 조건에 맞는 셀의 개수를 구하는 함수예요.
- **COUNTBLANK 함수** 지정한 범위 내에서 빈 셀의 개수를 구하는 함수예요.

미리보기

실습파일 : 방과후 출석부(예제).xlsx 완성파일 : 방과후 출석부(완성).xlsx

방과후수업 출석부

이름	1회차	2회차	3회차	4회차	5회차	6회차	7회차	출석일 수
박예진	0	0		0	0	0		5일
김천식	0	0		0		0	0	5일
이민혁		0	0	0	0	0		5일
김기영	0	0	0	0	0	0	0	7일
최수지	0	0	0		0	0	0	6일
출석자 수	4명	5명	3명	4명	4명	5명	3명	
결석자 수	1명	0명	2명	1명	1명	0명	2명	

결석이 없는 학생 수	1명

STEP 01 COUNT 함수로 출석일 수와 출석자 수 구하기

1 ▸ **방과후 출석부(예제).xlsx** 파일을 불러와 **[C4:I8]** 범위에서 출석한 셀에만 숫자 **0**을 입력해요.

방과후수업 출석부

이름	1회차	2회차	3회차	4회차	5회차	6회차	7회차	출석일 수
박예진	0	0		0	0	0		
김천식	0	0		0		0	0	
이민혁		0	0	0	0	0		
김기영	0	0	0	0	0	0	0	
최수지	0	0	0		0	0	0	

숫자 '0' 입력

2 ▸ 학생별 1주차 출석일 수를 구하기 위해 **[J4]** 셀을 선택하고 [수식] 탭에서 [함수 더 보기(⋯)]-[통계]-**COUNT**를 선택해요.

3 ▸ [함수 인수] 대화상자가 나타나면 'Value1'에 숫자가 포함된 셀의 개수를 구할 범위(**[C4:I4]**)를 드래그한 후 <확인>을 클릭해요.

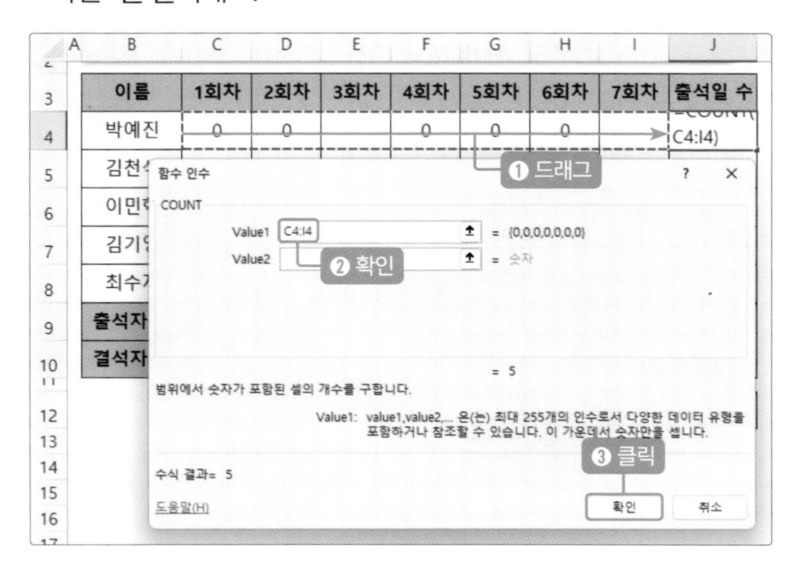

4 ‣ 출석일 수가 구해지면 **[J4]** 셀의 채우기 핸들을 **[J8]** 셀까지 드래그여 함수식을 복사해요.

이름	1회차	2회차	3회차	4회차	5회차	6회차	7회차	출석일 수
박예진	0	0		0	0	0		5
김천식	0	0		0		0	0	5
이민혁		0	0	0	0	0		5
김기영	0	0	0	0	0	0	0	7
최수지	0	0	0		0	0	0	6

드래그

5 ‣ 이번에는 자동 합계를 이용해 출석자 수를 구해볼게요. **[C4:I9]** 셀을 선택하고 [수식] 탭에서 [자동 합계(∑)]-**숫자 개수**를 선택해요.

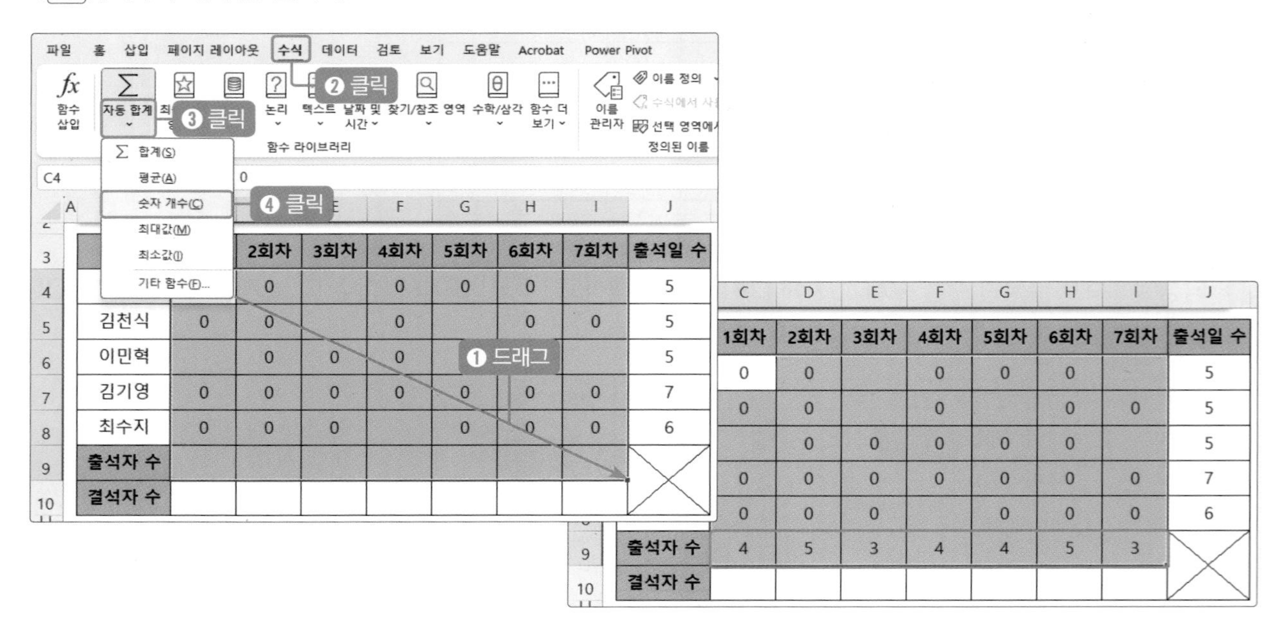

STEP 02 COUNTBLANK 함수로 결석자 수 구하기

1 ‣ 결석자 수를 구하기 위해 **[C10]** 셀을 선택하고 **=COUNTBLANK(C4:C8)**을 입력한 후 Enter를 눌러요.

2 ▸ 결석자 수에 비어 있는 셀의 개수가 구해지면 **[C10]** 셀의 채우기 핸들을 **[I10]** 셀까지 드래그여 함수식을 복사해요.

	A	B	C	D	E	F	G	H	I	J
3		이름	1회차	2회차	3회차	4회차	5회차	6회차	7회차	출석일 수
4		박예진	0	0		0	0	0		5
5		김천식	0	0		0		0	0	5
6		이민혁		0	0	0	0	0		5
7		김기영	0	0	0	0	0	0	0	7
8		최수지	0	0	0		0	0	0	6
9		출석자 수	4	5	3	드래그	4	5	3	
10		결석자 수	1	0	2	1	1	0	2	
12						결석이 없는 학생 수				

STEP 03 COUNTIF 함수로 결석이 없는 학생 수 구하기

1 ▸ 결석이 없는 학생 수를 구하기 위해 **[I12]** 셀을 선택하고 [수식] 탭에서 **[함수 삽입(*fx*)]**을 클릭해요.

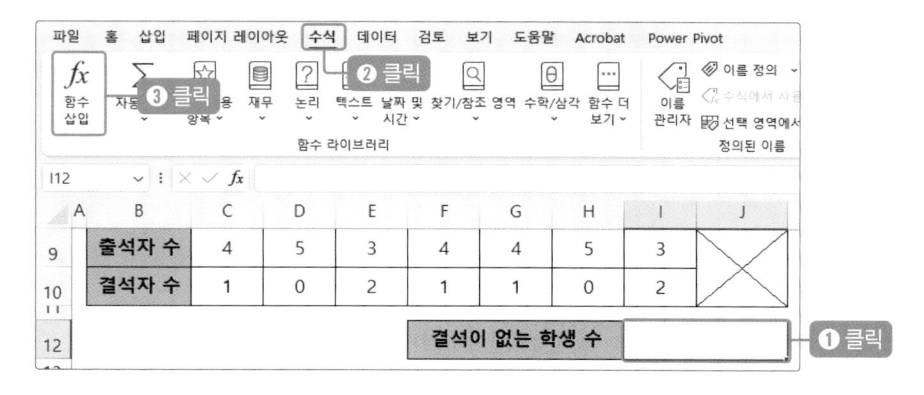

2 ▸ [함수 마법사] 대화상자가 나타나면 **COUNTIF**를 입력한 후 <검색>을 클릭해요. 함수 선택에서 COUNTIF가 선택되어 있으면 <확인>을 클릭해요.

3 ▸ [함수 인수] 대화상자가 나타나면 조건에 만족하는 셀의 개수를 구할 범위를 지정하기 위해 'Range'에 **[J4:J8]** 셀을 선택해요.

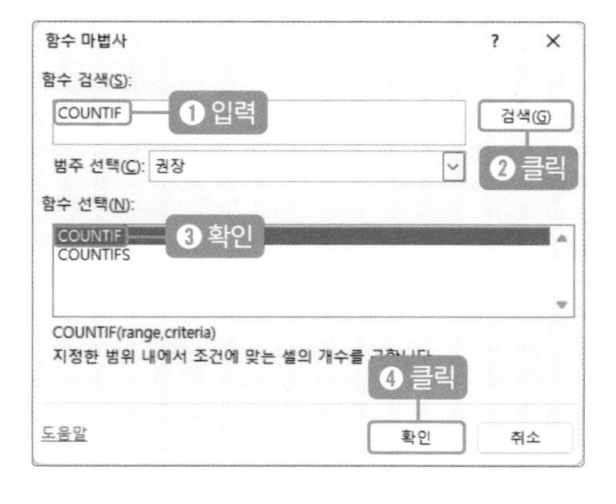

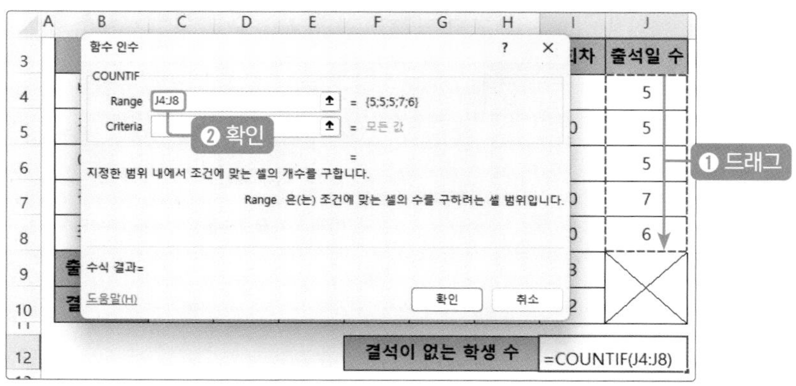

4 ▸ 결석이 없는 조건(7번 출석)을 지정하기 위해 'Criteria'에 **7**을 입력하고 <확인>을 클릭해요.

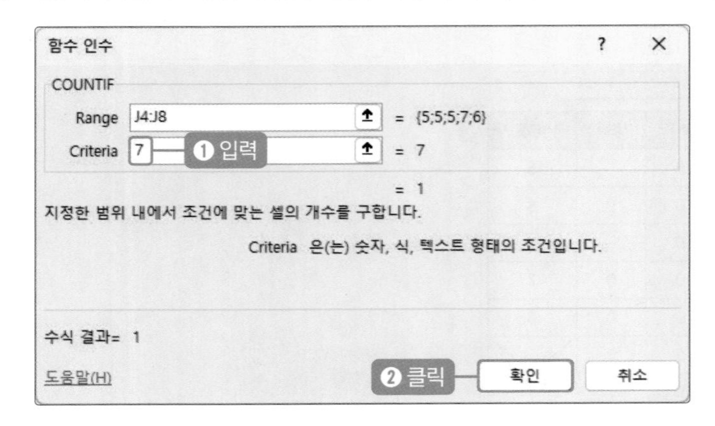

5 ▸ 숫자 뒤에 글자를 표시하기 위해 **[C9:I10], [I12]** 셀을 선택하고 Ctrl+1을 눌러요.

6 ▸ [셀 서식] 대화상자가 나타나면 [표시 형식] 탭-[사용자 지정]에서 **0"명"**을 입력하고 <확인>을 클릭해요.

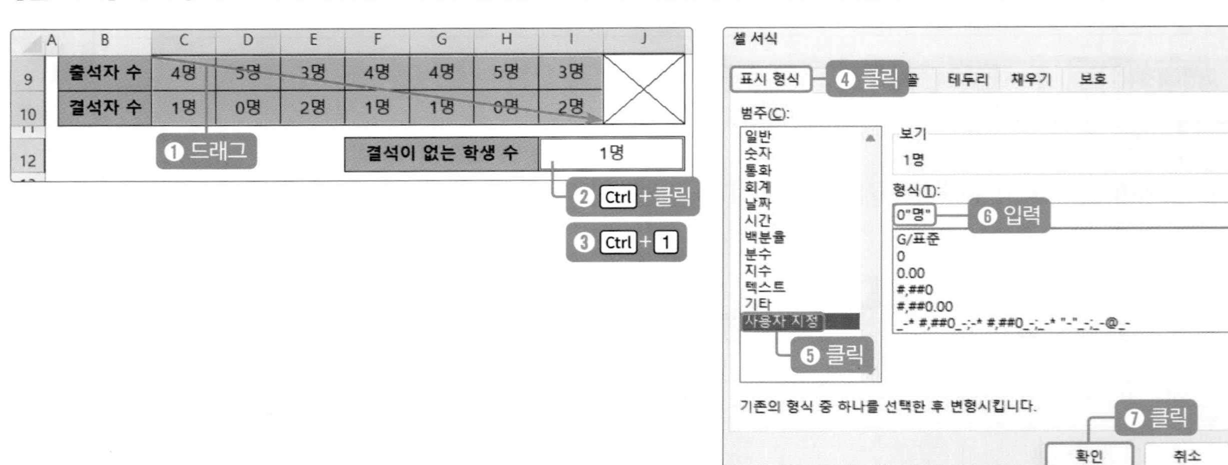

7 ▸ 숫자 뒤에 글자를 표시하기 위해 **[J4:J8]** 셀을 선택하고 Ctrl+1을 눌러요.

8 ▸ [셀 서식] 대화상자가 나타나면 [표시 형식] 탭-[사용자 지정]에서 **0"일"**을 입력하고 <확인>을 클릭해요.

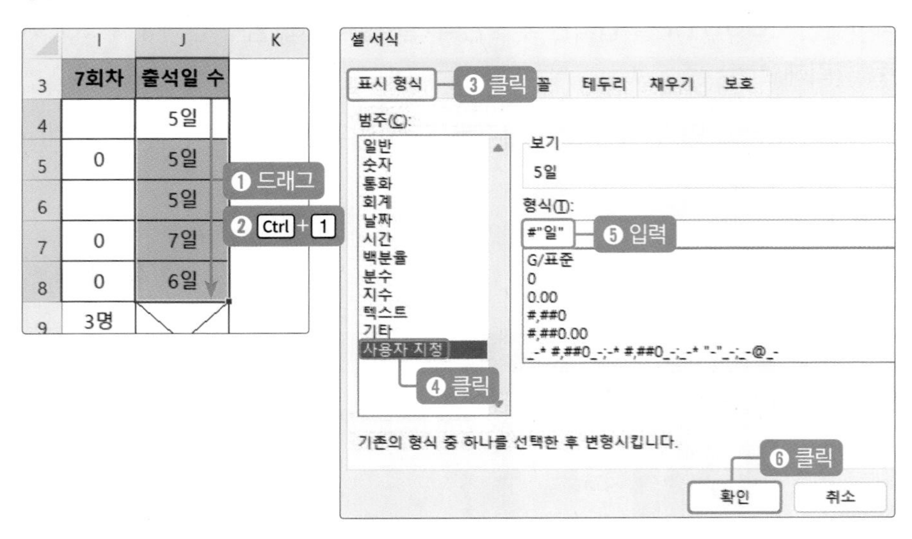

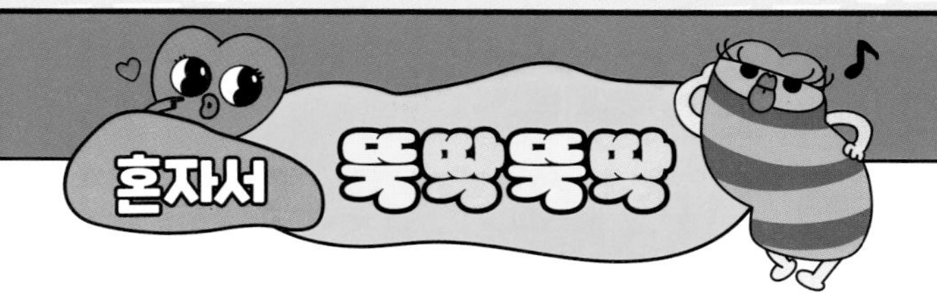

1 **문제 난이도(예제).xlsx 파일을 불러와 작성 조건에 맞게 시트를 완성해 보세요.**

• 실습파일 : 문제 난이도(예제).xlsx　　• 완성파일 : 문제 난이도(완성).xlsx

도전 골든벨 문제 난이도

이름	문제1	문제2	문제3	문제4	문제5	문제6	문제7
김미영	2	3	4	1	5	3	4
최숙희	1	2	4	3	5		4
유홍균	3		2	2	1	3	4
김지호	1	3	4	3	5	1	4
안영민	2	2		3	5		4
이승호	3	2	5	1	5	3	4
김기영			2	2	5	2	4
박은진	1	2	3	3	5	3	4
답 제출 인원수	7	6	7	8	8	6	8
미 제출 인원수	1	2	1	0	0	2	0
정답자 인원수	3	2	3	4	7	4	8
문제 난이도	보통	보통	보통	보통	쉬움	보통	쉬움
정답	1	3	4	3	5	3	4

작성 조건

• 데이터 및 수식 입력
- [C4:I11] : 데이터 입력
- COUNT 함수로 답을 제출한 인원수 구하기 : [C12:I12]
- COUNTBLANK 함수로 답을 제출하지 않은 인원수 구하기 : [C13:I13]
- COUNTIF 함수로 문제별 정답자 인원수 구하기 : [C14:I14]
- IF 함수로 정답자 인원수가 7명 이상이면 "쉬움", 그렇지 않으면 "보통"으로 표시 : [C15:I15]

#정렬 #자동 필터 #고급 필터

정렬과 필터로 숏폼 시청 현황표 만들기

- 데이터를 일정한 기준에 맞추어 정렬할 수 있어요.
- 자동 필터 기능을 이용하여 데이터를 정리할 수 있어요.
- 고급 필터 기능을 이용하여 원하는 데이터만 추출할 수 있어요.

정렬 일정한 기준에 따라 데이터를 순서대로 나열하는 기능으로 크게 '오름차순'과 '내림차순'으로 정렬할 수 있어요.

필터 많은 데이터 중에서 조건에 만족하는 데이터만 추출하는 기능이에요.

실습파일 : 숏폼시간(예제).xlsx 완성파일 : 숏폼시간(완성).xlsx

1일/분

성별이 여자인 학생

이름	학년	성별	숏츠	릴스	틱톡	시간 합계
김가인	3학년	여	30	50	0	80
박예린	4학년	여	40	0	0	40
한예진	5학년	여	0	30	10	40
손슬하	5학년	여	30	20	10	60

하루 시청 시간이 60분 이상인 학생

이름	학년	성별	숏츠	릴스	틱톡	시간 합계
김가인	3학년	여	30	50	0	80
유선진	3학년	남	20	30	40	90
박인수	4학년	남	30	30	20	80
최현욱	5학년	남	30	0	30	60
손슬하	5학년	여	30	20	10	60

1일/분

이름	학년	성별	숏츠	릴스	틱톡	시간 합계
김가인	3학년	여	30	50	0	80
박인수	4학년	남	30	30	20	80
유선진	3학년	남	20	30	40	90
최현욱	5학년	남	30	0	30	60
박예린	4학년	여	40	0	0	40
한예진	5학년	여	0	30	10	40
김준서	3학년	남	10	10	15	35
강호민	4학년	남	0	20	0	20
손슬하	5학년	여	30	20	10	60

학년	숏츠
3학년	>=30

이름	학년	성별	숏츠	릴스	틱톡	시간 합계
김가인	3학년	여	30	50	0	80

STEP 01 데이터 정렬하기

1 ▸ **숏폼시간(예제).xlsx** 파일을 불러와 데이터를 정렬하기 위해 **[B3:H12]** 셀을 선택하고 [데이터] 탭에서 **[정렬( )]**을 선택해요.

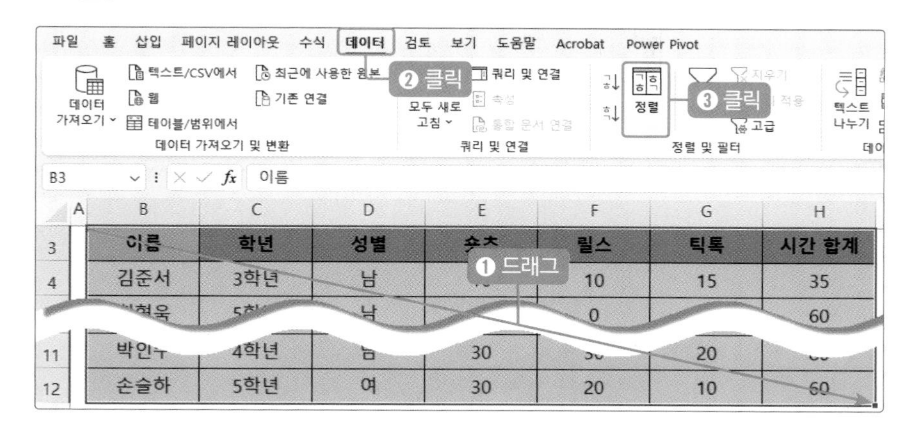

2 ▸ [정렬] 대화상자가 나타나면 '정렬 기준'-**학년**, '정렬'-**오름차순**으로 지정하고 <기준 추가>를 클릭해요. 기준이 추가되면 '다음 기준'-**시간 합계**, '정렬'-**오름차순**으로 지정하고 <확인>을 클릭해요.

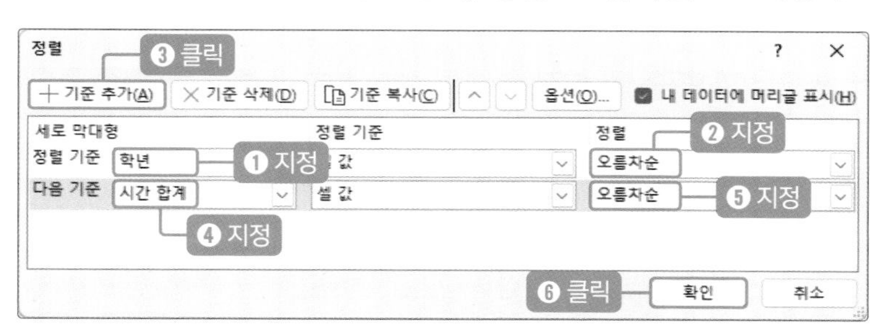

STEP 02 자동 필터 지정하기

1 ▸ 정렬된 데이터에 자동 필터를 지정하기 위해 **[B3]** 셀을 선택하고 [데이터] 탭에서 **[필터( )]**를 클릭해요. 필터가 적용되면 필드명 옆에 필터 버튼( )이 표시돼요.

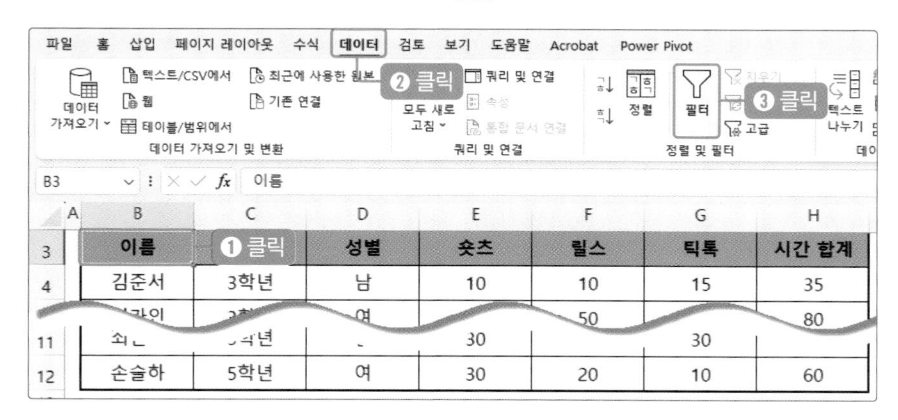

2 ▸ 성별이 **여자**인 데이터만 표시하기 위해 **[D3]** 셀의 필터 버튼(▾)를 클릭해요. 이어서, **남** 체크를 없앤 후 <확인>을 클릭해요.

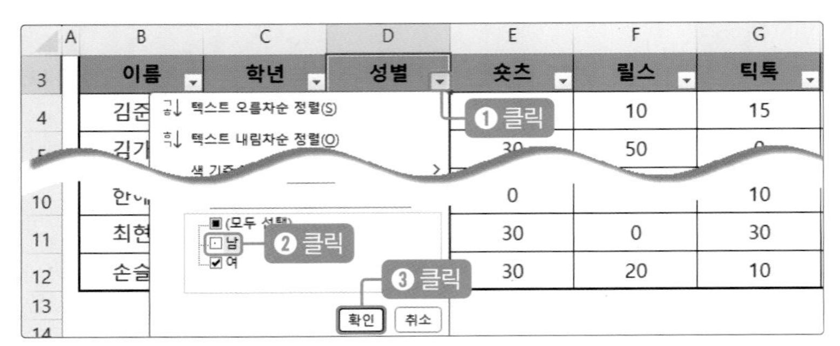

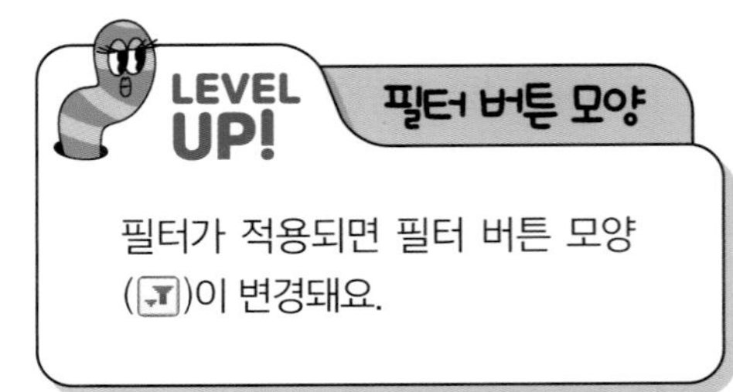

3 ▸ 필터 결과값만 복사하기 위해 **[B3:H12]** 셀을 선택하고 Ctrl+C를 눌러요.

	B	C	D	E	F	G	H
3	이름	학년	성별	숏츠	릴스	틱톡	시간 합계
5	김가인	3학년	여	30		0	80
8	박예린	4학년	여	40	0	0	40
10	한예진	5학년	여	0	30	10	40
12	손슬하	5학년	여	30	20	10	60

드래그 후 Ctrl+C

4 ▸ **[자동 필터]** 시트를 클릭하고 **[B5]** 셀을 선택한 후 Enter를 눌러 붙여넣기를 해요.

	B	C	D	E	F	G	H
5	이름	학년	성별	숏츠	릴스	틱톡	시간 합계
6	김가인		여	30	50	0	80
7	박예린	4학년	여	40	0	0	40
8	한예진	5학년	여	0	30	10	40
9	손슬하	5학년	여	30	20	10	60

② 클릭 후 Enter

자료 | 자동 필터 ① 클릭

5 ▸ 다시 **[자료]** 시트를 선택한 후 필터를 지우기 위해 [데이터] 탭에서 **[지우기( )]**를 선택해요.

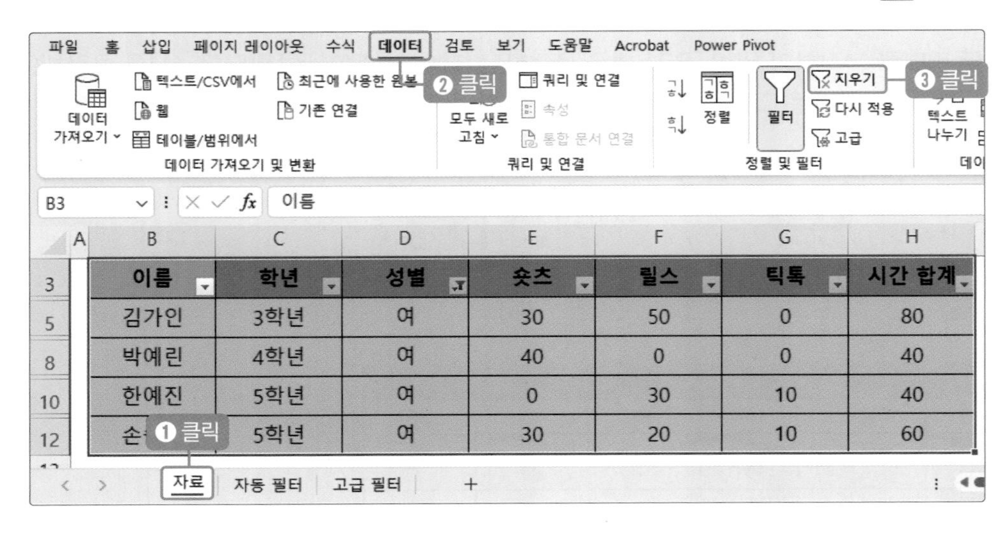

6 ▸ 이번에는 시간 합계가 **60** 이상인 데이터만 표시하기 위해 **[H3]** 셀의 필터 버튼(▼)를 클릭해요. 이어서, [숫자 필터]-**크거나 같음**을 선택해요.

7 ▸ [사용자 지정 자동 필터] 대화상자가 나타나면 시간 합계 항목의 값에 **60**을 입력하고 <확인>을 클릭해요.

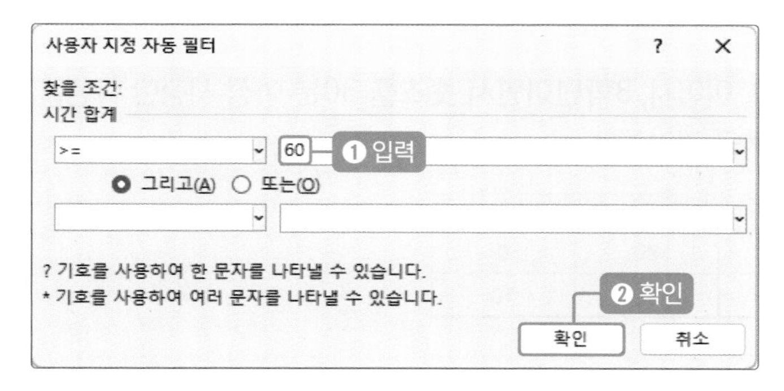

8 ▸ 필터 결과값만 복사하기 위해 **[B3:H12]** 셀을 선택하고 Ctrl+C를 눌러요.

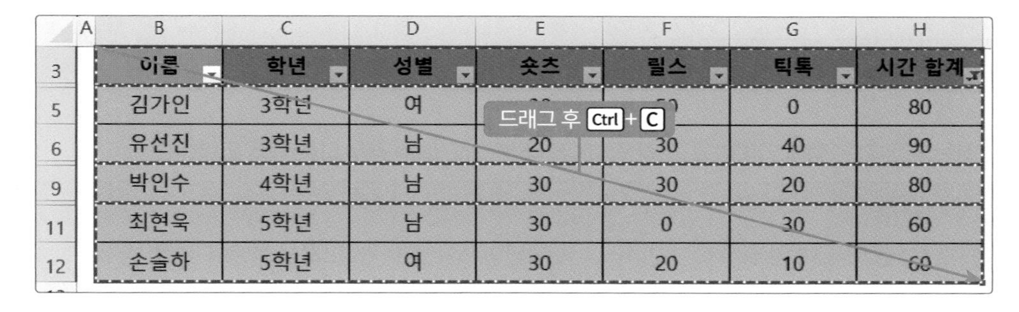

9 ▸ **[자동 필터]** 시트를 클릭하고 **[B13]** 셀을 선택한 후 Enter를 눌러 붙여넣기를 해요.

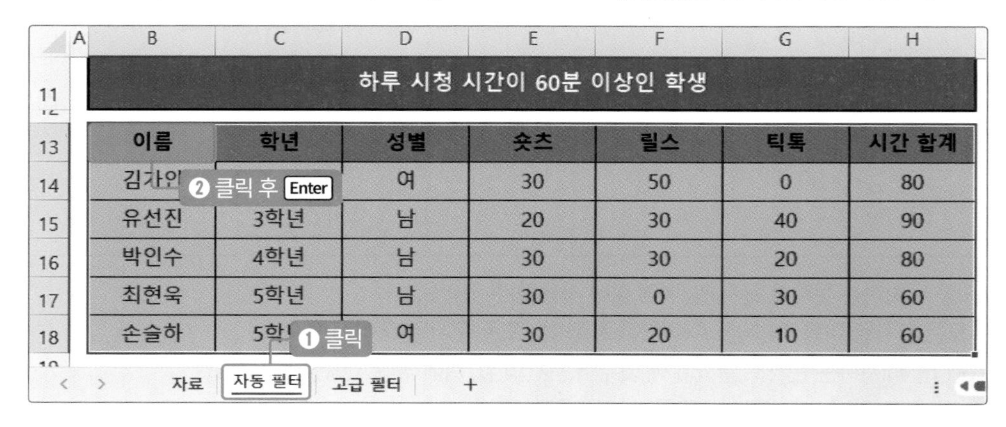

STEP 03 고급 필터 지정하기

1 ▸ 시트탭에서 **[고급 필터]** 시트를 선택해요. 이어서, 고급 필터의 조건을 만들기 위해 **[C3]** 셀과 **[E3]** 셀을 각각 선택한 후 Ctrl+C를 눌러 복사해요.

	A	B	C	D	E	F	G	H
3		이름	학년	성별	숏츠	릴스	틱톡	시간 합계
4		김가인	3학년	여	30		0	80
5		박인수	4학년	남	30	30	20	80
6		유선진	3학년	남	20	30	40	90
7		최현욱	5학년	남	30	0	30	60
8		박예린	4학년	여	40	0	0	40

자료 | 자동 필터 | 고급 필터 | +

❶ 클릭 ❷ 클릭 ❸ Ctrl+클릭

2 ▸ **[B14]** 셀을 선택하고 Enter를 눌러 붙여 넣어요. 이어서, **3학년이면서 숏츠를 30분 이상** 시청한 학생을 추출하기 위해 **[B15:C15]** 셀에 조건(**3학년, >=30**)을 입력해요.

	A	B	C	D	E	F	G
11		강호민	4학년	남	0	20	0
12		손슬하	5학년	여	30	20	10
13							
14		학년	숏츠				
15		3학년	>=30				

❶ 클릭 후 Enter ❷ 입력

LEVEL UP! 고급 필터 조건 지정 및 만능문자

• 조건을 모두 만족해야 하는 경우 같은 행에 입력하고, 조건 중 하나만 만족해도 되는 경우 다른 행에 입력해요.

AND 조건

• 학년이 '3학년'이면서 성별이 '여'인 경우

학년	성별
3학년	여

• 시간 합계가 '60'이상이면서 '80'이하인 경우

시간 합계	시간 합계
>=60	<=80

OR 조건

• 학년이 '3학년' 이거나(또는) 성별이 '여'인 경우

학년	성별
3학년	
	여

• 학년이 '3학년' 이거나(또는) '5학년'인 경우

학년
3학년
5학년

• 만능문자(*) : 모든 문자를 대치하는 문자로 문자 앞/뒤에 붙여 사용할 수 있어요.
  - 이* : 이로 시작하는 모든 문자열(이름, 이순신) / *이 : 이로 끝나는 모든 문자열(오이, 고양이)

• 만능문자(?) : 하나의 문자를 대치하는 문자로 글자 수에 맞추어 문자의 앞/뒤에 붙여 사용할 수 있어요.
  - 이?? : 이로 시작하는 세 글자(이발소) / ?이 : 이로 끝나는 두 글자(구이)

3 ▸ 고급 필터를 지정하기 위해 **[B3:H12]** 셀을 선택하고 [데이터] 탭에서 **[고급( )]**을 클릭해요.

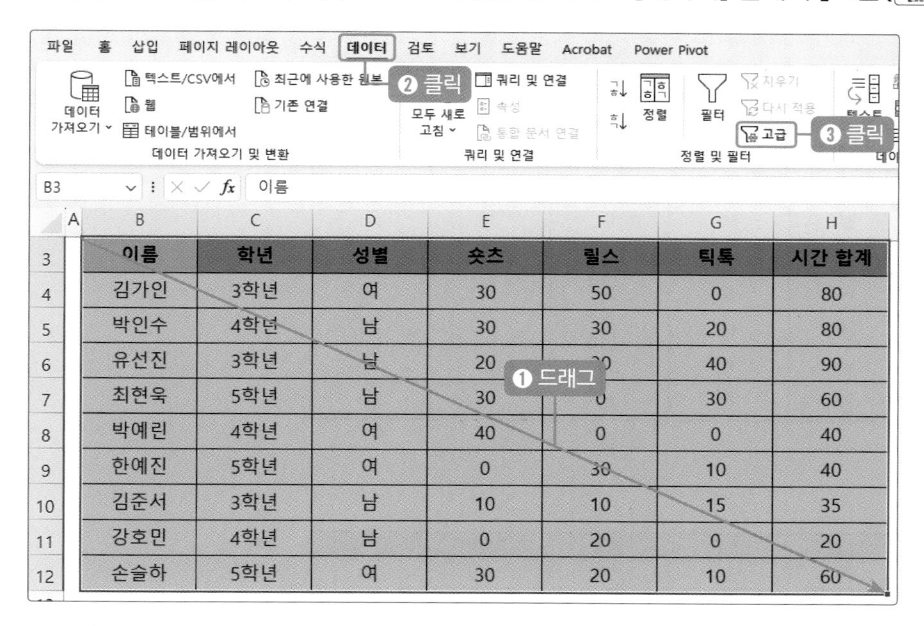

4 ▸ [고급 필터] 대화상자가 나타나면 '결과'를 **다른 장소에 복사**로 선택하고 '조건 범위' 입력란을 클릭한 후 **[B14:C15]** 셀을 드래그해요. 이어서, '복사 위치' 입력란을 클릭하여 **[B17]** 셀을 선택한 후 <확인>을 클릭해요.

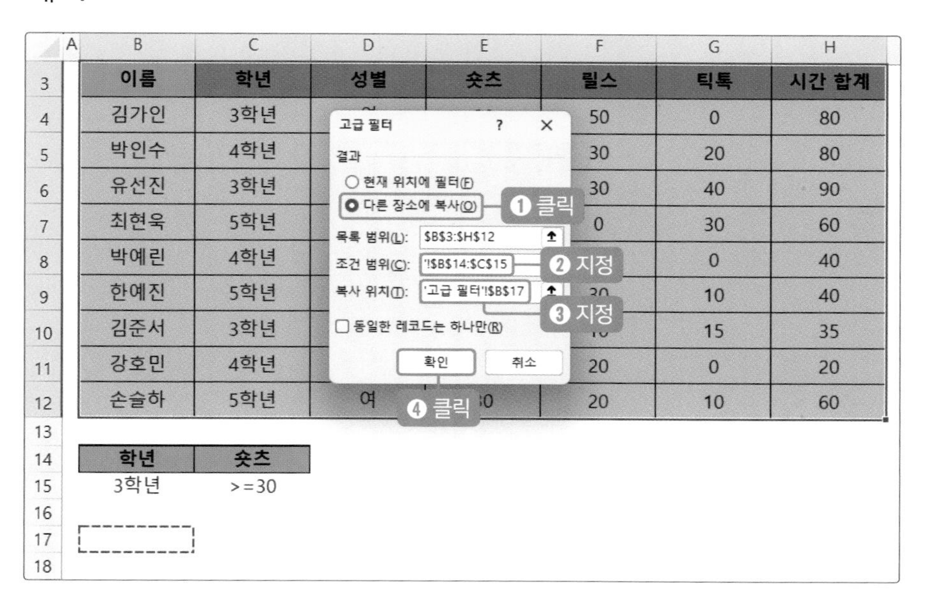

고급 필터

- 현재 위치에 필터 : 필터 결과를 범위로 지정한 현재 목록 범위에 표시해요.
- 다른 장소에 복사 : '복사 위치'에서 지정한 위치에 필터 결과를 표시해요.
- 목록 범위 : 조건에 맞추어 필터링 하려는 원본 데이터 범위를 지정해요.
- 조건 범위 : 필터 조건이 입력된 범위를 지정해요.
- 복사 위치 : '다른 장소에 복사'를 선택했을 때 필터 결과가 표시될 위치를 지정해요.

5 ▸ '학년'이 **3학년**이면서 '숏츠'를 **30분 이상** 시청한 학생이 필터링된 결과를 확인해요.

	A	B	C	D	E	F	G	H
3		이름	학년	성별	숏츠	릴스	틱톡	시간 합계
4		김가인	3학년	여	30	50	0	80
5		박인수	4학년	남	30	30	20	80
6		유선진	3학년	남	20	30	40	90
7		최현욱	5학년	남	30	0	30	60
8		박예린	4학년	여	40	0	0	40
9		한예진	5학년	여	0	30	10	40
10		김준서	3학년	남	10	10	15	35
11		강호민	4학년	남	0	20	0	20
12		손슬하	5학년	여	30	20	10	60
13								
14		학년	숏츠					
15		3학년	>=30					
16								
17		이름	학년	성별	숏츠	릴스	틱톡	시간 합계
18		김가인	3학년	여	30	50	0	80

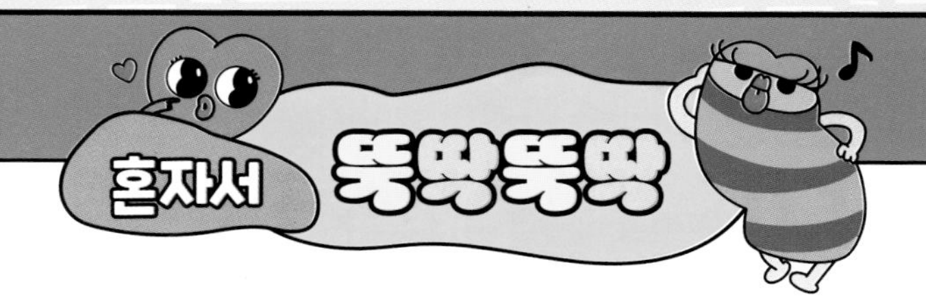

1 줄넘기(예제).xlsx 파일을 불러와 작성 조건에 맞게 시트를 완성해 보세요.

• 실습파일 : 줄넘기(예제).xlsx • 완성파일 : 줄넘기(완성).xlsx

방과후수업 줄넘기 기록

평균이 50 이상인 학생

번호	이름	종류	1차 시도	2차 시도	평균
A00001	김고운	양발 모아 뛰기	50	55	52.5
A00003	성나정	앞뒤로 흔들어 뛰기	46	55	50.5
B00004	오승환	엇걸었다 풀어 뛰기	87	33	60
C00006	김혜윤	엇걸었다 풀어 뛰기	56	58	57

종류가 '양발 모아 뛰기'인 학생

번호	이름	종류	1차 시도	2차 시도	평균
A00001	김고운	양발 모아 뛰기	50	55	52.5
A00005	박소담	양발 모아 뛰기	32	46	39
B00008	이진혁	양발 모아 뛰기	34	30	32
C00009	안정하	양발 모아 뛰기	31	29	30
B00013	이가온	양발 모아 뛰기	53	46	49.5

▲[자동 필터] 시트

번호	이름	종류	1차 시도	2차 시도	평균
B00004	오승환	엇걸었다 풀어 뛰기	87	33	60
C00006	김혜윤	엇걸었다 풀어 뛰기	56	58	57
A00001	김고운	양발 모아 뛰기	50	55	52.5
A00003	성나정	앞뒤로 흔들어 뛰기	46	55	50.5
B00013	이가온	양발 모아 뛰기	53	46	49.5
B00014	권이현	앞뒤로 흔들어 뛰기	51	48	49.5
A00007	김우석	앞뒤로 흔들어 뛰기	36	57	46.5
A00005	박소담	양발 모아 뛰기	32	46	39
C00012	김시온	엇걸었다 풀어 뛰기	42	34	38
A00011	나여경	앞뒤로 흔들어 뛰기	45	30	37.5
C00010	사혜준	앞뒤로 흔들어 뛰기	40	28	34
B00002	이재준	엇걸었다 풀어 뛰기	35	32	33.5
B00008	이진혁	양발 모아 뛰기	34	30	32
C00009	안정하	양발 모아 뛰기	31	29	30

번호	종류
A*	앞뒤로 흔들어 뛰기

번호	이름	종류	1차 시도	2차 시도	평균
A00003	성나정	앞뒤로 흔들어 뛰기	46	55	50.5
A00007	김우석	앞뒤로 흔들어 뛰기	36	57	46.5
A00011	나여경	앞뒤로 흔들어 뛰기	45	30	37.5

▲[고급 필터] 시트

작성 조건

- [자동 필터] 시트
  - [기본] 시트에서 필터 기능을 이용하여 조건에 맞는 데이터를 추출한 후 복사 및 붙여넣기
  - 필터 조건 : 평균이 '50' 이상인 학생, 종류가 '양발 모아 뛰기'인 학생
- [고급 필터] 시트
  - 정렬 : '평균'을 기준으로 '내림차순' 정렬
  - 고급 필터 조건 : 번호가 'A'로 시작(A*)하면서 종류가 '앞뒤로 흔들어 뛰기'인 데이터
  - 고급 필터 : 다른 장소에 복사, 조건 범위([B19:C20]), 복사 위치([B22])

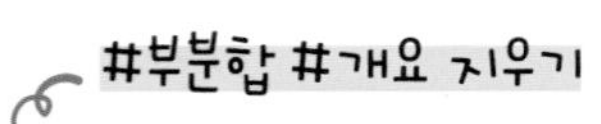

23

부분합으로 2학기 반별 성적표 만들기

학습목표

- 데이터를 일정한 기준에 맞추어 정렬할 수 있어요.
- 2개 이상의 부분합을 함께 표시할 수 있어요.

닭날개	2
닭다리	2
닭똥집	1

머리카락	0
발가락	6
발톱	6

똥머리	1
콧구멍	2
안경알	2

부분합 데이터를 그룹별로 분류하고 해당 그룹별로 특정 계산(합계, 평균 등)을 수행할 수 있는 기능이에요.

미리보기

실습파일 : 성적표(예제).xlsx 완성파일 : 성적표(완성).xlsx

2학기 반별 성적표

반	이름	국어	영어	수학	과학	총점	평균
1반	김유빈	100	90	90	85	365	91
1반	박성진	95	85	75	85	340	85
1반	조서영	85	80	90	100	355	89
1반	최민영	80	85	100	95	360	90
1반 평균							89
1반 요약						1420	
2반	김민지	85	80	70	90	325	81
2반	박슬기	75	80	85	90	330	83
2반	한예지	75	85	85	80	325	81
2반	홍기준	85	80	70	80	315	79
2반 평균							81
2반 요약						1295	
3반	김두현	85	100	75	80	340	85
3반	신정현	90	75	80	100	345	86
3반	이다희	90	85	85	75	335	84
3반	황민준	90	85	85	95	355	89
3반 평균							86
3반 요약						1375	
전체 평균							85
총합계						4090	

STEP 01 데이터 정렬하기

1 ▸ **성적표(예제).xlsx** 파일을 불러와 데이터를 정렬하기 위해 **[B3:I15]** 셀을 선택하고 [데이터] 탭에서 **[정렬( )]**을 선택해요.

파일 홈 삽입 페이지 레이아웃 수식 데이터 검토 보기 도움말 Acrobat Power Pivot

데이터 가져오기 · 텍스트/CSV에서 · 웹 · 테이블/범위에서 · 최근에 사용한 원본 · 기존 연결 · 데이터 가져오기 및 변환 · 모두 새로 고침 · 쿼리 및 연결 · 속성 · 통합 문서 연결 · 쿼리 및 연결 · 정렬 · 지우기 · 고급 · 정렬 및 필터

❶ 드래그 ❷ 클릭 ❸ 클릭

B3 반

반	이름	국어	영어	수학	과학	총점	평균
1반	박성진	95	85	75	85	340	85
2반	김민지	85	80	70	90	325	81.25
3반	신정현	90	75	80	100	345	86.25
2반	한예지	75	85		80	325	81.25
1반	김유빈	100	90	90	85	365	91.25
3반	이다희	90	85	85	75	335	83.75
3반	김두현	85	100	75	80	340	85
2반	박슬기	75	80	85	90	330	82.5
1반	최민영	80	85	100	95	360	90
1반	조서영	85	80	90	100	355	88.75
2반	홍기준	85	80	70	80	315	78.75
3반	황민준	90	85	85	95	355	88.75

2 ▸ [정렬] 대화상자가 나타나면 '정렬 기준'-**반**, '정렬'-**오름차순**으로 지정하고 <기준 추가>를 클릭해요. 기준이 추가되면 '다음 기준'-**이름**, '정렬'-**오름차순**으로 지정하고 <확인>을 클릭해요.

정렬 작업

부분합을 지정하기 위해서는 그룹화할 항목이 반드시 정렬되어 있어야 해요.

STEP 02 부분합 작성하기

1 ▸ 부분합을 작성하기 위해 [B3] 셀을 선택하고 [데이터] 탭에서 **[부분합( )]**을 클릭해요.

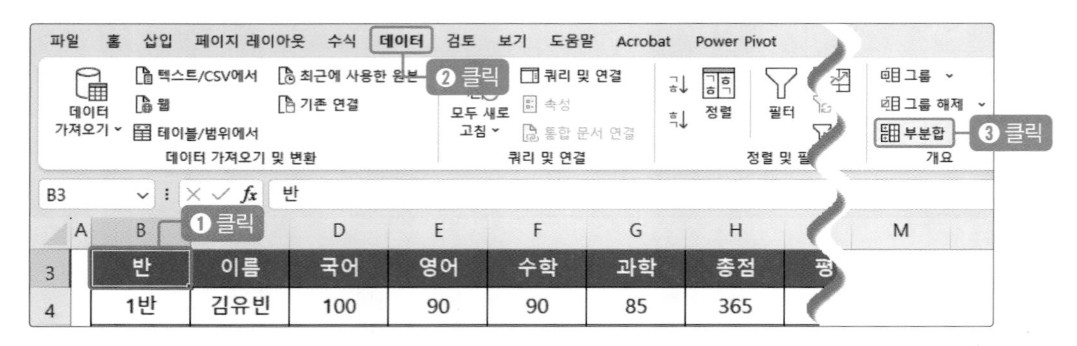

2 ▸ [부분합] 대화상자가 나타나면 '그룹화할 항목'–**반**, '사용할 함수'–**합계**, '부분합 계산 항목'–**총점**을 체크하고, **평균**의 체크를 해제한 후 <확인>을 클릭해요.

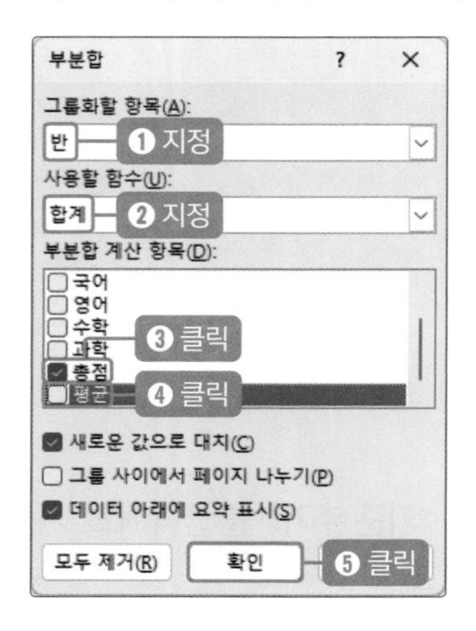

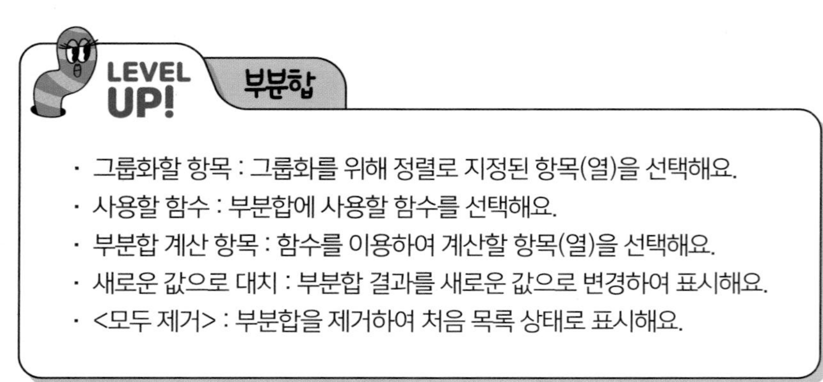

부분합

- 그룹화할 항목 : 그룹화를 위해 정렬로 지정된 항목(열)을 선택해요.
- 사용할 함수 : 부분합에 사용할 함수를 선택해요.
- 부분합 계산 항목 : 함수를 이용하여 계산할 항목(열)을 선택해요.
- 새로운 값으로 대치 : 부분합 결과를 새로운 값으로 변경하여 표시해요.
- <모두 제거> : 부분합을 제거하여 처음 목록 상태로 표시해요.

3 ▸ 반별로 총점이 요약되어 표시되면 두 번째 부분합을 작성하기 위해 [데이터] 탭에서 **[부분합( )]**을 다시 클릭해요.

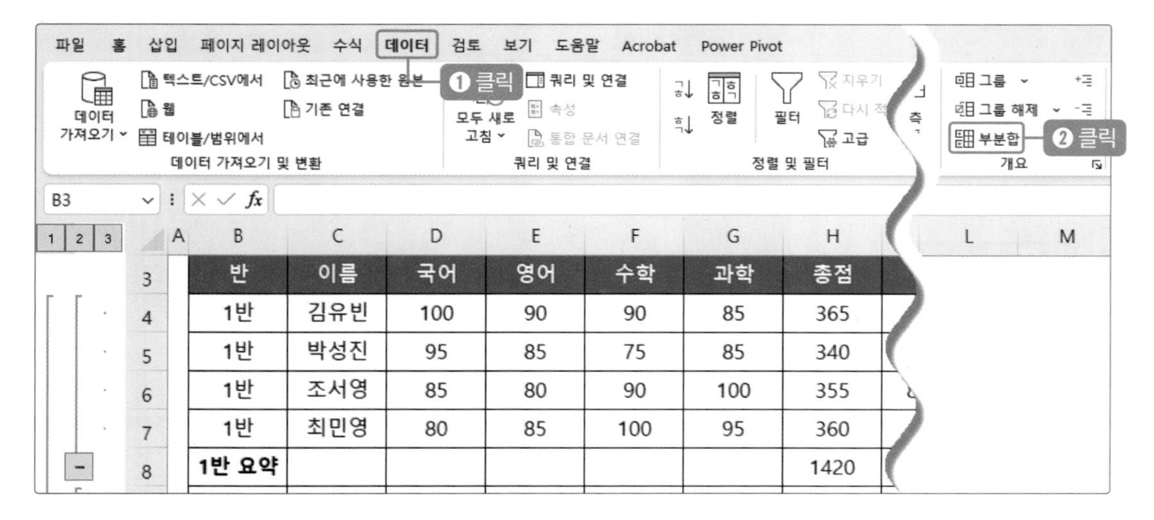

4 ▸ [부분합] 대화상자가 나타나면 '그룹화할 항목'–**반**, '사용할 함수'–**평균**, '부분합 계산 항목'–**평균**을 체크하고, **총점**의 체크를 해제해요. 이어서, **새로운 값으로 대치**의 체크를 해제하고 <확인>을 클릭해요.

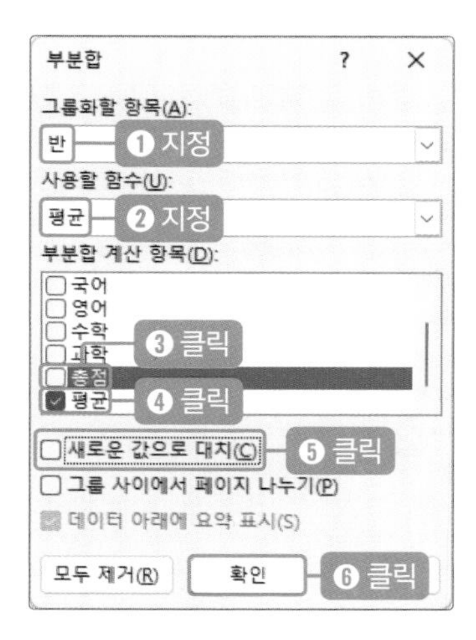

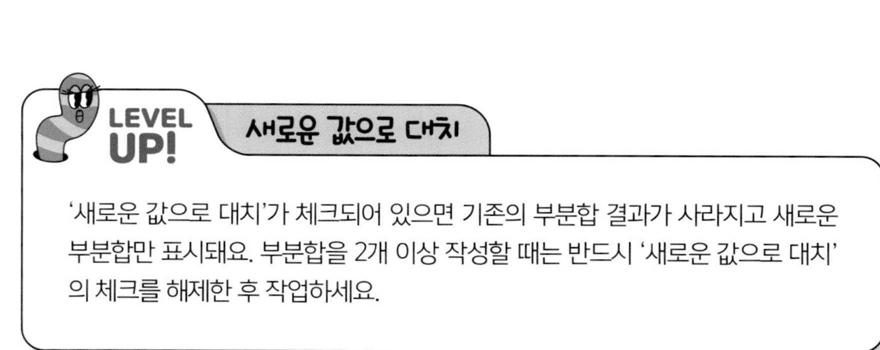

'새로운 값으로 대치'가 체크되어 있으면 기존의 부분합 결과가 사라지고 새로운 부분합만 표시돼요. 부분합을 2개 이상 작성할 때는 반드시 '새로운 값으로 대치'의 체크를 해제한 후 작업하세요.

5 ▸ 반별로 평균이 추가되면 평균의 소숫점 자릿수를 줄이기 위해 **[I4:I23]** 셀을 선택한 후 [홈] 탭에서 **[자릿수 줄임( )]**을 2번 클릭해요.

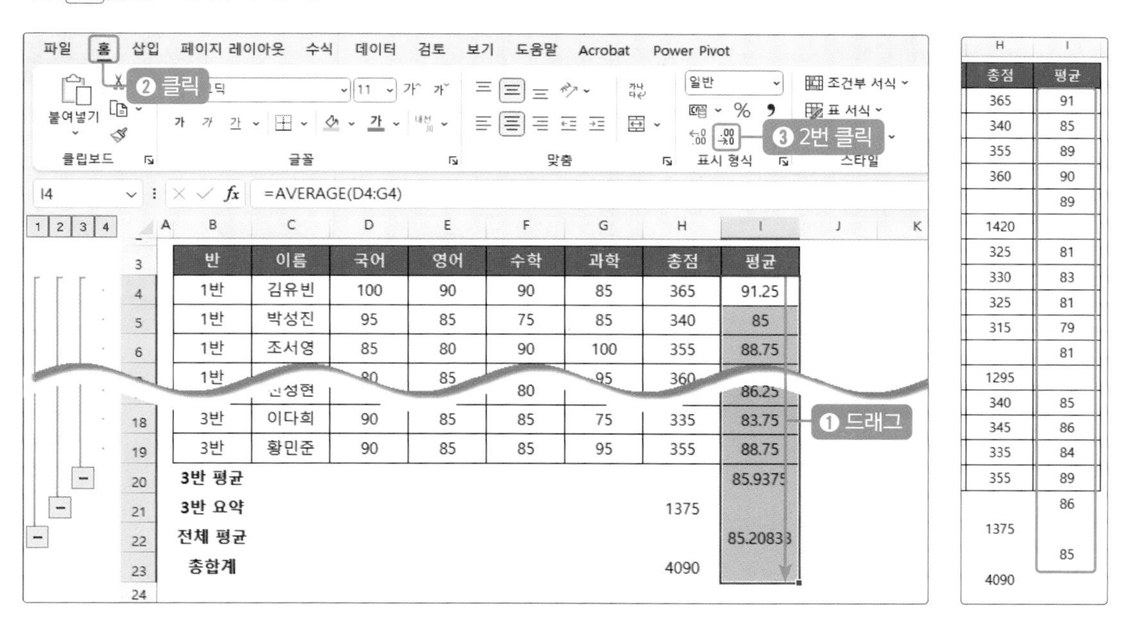

6 ▸ 테두리가 없는 **[B20:I23]** 셀을 선택하고 [홈] 탭에서 [테두리]–**모든 테두리**를 선택해요.

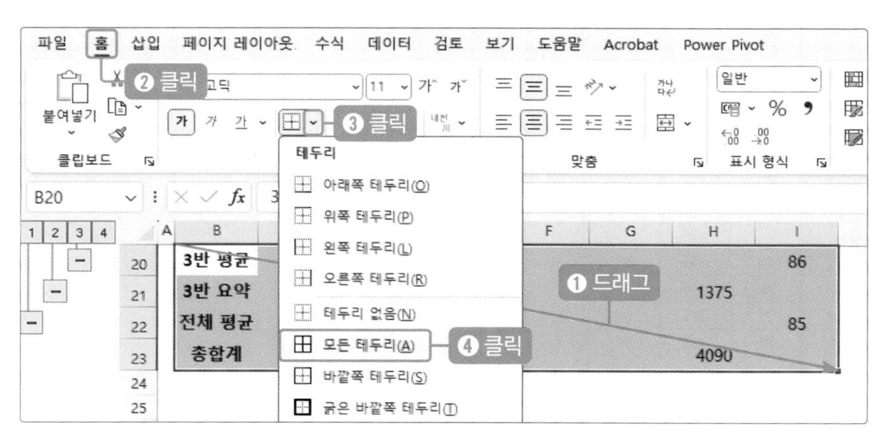

7 ▸ 부분합에서 요약된 내용만 확인하기 위해 개요 [3]을 클릭해요.

반	이름	국어	영어	수학	과학	총점	평균
1반 평균							89
1반 요약						1420	
2반 평균							81
2반 요약						1295	
3반 평균							86
3반 요약						1375	
전체 평균							85
총합계						4090	

STEP 03 개요 지우기

1 ▸ 부분합의 개요 버튼을 지우기 위해 [데이터] 탭에서 [그룹 해제()]-**개요 지우기**를 선택해요.

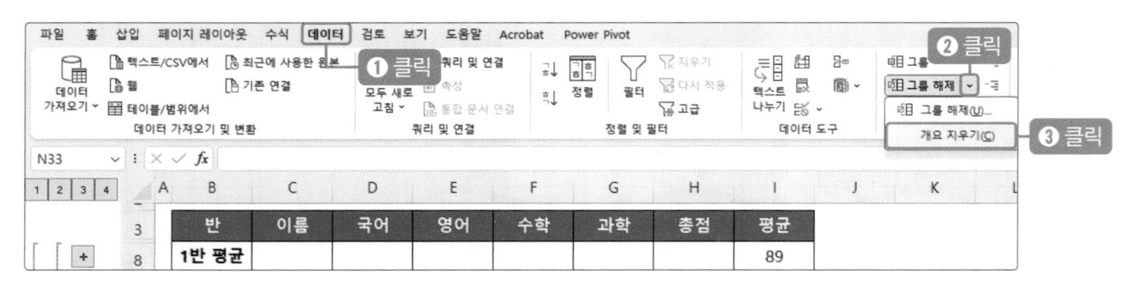

2 ▸ 개요가 지워지면서 모든 데이터가 표시되는 것을 확인해요.

반	이름	국어	영어	수학	과학	총점	평균
1반	김유빈	100	90	90	85	365	91
1반	박성진	95	85	75	85	340	85
1반	조서영	85	80	90	100	355	89
1반	최민영	80	85	100	95	360	90
1반 평균							89
1반 요약						1420	
2반	김민지	85	80	70	90	325	81
2반	박슬기	75	80	85	90	330	83
2반	한예지	75	85	85	80	325	81
2반	홍기준	85	80	70	80	315	79
2반 평균							81
2반 요약						1295	
3반	김두현	85	100	75	80	340	85
3반	신정현	90	75	80	100	345	86
3반	이다희	90	85	85	75	335	84
3반	황민준	90	85	85	95	355	89
3반 평균							86
3반 요약						1375	
전체 평균							85
총합계						4090	

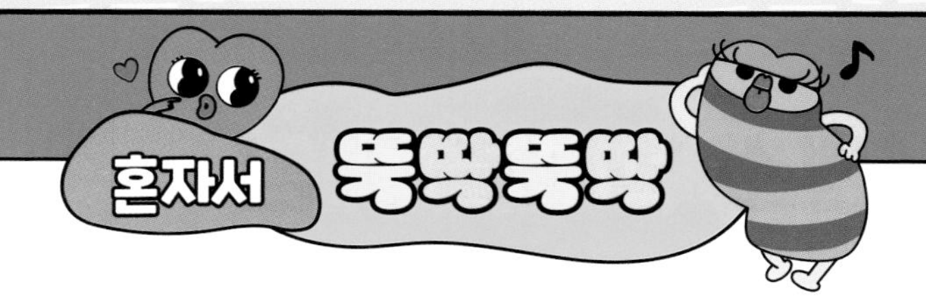

1 관광지 순위(예제).xlsx 파일을 불러와 작성 조건에 맞게 시트를 완성해 보세요.

• 실습파일 : 관광지 순위(예제).xlsx • 완성파일 : 관광지 순위(완성).xlsx

세계 관광지 순위

	순위	대륙	국가	관광지	언어	방문자수
4	7위	북아메리카	미국	뉴욕	영어	13,600,000
5		**북아메리카 개수**	1			
6		**북아메리카 요약**				13,600,000
7	15위	아시아	태국	파타야	타이어	9,440,000
8	14위	아시아	태국	푸켓	타이어	9,890,000
9	13위	아시아	사우디아라비아	메카	아랍어	10,000,000
10	12위	아시아	일본	오사카	일어	10,140,000
11	11위	아시아	대한민국	서울	한국어	11,250,000
12	10위	아시아	터키	안탈리아	튀르키예어	12,410,000
13	9위	아시아	일본	도쿄	일어	12,930,000
14	8위	아시아	터키	이스탐불	튀르키예어	13,400,000
15	6위	아시아	말레이시아	쿠알라룸푸르	말레이어	13,790,000
16	5위	아시아	싱가포르	싱가포르	말레이어	14,670,000
17	4위	아시아	아랍에미리트	두바이	아랍어	15,930,000
18	1위	아시아	태국	방콕	타이어	22,780,000
19		**아시아 개수**	12			
20		**아시아 요약**				156,630,000
21	3위	유럽	영국	런던	영어	19,090,000
22	2위	유럽	프랑스	파리	프랑스어	19,100,000
23		**유럽 개수**	2			
24		**유럽 요약**				38,190,000
25		**전체 개수**	15			
26		**총합계**				208,420,000

작성 조건

- 정렬 : '대륙'을 '오름차순' 정렬 → '방문자수'를 '오름차순' 정렬
- 부분합 1 : 그룹화할 항목 '대륙', 사용할 함수 '합계', 부분합 계산 항목 '방문자수'
- 부분합 2 : 그룹화할 항목 '대륙', 사용할 함수 '개수', 부분합 계산 항목 '국가', 새로운 값으로 대치 체크 해제
- [B23:G26] : 모든 테두리 지정
- 개요 지우기

넌센스 방탈출 게임

☆ 드디어 마지막 시간이에요. 그동안 열심히 공부했으니 오늘은 내가 얼마나 센스를 가지고 있는지 확인해 보는 시간을 가져볼까요? 똑똑하지 않아도, 특별한 지식이 없어도 누구나 풀 수 있는 문제들이에요. 문제를 보고 정답을 생각해 보세요.

미리보기

실습파일 : 방탈출(예제).xlsx 완성파일 : 방탈출(완성).xlsx

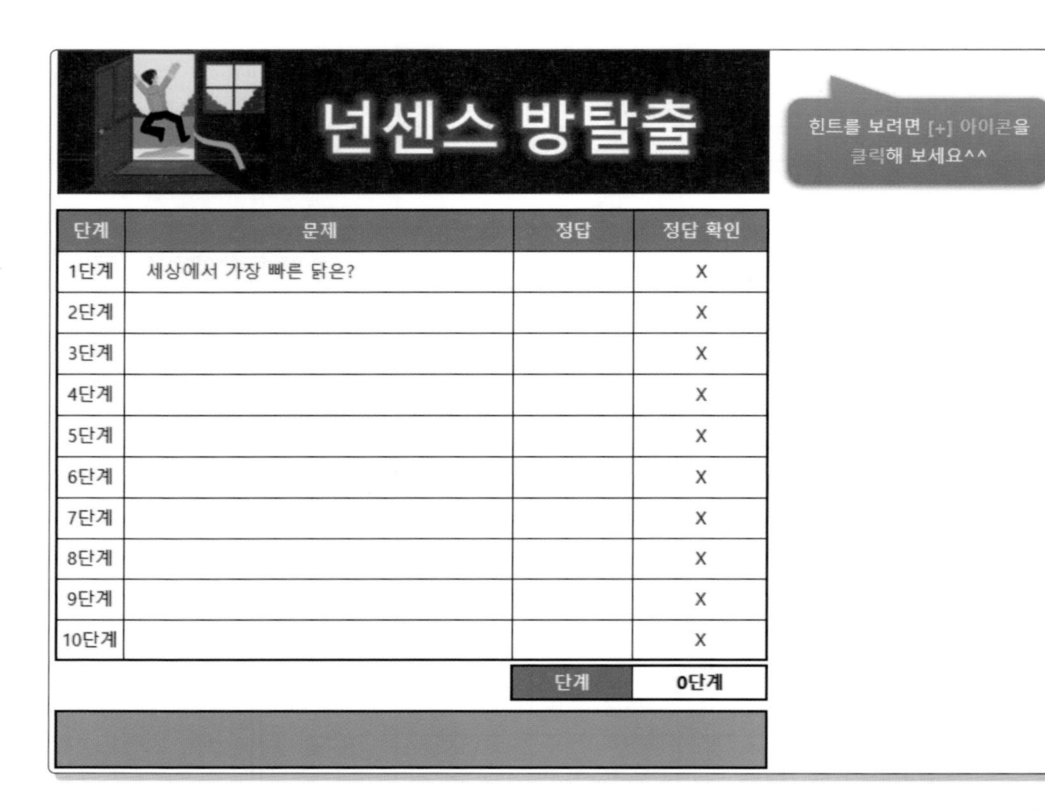

단계	문제	정답	정답 확인
1단계	세상에서 가장 빠른 닭은?		X
2단계			X
3단계			X
4단계			X
5단계			X
6단계			X
7단계			X
8단계			X
9단계			X
10단계			X

단계	0단계

놀이 인원 개인전

놀이 시간 10분

놀이 방법

1. 친구와 같은 시간에 게임을 시작해요.
2. 단계별 문제를 차근 차근 풀어요. 순서대로 정답을 맞추지 못하면 다음 문제가 표시되지 않아요.
3. 정답을 모르겠다면 힌트를 활용해 정답을 맞춰요.
4. 차례대로 10개의 문제를 모두 푼 후 방을 탈출했다는 메시지가 먼저 나오는 사람이 이기는 게임이에요

STEP 01 IF 함수로 정답 확인하기

1 ▸ 입력한 정답이 맞는지 확인하기 위해 **[E4]** 셀을 선택하고 IF 함수식을 작성해요.
- 함수식 : =IF(D4=F4,“O”,“X”)

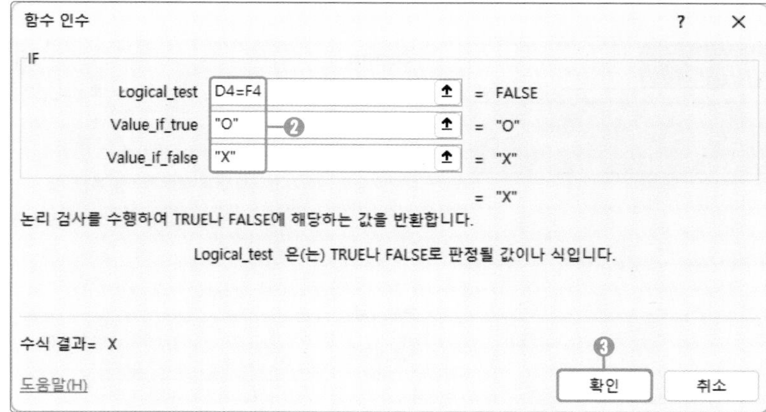

2 ▸ 정답 확인이 구해지면 **[E4]** 셀의 채우기 핸들을 더블클릭하여 함수식을 복사해요.

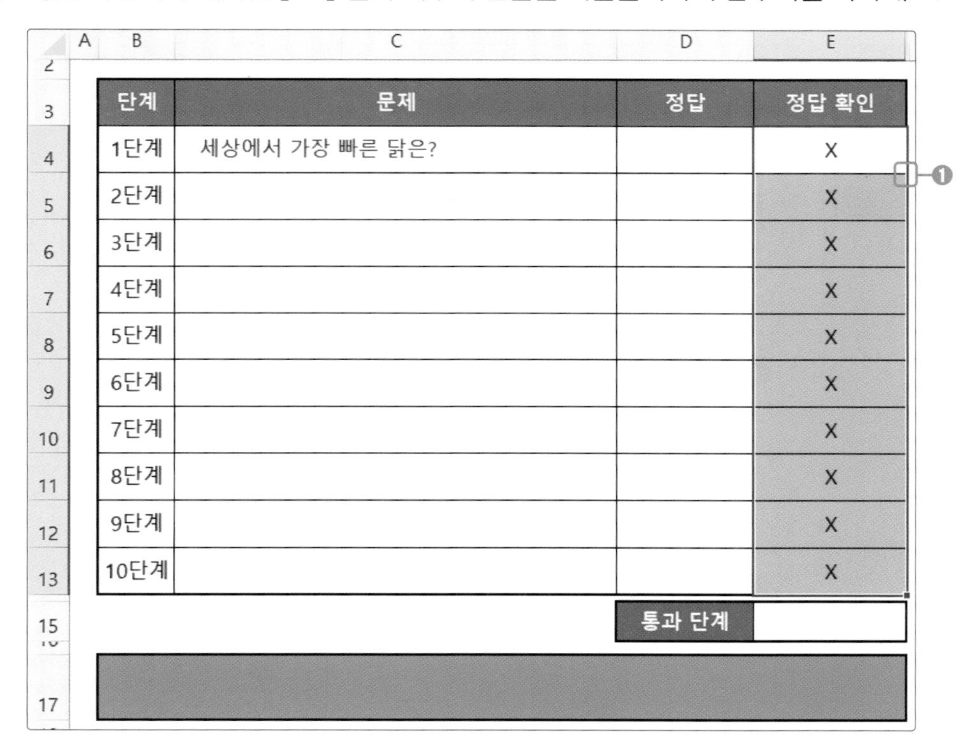

STEP 02 COUNTIF 함수로 통과 단계 구하기

1 통과 단계를 표시하기 위해 **[E15]** 셀을 선택하고 COUNTIF 함수식을 작성해요.
- 함수식 : =COUNTIF(E4:E13,“O”)

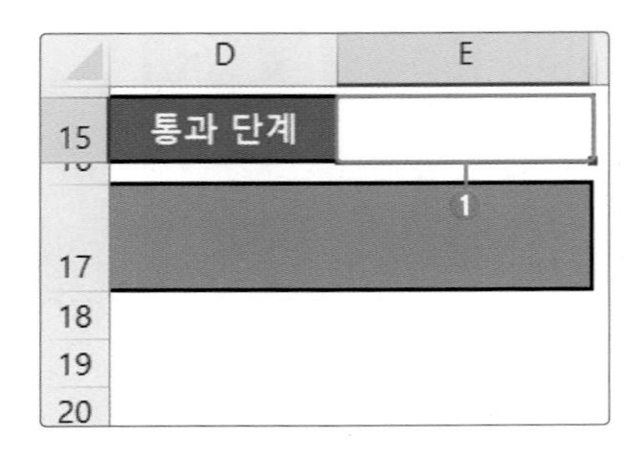

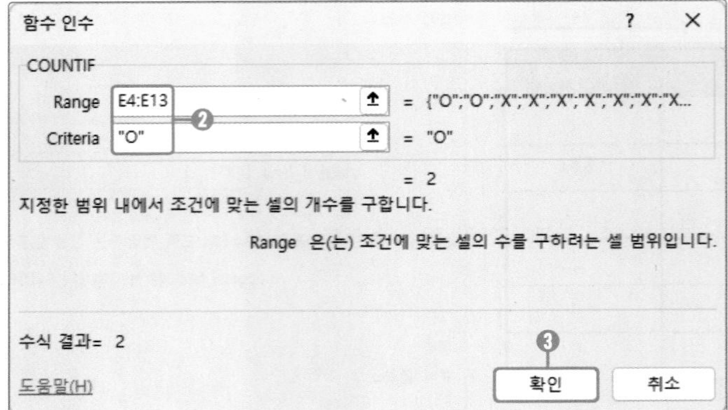

2 통과 단계가 구해지면 **[E15]** 셀이 선택된 상태에서 Ctrl+1을 눌러요. [셀 서식] 대화상자가 나타나면 [표시 형식] 탭-[사용자 지정]에서 **0“단계”**를 입력하고 <확인>을 클릭해요.

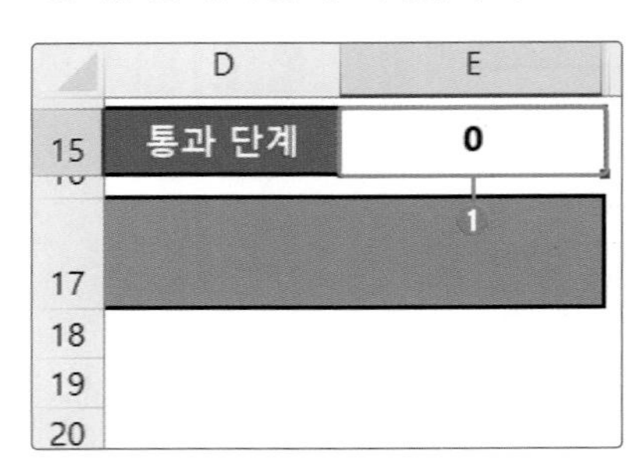

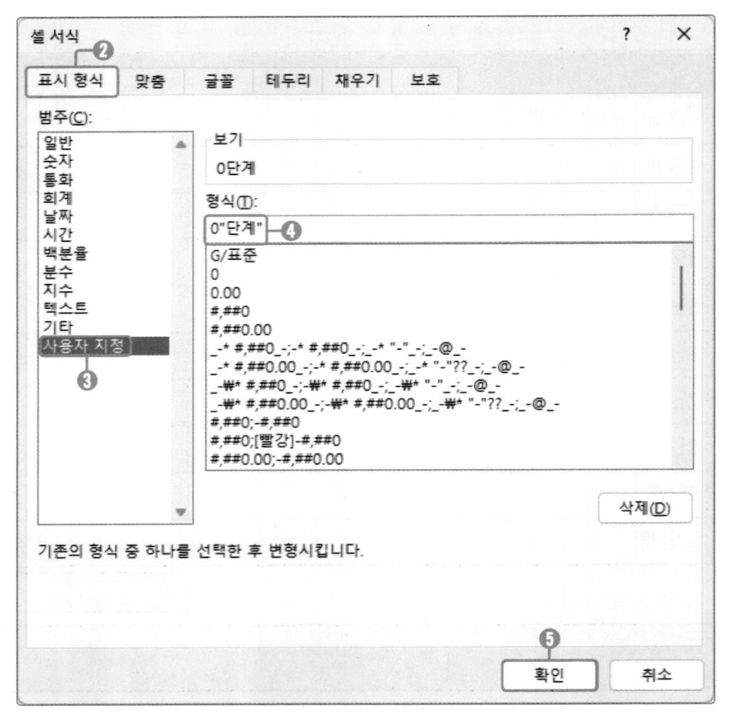

STEP 03 IF 함수로 탈출 메시지 표시하기

1. 10단계까지 모든 정답을 맞추었다면 방을 탈출했다는 메시지를 표시하기 위해 **[B17]** 셀을 선택하고 IF 함수식을 작성해요.
   - 함수식 : **=IF(E15=10,"축하합니다! 방탈출에 성공하셨습니다.","")**

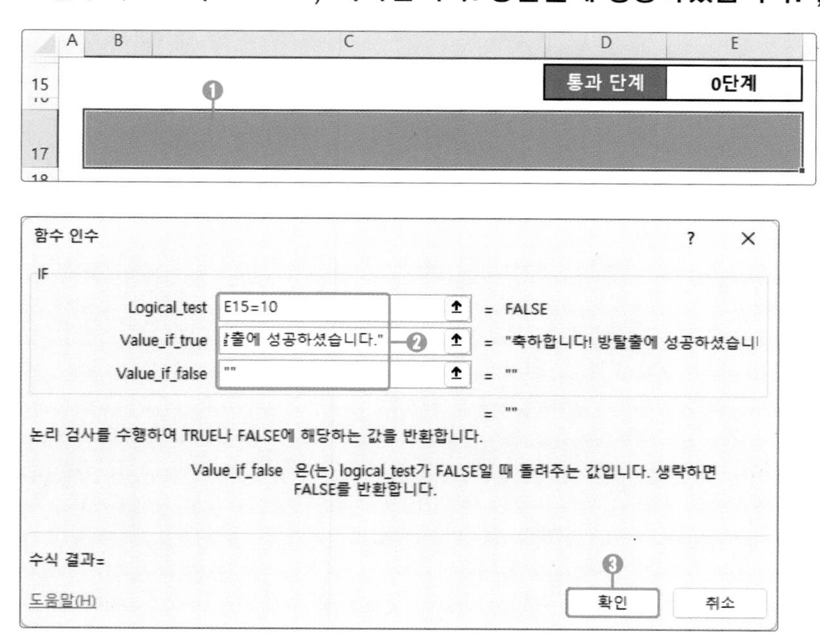

2. 정답을 입력하면 다음 문제가 표시되고 모든 정답을 다 맞추면 방탈출 메시지가 표시돼요. 모든 준비가 다 끝나면 누가 빨리 문제를 풀고 방을 탈출할 수 있는지 게임을 진행해 보세요.

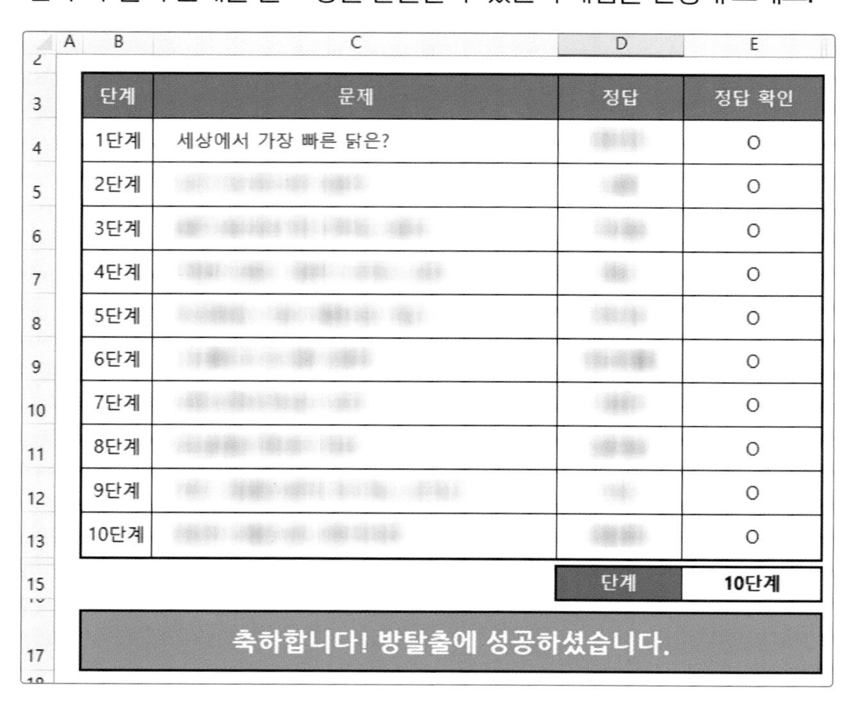

MEMO